Dr. Oetker Backbuch

Sonderausgabe für den
UNIPART VERLAG GMBH
Remseck bei Stuttgart, 1994

Titelfoto: Raymond Nickells
Rezepte und Anleitungen:
Dr. Oetker Versuchsküche, Bielefeld
ISBN 3 8122 3374 6

Dr. Oetker Backbuch

Grundrezepte für die gute Küche

Unipart Verlag · Stuttgart

Vorwort

Mit diesem Buch wird das Backen leicht gemacht: Jedes Rezept hat exakt berechnete Mengenangaben und ist leicht verständlich beschrieben. Vom traditionellen Sonntagskuchen über würziges Weihnachtsgebäck bis zur anspruchsvollen Torte haben wir eine reiche Auswahl von Dr. Oetker Backrezepten zusammengestellt und mit zahlreichen Abbildungen versehen. In einem besonderen Kapitel erläutern wir die Zubereitung der Teigarten und geben Ihnen viele wichtige Tips. Die jahrzehntelange Backerfahrung von Dr. Oetker garantiert Ihnen das Gelingen der Rezepte und die Freude am Backen.

Inhaltsübersicht

Seite

Wissenswertes über Backzutaten

Anis

Aus der Frucht der Anispflanze gewonnenes Gewürz mit stark süßlich-würzigem Aroma, das sich schnell verflüchtigt. Daher nur kleine Mengen einkaufen. Anis wird ganz, gequetscht oder als Pulver angeboten und hauptsächlich in der Weihnachtsbäkkerei verwendet.

Arrak

Aus Reis, Zuckerrohr-Melasse oder zuckerhaltigen Pflanzensäften hergestellter Trinkbranntwein. Besonders zum Aromatisieren von Kuchen- und Gebäck-Glasuren geeignet.

Backaroma

Wird aus verschiedenen Grundsubstanzen gewonnen. In Fläschchen abgefüllt in den Geschmacksrichtungen Rum, Arrak, Butter-Vanille, Zitrone und Bittermandel.

Backoblaten

Aus Weizenmehl und Wasser gebackene hauchdünne weiße Plättchen. Dienen als Unterlage zum Backen von feinem Mandelgebäck (Lebkuchen oder Makronen) und als Isolierschicht bei gefüllten Torten.

Backpulver

Chemisches Teiglockerungsmittel. Mischung aus kohlensäurehaltigen und kohlensäureaustreibenden Bestandteilen. Unter dem Einfluß von Feuchtigkeit und Hitze entwickeln sie das gasförmige Kohlendioxid, das den Teig locker macht und aufgehen läßt. Backpulver wird in kleinen Tüten angeboten. Es sollte kühl und trocken, getrennt von stark riechenden Lebensmitteln und nie zu lange gelagert werden.

Butter

Aus Milch, Sahne oder Molkensahne, süß oder gesäuert, ggf. unter Zusatz von Bakterien-Kulturen, Wasser und Kochsalz gewonnenes Fettprodukt. Gibt feinen Backwaren den besonderen Geschmack.

Eier

Nur frische Hühnereier verwenden. Vor Gebrauch einzeln über einer Tasse aufschlagen, um zu prüfen, ob sie gut sind.

Erdnußkerne

Ölsamen. Im Ursprungsland geschälte Kerne der Erdnuß. Es handelt sich um eine Hülsenfrucht. Verwendet werden Erdnüsse wie Mandeln oder Haselnüsse.

Farin-Zucker

Gelb- bis dunkelbrauner feinkristalliner Zucker, hergestellt aus Zuckerablaufsirup. Für Honig- und Lebkuchen.

Feigen

Scheinfrucht des Feigenbaumes oder -strauches. Zum Backen eignen sich nur getrocknete Feigen. Der Geschmack ist sehr süß und honigartig.

Hagelzucker

Grob kristallisierter Zucker. Sehr beliebt zum Bestreuen von Kleingebäck.

Hefe

Backhefe. Biologisches Triebmittel zur Teiglockerung. Frischhefe wird in Würfeln, Trockenhefe in Päckchen abgepackt angeboten.

Hirschhornsalz

Chemisches Triebmittel aus Ammoniumcarbonat oder aus carbaminsaurem Ammonium. Zersetzt sich an der Luft, daher am besten in Blechdosen fest verschlossen aufbewahren. Hirschhornsalz wird bei Weihnachtsgebäcken wie Honig- oder Lebkuchen verwendet.

Honig

Dickflüssiges oder kristallines Lebensmittel, erzeugt durch Bienen. Je nach Herstellung fast farblos bis gelblich oder dunkelbraun, auch grünlichgelb oder rotbraun gefärbt. Von würzigblumigem Aroma. Honig ist eine wichtige Zutat bei der Weihnachtsbäckerei.

Ingwer

Bei diesem Gewürz handelt es sich um die geschälte Wurzel einer einjährigen Staude. Getrocknet, ganz oder gemahlen, aber auch in Sirup eingelegt oder als Süßigkeiten zu kaufen. Sehr charakteristisches Aroma, bei höherer Dosierung scharf, daher in geringen Mengen verwenden.

Kardamom

Hocharomatisches Gewürz, gewonnen aus der getrockneten Kapselfrucht der Kardamompflanze. Wird meist gemahlen in der häuslichen Bäckerei verwendet, vornehmlich für Weihnachtsgebäck.

Kartoffelmehl

Volkstümliche Bezeichnung für Kartoffelstärke. Aus Kartoffeln gewonnene weiße Speisestärke, etwas glänzend, nicht völlig geschmacksfrei.

Kokosraspel

Hergestellt aus dem weißen Fruchtfleisch der Kokosnüsse nach Entfernen der Bast- und Schalenschicht. Zerkleinert in einer Raspelanlage und anschließend getrocknet. Empfindlich gegen Feuchtigkeit und wegen des hohen Ölgehalts nur begrenzt lagerfähig.

Koriander

Gewürz aus der gelblich-bräunlichen Frucht der einjährigen Pflanze. Wird im Handel ganz, geschrotet oder gemahlen angeboten. Beliebte Zutat für bestimmte Weihnachtsbäckereien.

Korinthen

Kleine, kernlose Beeren einer Abart der Weinrebe. Werden luftgetrocknet und sind von rötlich-brauner bis violettschwarzer Farbe. Import meist aus Griechenland. Werden wie Rosinen verwendet.

Krokantstreusel

Werden aus Krokantmasse hergestellt. Zum Bestreuen und Garnieren von Gebäck.

Kümmel

Gewürz von herzhaftem, typischem Geschmack. Frucht der Kümmelpflanze. Wird gemahlen, geschrotet oder als ganze Frucht angeboten. Hauptsächlich verwendet für Brot, Brötchen oder Knabbergebäck.

Kuvertüre

Zum Überziehen von Gebäck oder als Teig- und Creme-Zusatz. In den Geschmacksrichtungen Milchschokolade, bittere oder halbbittere Schokolade erhältlich.

Liebesperlen

Bunte Perlchen aus Zucker für das Verzieren von Gebäcken.

Mandeln

Frucht des Mandelbaumes. Sehr beliebte Backzutat. Gibt es ungeschält, geschält, als ganze Frucht, gehackt, gehobelt oder gestiftelt zu kaufen.

Mandeln, bittere

Mandeln mit Blausäure-Gehalt und stark bitterem Geschmack. Deshalb nur in sehr geringen Mengen als geschmacksgebende Zutat verwenden.

Margarine

Vorwiegend aus pflanzlichen Ölen und Fetten hergestelltes gutes Backfett.

Marzipan-Rohmasse

Wird gern für Kuchen- und Tortenfüllungen, für Garnierungen, für Konfektzubereitung und als Teigzusatz genommen. Im Handel zu 200 g abgepackt erhältlich.

Mehl

Wird meist aus Weizen oder Roggen hergestellt. Die verschiedenen Mehltypen geben den Ausmahlungsgrad des Getreides an. Mehl muß kühl, dunkel, trocken, geruchsfrei und getrennt von Lebensmitteln, die Ungeziefer anziehen, gelagert werden.

Milch

Zum Backen kann jede Milchsorte verwendet werden, wichtig ist nur, daß die im Rezept angegebene Menge genommen wird. So kann man Dosenmilch, Sahne, Butter- oder Sauermilch, auch angerührtes Milchpulver verwenden.

Mohn

Samen der Mohnpflanze. Zum Bestreuen von pikantem Gebäck oder gemahlen als Füllung oder als Teigzusatz.

Muskatblüte (Macis)

Aus dem Samenkern der Muskatfrucht gewonnenes Gewürz. Wird meist gemahlen angeboten.

Muskatnuß

Wird aus dem Samen der Muskatfrucht hergestellt. Ganz oder gemahlen im Handel. Muskatnuß und -blüte werden zur feinen Würzung von weihnachtlichem Gebäck und auch Obstkuchen verwendet.

Nelken

Gewürz aus den Blütenknospen des Gewürznelkenbaumes. Verwendet werden Nelken ganz oder gemahlen. Intensiver Geschmack.

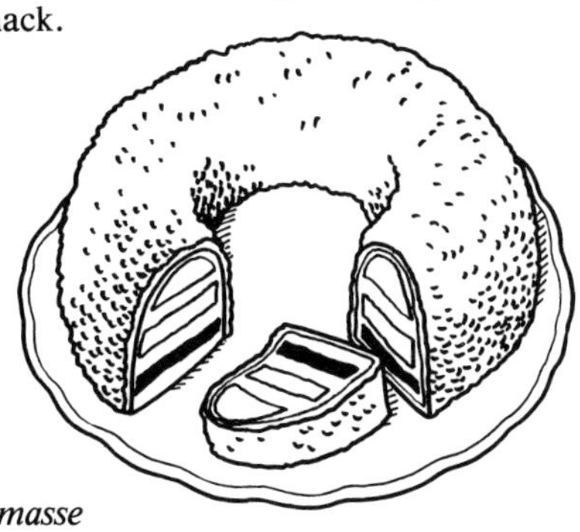

Nougatmasse

Wird aus Nußkernen, Zucker und Kakao hergestellt. Für Kuchen- und Tortenfüllungen, für Garnierungen und als Teigzusatz.

Orangeat

Kandierte Fruchtschale der Pomeranze. Meist gewürfelt in kleinen Mengen abgepackt im Handel. Zum Garnieren und als Teigzusatz.

Piment (Nelkenpfeffer)

Getrocknete Beeren des Nelkenpfefferbaumes. Gemahlen als Gewürz für Honiggebäck und für Gewürzkuchen. Geruch und Geschmack erinnern an Zimt, Nelken und Muskat, daher nennt man Piment auch Allerleigewürz.

Pistazienkerne

Länglich hellgrüne Fruchtkerne des Pistazienbaumes. Sind ganz in Schale oder gehäutet, auch geröstet im Handel. Gehackt als Teigzusatz oder halbiert zum Garnieren.

Pottasche

Chemisches Triebmittel. Wird besonders für Honigkuchen verwendet.

Puderzucker

Wird vorwiegend für Glasuren, Güsse oder zum Bestäuben von Gebäck verwendet.

Rosenwasser

Entsteht bei der Gewinnung von Rosenöl. Gibt Weihnachtsgebäck das besondere Aroma. Auch zur Herstellung von Marzipan ist Rosenwasser wichtig.

Rosinen (Sultaninen)

Helle und dunkle, kernlose Beeren von verschiedenen Arten der Weinrebe. Werden luftgetrocknet und kommen aus Griechenland, der Türkei, Australien und Kalifornien. Vor Verwendung sollten Rosinen verlesen werden.

Safran

Getrocknete Blütenstempel einer Krokusart. Im Geschmack sehr aromatisch, leicht bitter. Enthält intensiv gelben Farbstoff. Nur in geringen Mengen verwenden.

Sahnesteif

Aus Stärkeprodukten gewonnenes Pulver, das während des Schlagens der Sahne zugegeben wird. Hält Schlagsahne länger steif und verhindert das Absetzen von Flüssigkeit.

Speisestärke

Wird aus Mais oder Kartoffeln hergestellt und dient als Bindemittel bei Soßen und Cremes. Für feine Gebäcke wird das Mehl mit Speisestärke gemischt.

Tortenguß

Farbloses oder rotes Geleepulver, in Päckchen abgepackt erhältlich. Wird mit Wasser, Obstsaft oder Wein zubereitet. Besonders für frische Obstkuchen und -törtchen.

Vanille

Kapselfrucht einer Orchideenart, die durch eine spezielle Behandlung das eigentliche Aroma entwickelt. Die Schoten sind dunkelbraun. Das Mark wird für Süßspeisen und für Backwaren verwendet.

Vanillin-Zucker

Wird aus dem künstlichen Trockenaroma Vanillin und Zucker gemischt. Ist der am meisten verwendete Vanille-Aromastoff. Gibt es in Päckchen zu kaufen.

Zimt (Kaneel)

Hergestellt aus der Rinde verschiedener Arten des Zimt- bzw. Zimtcassisbaumes. Als Stangenzimt oder gemahlen erhältlich. Im Geschmack kräftig aromatisch.

Zitronat

Kandierte Fruchtschale der Zitronatzitrone. Gibt es abgepackt gewürfelt oder lose als halbe Schalen zu kaufen. Als Teigzusatz oder Garnierung.

Zucker

Wird aus Zuckerrüben oder Zuckerrohr gewonnen. Zum Backen wird wegen der besseren Löslichkeit meist eine möglichst feinkörnige Zuckerraffinade verwendet.

Geräte und Backformen

Kleingeräte

Eine Waage oder ein Meßbecher sind für das Abwiegen der Zutaten erforderlich. Auch ein Litermaß sollte in jedem Haushalt vorhanden sein. Nur die genaue Einhaltung der vorgeschriebenen Mengen sichert den Erfolg.
Rührschüsseln, in denen die Teige – bis auf Knetteig – zubereitet werden, sollten einen innen abgerundeten Boden haben. Ungeeignet sind Schüsseln aus Emaille (Splittergefahr) und Aluminium (färbt Teige grau). Damit sich die Schüssel beim Rühren nicht verschiebt, kann ein feuchtes Tuch untergelegt werden.
Löffel zum Rühren von Hand sollten ein durchlochtes Blatt haben. Ein Schneebesen empfiehlt sich für Biskuitteige.
Ein Schüttelsieb ist ein unentbehrlicher Helfer beim Sieben von Mehl-Backin-Gemisch und Puderzucker.
Ein Teigschaber (meistens aus Zelluloid) ist praktisch, um damit die Teigreste aus der Schüssel zu nehmen, aber auch, um den Teig gleichmäßig auf dem Backblech zu verteilen. Bei festeren Teigen empfiehlt es sich, den Teigschaber vor der Verwendung in Milch oder Wasser zu tauchen, damit keine Teigreste hängenbleiben.

Backformen

Backformen und ihr Material sind mitentscheidend für ein gutes Backergebnis. Vorzügliche Wärmeleiter sind Aluminium und Weißblech, aus denen die meisten Backformen noch hergestellt werden. Backformen können in zwei Gruppen unterteilt werden, in helle und dunkle. Helle Backformen aus rauhverzinntem Weißblech eignen sich besonders gut für die direkte, intensive Hitze des Gasherdes. Für alle Energiearten geeignet sind helle Backformen aus Reinaluminium.
Dunkle Backformen aus Stahlblech mit einer besonders entwickelten Innenbeschichtung sind die idealen Formen für alle Elektroherde. Formen mit einer Antihaftbeschichtung bestehen ebenfalls aus Stahlblech und haben eine mattschwarze, speziell wärmeleitende Oberfläche. Sie sind für alle Energiearten bestens geeignet.
Dekoramik-(Keramik-)Backformen sind bei über 1000 Grad hart gebrannt und anschließend glasiert. Sie sind für alle Energiearten geeignet, bringen beste Backergebnisse und sind darüber hinaus ein dekorativer Wandschmuck für die Küche.
Wichtig: Alle Back- und Ausstechformen und Backbleche sollten nach jedem Gebrauch sorgfältig gereinigt und getrocknet werden.

Schnelle Teigzubereitung

Die Teigzubereitung wird mit elektrischen Handrührgeräten und elektrischen Küchenmaschinen erheblich erleichtert.

Arbeitsanleitung für Handrührgeräte

Rührteig mit Rührbesen
Methode A

Das mit Backin gemischte und gesiebte Mehl mit allen übrigen im Rezept aufgeführten Zutaten (außer Früchten und Schokolade) in eine Rührschüssel geben (das Fett muß vollkommen streichfähig sein). Die Zutaten zunächst auf der niedrigsten Stufe knapp 1 Minute, dann auf der höchsten Stufe noch gut 2 Minuten zu einem glatten Teig verrühren. Falls Früchte usw. in den Teig kommen, sie auf mittlere Stufe unterrühren.

Methode B

Das vollkommen streichfähige Fett in eine Rührschüssel geben und auf höchster Stufe ½ Minute geschmeidig rühren. Den mit dem Vanillin-Zucker gemischten Zucker unter Rühren einstreuen. Dann die Gewürze und nach und nach die Eier hinzugeben. Jedes Ei etwa ½ Minute unterrühren.
Das Gerät auf die niedrigste Stufe schalten und eßlöffelweise abwechselnd mit der Milch das mit Backin gemischte und gesiebte Mehl unterrühren. Den fertigen Teig kurz auf mittlerer Stufe durchrühren.
Falls Früchte usw. in den Teig kommen, sie auf mittlerer Stufe unterrühren.

Knetteig mit Knethaken

Das mit Backin gemischte und gesiebte Mehl mit allen übrigen im Rezept aufgeführten Zutaten in eine Rührschüssel geben (das Fett muß vollkommen streichfähig sein). Die Zutaten zunächst auf der niedrigsten Stufe so lange verarbeiten, bis ein zusammenhängender Teig entstanden ist. Den Teig auf der Tischplatte zu einer Rolle formen.

Quark-Ölteig mit Knethaken

Das mit Backin gemischte und gesiebte Mehl mit allen übrigen im Rezept aufgeführten Zutaten in eine Rührschüssel geben. Die Zutaten auf der mittleren Stufe knappe 1 Minute verarbeiten. Nicht zu lange, sonst klebt der Teig. Den Teig auf der Tischplatte zu einer Rolle formen.

Biskuitteig mit Rührbesen

Eier und warmes Wasser in eine Rührschüssel geben und auf der höchsten Stufe 1 Minute schlagen. (Bei großen Eiern die kleinere, bei kleinen Eiern die größere der im Rezept angegebenen Wassermengen nehmen.) Den mit Vanillin-Zucker gemischten Zucker in 1 Minute einstreuen und dann noch 2 Minuten schlagen. Das Gerät ausschalten. Die Hälfte des mit Gustin und Backin gemischten Mehls auf die Eiercreme sieben und kurz auf der niedrigsten Stufe unterrühren. Den Rest des Mehls auf dieselbe Weise unterarbeiten.

Hefeteig mit Knethaken

Das Mehl in eine Rührschüssel sieben, mit der Hefe sorgfältig vermischen, die übrigen im Rezept angegebenen Zutaten hinzufügen. Die Zutaten von der Mitte aus zunächst auf der niedrigsten, dann auf der höchsten Stufe etwa 5 Minuten verarbeiten. Der Teig muß schön glatt sein.

Arbeitsanleitung für Küchenmaschinen

Rührteig mit Rühr- oder Schlagbesen
Methode A

Das mit Backin gemischte und gesiebte Mehl mit allen übrigen im Rezept aufgeführten Zutaten (außer Früchten und Schokolade) in die Rührschüssel geben (das Fett muß vollkommen streichfähig sein). Das Gerät kurz auf die niedrigste, dann auf die höchste Stufe schalten, 1 Minute rühren lassen. Dann das Gerät ausschalten, den Teig mit einem Teigschaber vom Rand lösen, wieder auf die höchste Stufe schalten, noch 1 – 2 Minuten rühren lassen. Falls Früchte usw. in den Teig kommen, sie kurz auf der niedrigsten Stufe unterrühren.

Methode B

Das vollkommen streichfähige Fett und Zucker, Eier und Gewürze in die Rührschüssel geben, auf der höchsten Stufe 1 Minute rühren lassen. Das Gerät ausschalten, die Masse mit einem Teigschaber vom Rand lösen, noch 1 Minute auf höchster Stufe rühren lassen. Dann das Gerät auf die niedrigste Stufe schalten, das mit Backin gemischte und gesiebte Mehl eßlöffelweise abwechselnd mit der Milch unterrühren. Jeweils nur so lange rühren lassen, bis weder Mehl noch Milch zu sehen sind. Das Gerät wieder ausschalten, den Teig vom Rand lösen, noch einmal kurz auf der niedrigsten Stufe rühren lassen. Falls Früchte usw. in den Teig kommen, sie kurz auf der niedrigsten Stufe unterrühren.

Knetteig mit Knethaken

Das mit Backin gemischte und gesiebte Mehl mit allen übrigen im Rezept aufgeführten Zutaten in die Rührschüssel geben (das Fett muß vollkommen streichfähig sein), das Gerät auf der höchsten Stufe so lange arbeiten lassen, bis ein zusammenhängender Teig entstanden ist. Den Teig auf der Tischplatte zu einer Rolle formen.

Quark-Ölteig mit Knethaken

Das mit Backin gemischte und gesiebte Mehl mit allen übrigen im Rezept aufgeführten Zutaten in die Rührschüssel geben, das Gerät auf die höchste Stufe schalten, etwa ½ Minute arbeiten lassen. Nicht zu lange, sonst klebt der Teig. Den Teig auf der Tischplatte zu einer Rolle formen.

Biskuitteig mit Rühr- oder Schlagbesen

Eier und warmes Wasser in die Rührschüssel geben, das Gerät auf die höchste Stufe schalten, 2 – 3 Minuten laufen lassen. Dann den mit Vanillin-Zucker gemischten Zucker langsam (in etwa 1 Minute) in das laufende Gerät streuen. Von Beginn der Zuckerzugabe an noch 6 Minuten laufen lassen.
Das Gerät auf die niedrigste Stufe schalten, das mit Gustin und Backin gemischte und gesiebte Mehl langsam (in etwa 1 Minute) einstreuen. Es darf nicht zu schnell geschehen, da das Mehl sonst klumpt. Zu langsam darf es jedoch auch nicht vor sich gehen, da der Teig dann zäh wird und das Gebäck nicht genügend aufgeht.

Hefeteig mit Knethaken

Das Mehl in die Rührschüssel sieben, mit der Hefe sorgfältig vermischen, alle übrigen im Rezept angegebenen Zutaten hinzufügen. Das Gerät kurz auf die niedrigste, dann auf die höchste Stufe schalten, etwa 5 Minuten laufen lassen.

Füllen, Verzieren Garnieren

Das Füllen von Torten

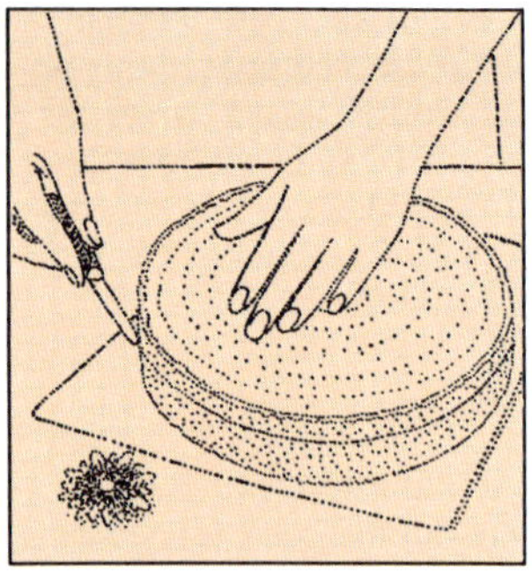

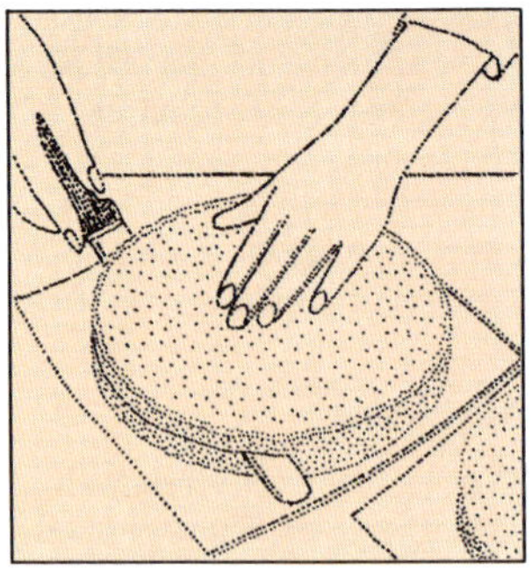

Den Tortenboden so auf einen Bogen Papier legen, daß die Unterseite, die besonders schön glatt ist, nach oben kommt. Das Messer zum Teilen des Bodens sollte länger sein als der Durchmesser des Bodens.

Damit die Schichten gleichmäßig dick werden, den Tortenrand vorher mit einem kleinen, spitzen Messer ringsum etwa 1 cm tief einschneiden.

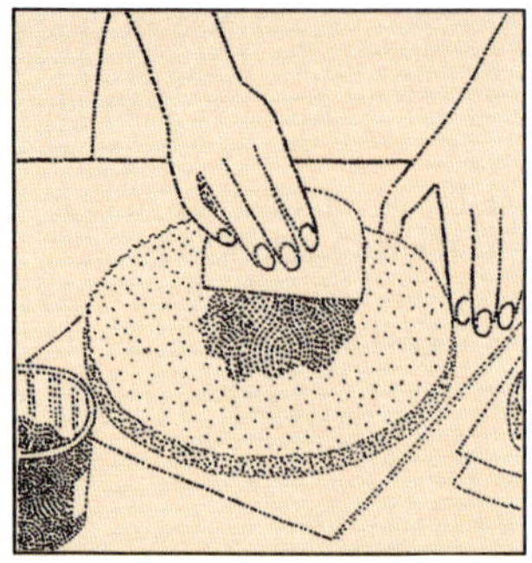

Biskuitböden können auch mit einem Zwirnsfaden geteilt werden: Den Zwirnsfaden in den Einschnitt legen, die Enden des Fadens über Kreuz legen und fest anziehen. Dabei durchschneidet der Faden das Gebäck.

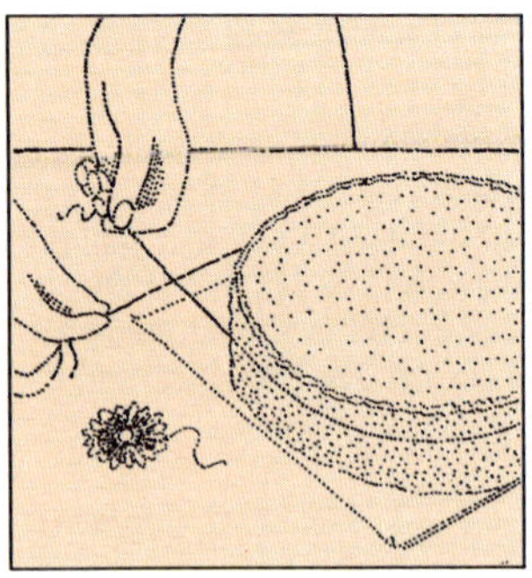

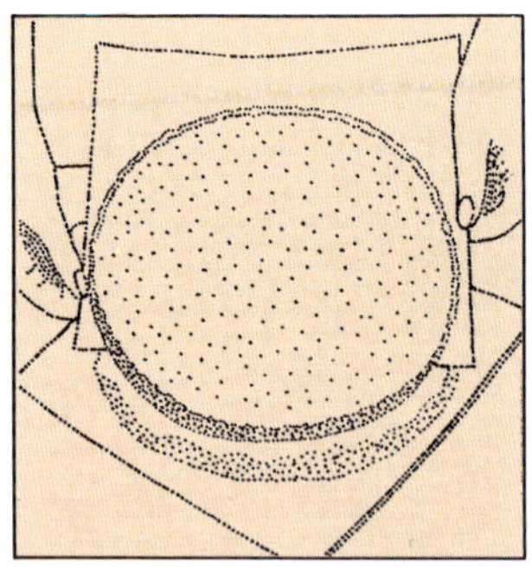

Damit die Tortenschicht nicht bricht, wird sie mit Papier abgehoben. Dazu das Papier an der vorderen Kante nach unten knicken und unter die obere Schicht schieben. Mit den Zeigefingern ab und zu an die obere Schicht fassen, damit das Papier nachgezogen wird.
Die obere Schicht abheben.

Zum Füllen eignet sich Buttercreme, zubereitet aus Pudding-Pulver oder Torten-Creme-Pulver, oder Konfitüre.

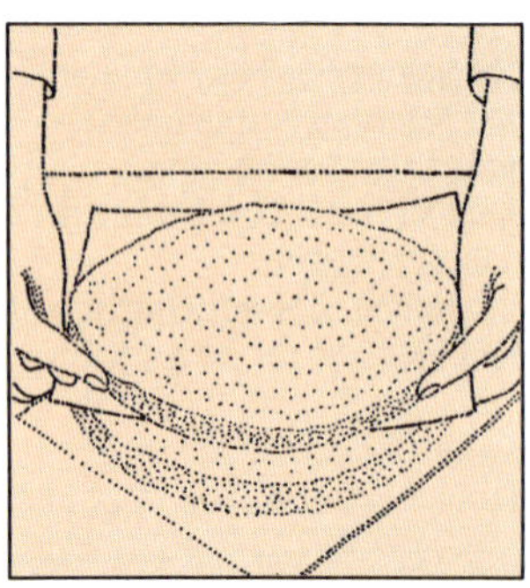

Bei Buttercremefüllung zur Abwechslung auch eine Schicht mit Konfitüre bestreichen. Dazu einen Teigschaber, ein Messer oder ein Pfannenmesser nehmen.

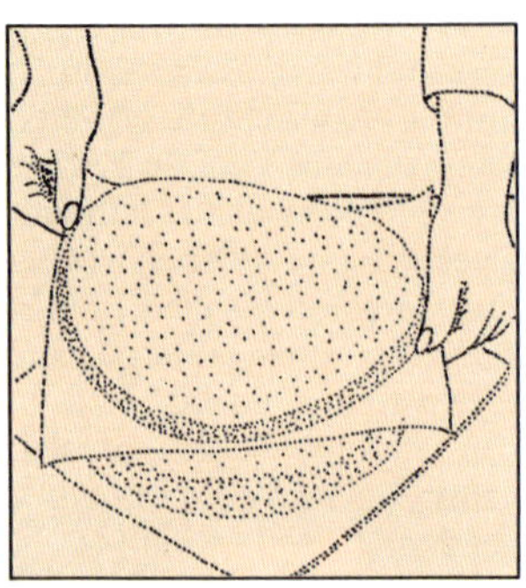

Mit Hilfe des Papiers die beiden Schichten wieder aufeinander legen. Hierbei ist wichtig, daß die Schichten „Kante auf Kante" gesetzt werden.

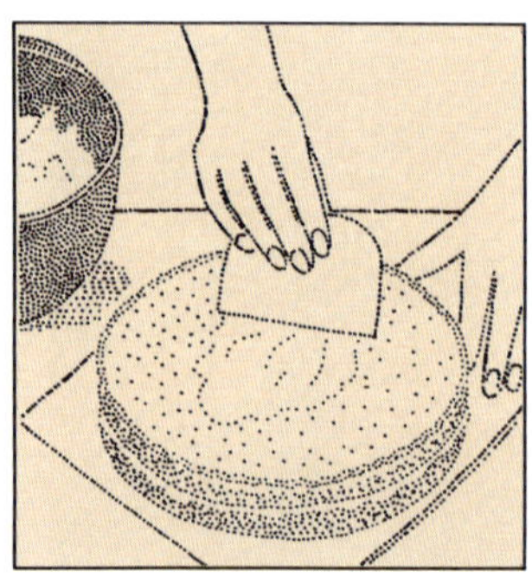

Die andere Schicht mit Buttercreme bestreichen und die dritte Schicht darauf legen.

Das Verzieren von Torten

Im Handel erhältlich sind fertige Spritzbeutel mit verschiedenen Tüllen, die sich zur Herstellung verschiedener Spritzmuster eignen.
Mit der rechten Hand den Beutel halten und die Creme herausdrücken, mit der linken Hand den Beutel führen. Den Beutel jedoch nicht mit der ganzen Hand umschließen, sonst wird die Creme durch die Handwärme flüssig und läßt sich nicht spritzen, sondern die Tülle bzw. den Tüllenansatz nur mit Daumen und Zeigefinger fassen.

Verzieren mit Spritzmustern

Torten vor dem Verzieren mit einem Tortenteiler einteilen.

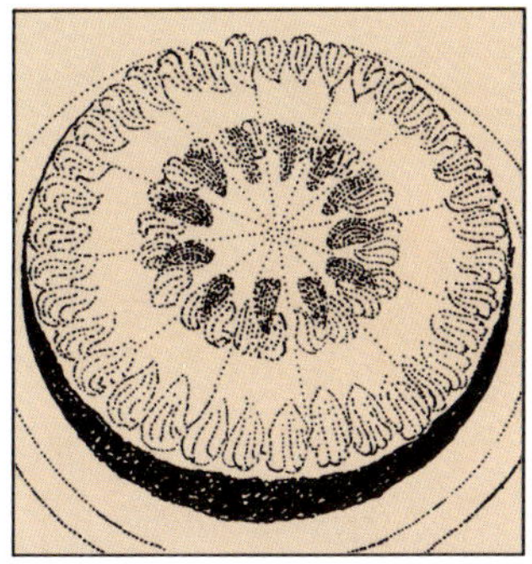

In der Mitte der Torte einen Kranz von aneinandergesetzten Sternchen, die zu einer waagerecht liegenden Spitze verlängert werden, spritzen und nach Belieben mit Mandarinenspalten garnieren. Die Randverzierung dieser Torte besteht ebenfalls aus aneinandergesetzten Sternchen, die zu einer waagerecht liegenden Spitze verlängert werden.

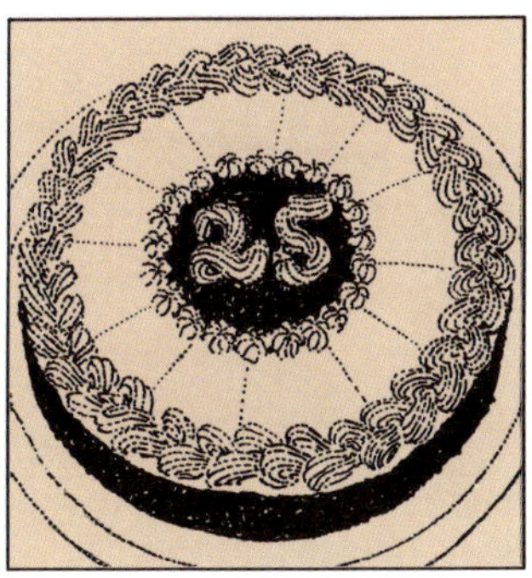

Zu einem bestimmten Anlaß die Mitte dieser Torte mit rotem Gelee bestreichen, mit der Zahl verzieren und mit einem Kranz von Sternchen umgeben. Als Randverzierung die fast senkrechte Wellenlinie spritzen, diese aber nach jeder Auf- und Abwärtsbewegung nach links oder nach rechts verschieben.

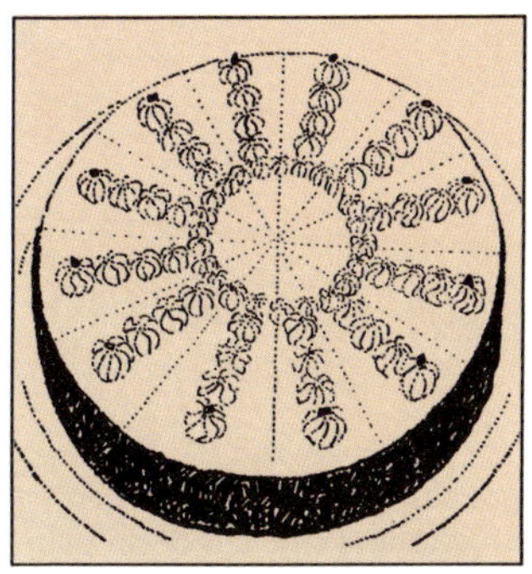

Diese Tortenverzierung besteht aus unterschiedlich großen Sternchen. Sie werden vom Rand zur Mitte hin kleiner und da zu einem Kranz ergänzt.
Eine hübsche Wirkung haben rote Tupfen von geschnittenen Früchten oder Gelee am Rand auf den Sternchen.

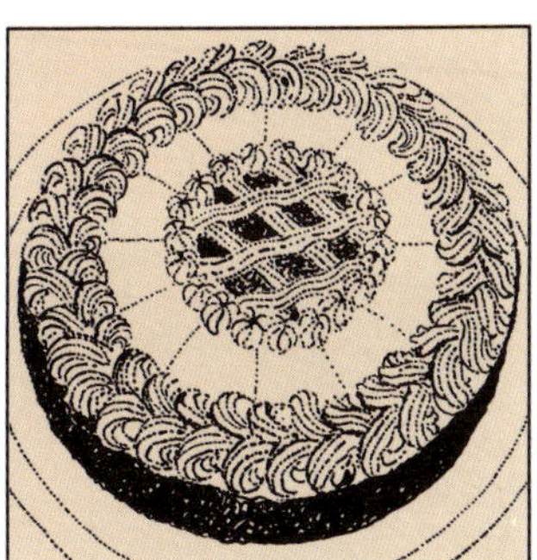

Die Mitte der Torte mit rotem Gelee bestreichen, ein Gittermuster auf das Gelee spritzen und mit einem Kranz von Sternchen umgeben.
Als Randverzierung dicht aneinandergelegte Schlingen abwechselnd nach links und nach rechts herumlegen.

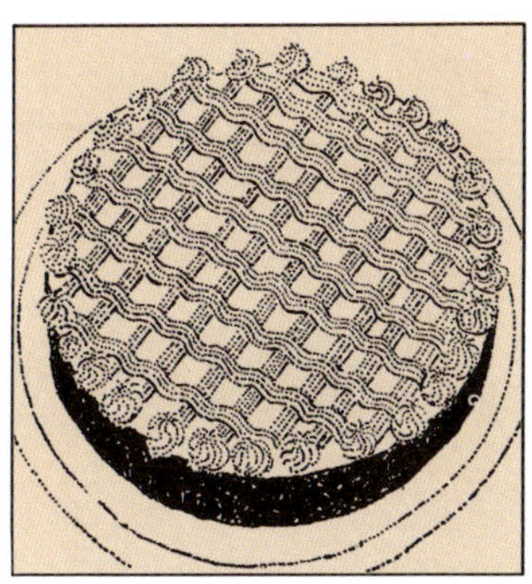

Diese Torte mit einfachen Linien, als Gittermuster gespritzt, verzieren. Kleine Rosetten bilden am Rand den Abschluß.

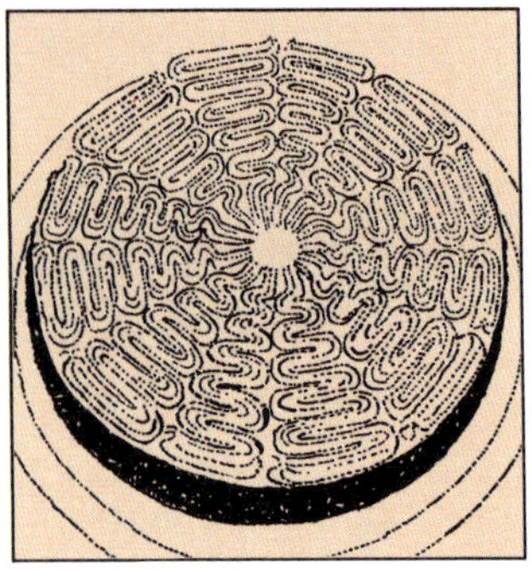

Bei dieser Torte liegen die Linien waagerecht, von der Mitte zum Rand hin breiter werdend.

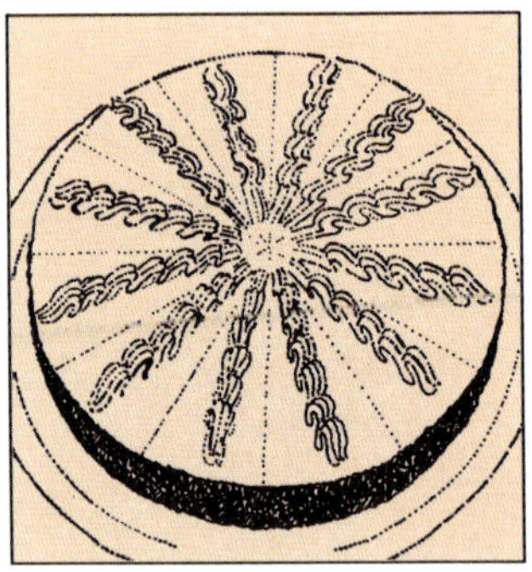

Diese Torte ist verziert durch fast senkrecht stehende Wellenlinien. Der Anfang in der Mitte ist jedesmal eine kurze einfache Linie.

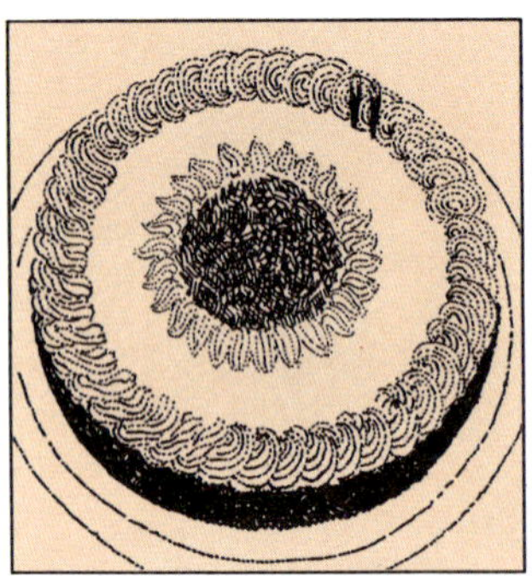

Bei der sogenannten „Sonnenblumentorte“ die Mitte mit Schokoladenstreuseln garnieren und diese von einem Kranz aneinandergesetzter Sternchen, die zu einer waagerecht liegenden Spitze verlängert werden, umgeben.
Die Randverzierung dieser Torte besteht aus schräg gelegten Ringen.

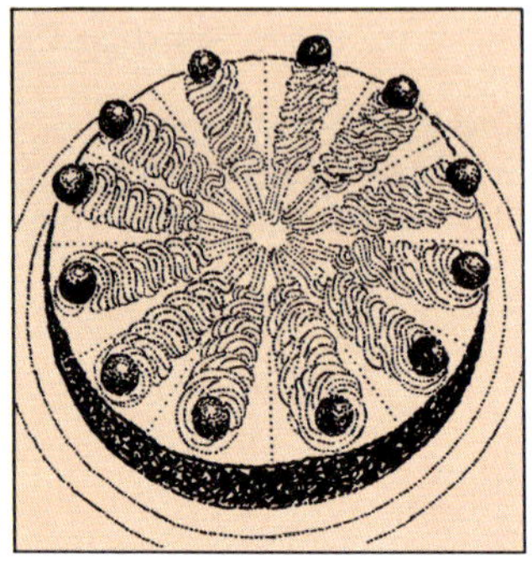

Für Buttercremetütchen auf jedes Stück, von der Mitte ausgehend, dicht aneinandergelegte, größer werdende Schlingen spritzen.
Als Abschluß in jedes Tütchen eine Kirsche legen oder etwas rotes Gelee hineinspritzen.

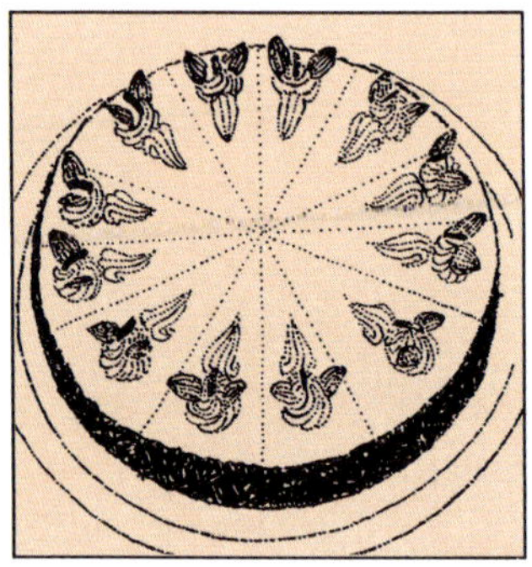

Bei der sogenannten „Schmetterlingstorte“ auf jedes Tortenstück am Rand eine nur wenig gedrehte Rosette spritzen und dann jeweils zwei nicht abgezogene, halbierte Mandeln am Flügel der Schmetterlinge hineinstecken; ihre länglichen Körper durch Schnittchen roter kandierter Kirschen oder durch Liebesperlen andeuten.

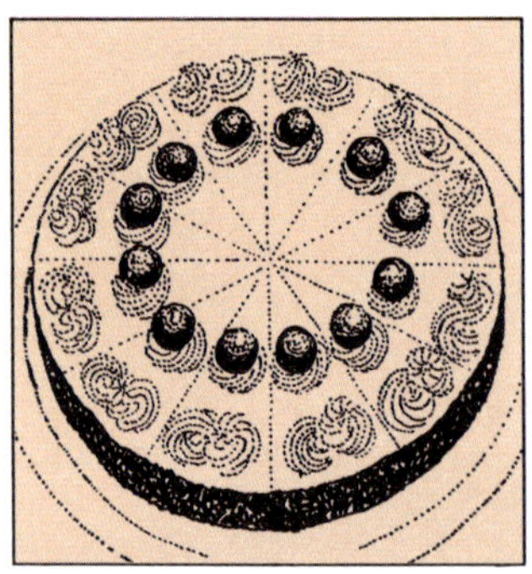

Bei dieser Torte an den Rand jedes Tortenstückes ein Fragezeichen mit einer auslaufenden, leicht gedrehten Rosette spritzen. Davor jeweils einen Ring setzen und ihn mit einer Kirsche garnieren.

Garnieren mit Papierschablonen

Aus Papier z. B. Blumen, Tiere oder Sterne schneiden und jedes Tortenstück am Rand damit belegen. Die ganze Torte mit Puderzucker oder Kakao bestäuben, die Schablonen vorsichtig abheben. Oder die gesamte Tortenoberfläche mit Puderzucker bestäuben, nun die Papierschablonen auf die Torte legen und die Torte mit Kakao bestäuben, die Schablonen vorsichtig abheben.
Die Tortenränder mit Spaltmandeln, gehackten Mandeln, gehackten Pistazien oder Schoko-Blättchen garnieren.

Garnieren mit Schokolade/Kuvertüre

Sahnemuster spritzen, mit Schoko-Streuseln bestreuen oder mit Mokka-Bohnen, Kuvertüre-Röllchen belegen.
Für Kuvertüre-Röllchen die Kuvertüre erhitzen, auf eine Platte gießen und fest werden lassen. Die Oberfläche muß gleichmäßig glatt sein. Dünne Scheiben mit einem spachtelförmigen Küchenmesser oder Pfannenheber abziehen.

Garnieren mit kandierten Früchten

Kandierte Früchte (Ananas- und Orangenscheiben, Kirschen, Sukkade, Aprikosen- und Birnenhälften) in Streifen, Rauten, Hälften schneiden, zu Blüten-Motiven zusammensetzen.

Garnieren mit Marzipan

Für Marzipan Marzipanrohmasse mit Puderzucker (auf 200 g Rohmasse = 100 g Puderzucker) gut verkneten.
Ein Stück Marzipan etwa 3 mm dick zu einem Rechteck ausrollen, mit flüssiger Schokolade bestreichen, antrocknen lassen, aufrollen, in dicke Scheiben schneiden.
Für Terrassen ein Stück Marzipan ausrollen, gezackte Plätzchen in 3 verschiedenen Größen ausstechen, die größten und die kleinsten Plätzchen mit Schokoladenguß bestreichen, antrocknen lassen, terassenförmig übereinandersetzen, so daß die untere Schicht dunkel, die mittlere hell und die obere Schicht wieder dunkel ist.
Ein Stück Marzipan zu einer Rolle formen, zu Brezeln legen, beliebig mit Schokoladenguß bestreichen.
Aus einem Stück Marzipan Figuren formen (Hasen, Schneemänner), mit Schokoladenguß bestreichen.
Ein Stück Marzipan etwa ½ cm dick ausrollen, mit kleinen Plätzchenformen Motive (Herzen, Kleeblätter, Früchte, Tiere) ausstechen. Die Plätzchen mit Belegkirschen belegen oder in die Mitte der Plätzchen mit einem Aromenfläschchen eine Vertiefung eindrücken, mit rotem Gelee füllen. Nach Belieben die Oberfläche der Plätzchen mit der Spitze eines Küchenmessers in Abständen leicht eindrücken. Für Rosetten Marzipan-Plätzchen mit gezacktem Rand ausstechen, diese an einer Seite so zusammendrücken, daß eine Tüte entsteht, jeweils einen Sahnetuff hineinspritzen, darauf eine Belegkirsche setzen, nach Belieben 4 Marzipantütchen zu einer Rosette zusammensetzen.
Für Buchstaben ausgerolltes Marzipan in Streifen schneiden, zu Namen zusammenlegen.
Für Rosen Marzipankügelchen auf der Tischplatte mit dem gewölbten Teil eines Teelöffels oder in der Handfläche (leicht mit Puderzucker bestäubt) mit den Fingern zu Blütenblättern formen. Diese Blütenblätter um einen Blütenkelch (ein Marzipanröllchen, leicht zugespitzt) versetzt anordnen und unten andrücken, die oberen Ränder der Blütenblätter leicht nach außen biegen.
Für Rosenblätter ausgerolltes Marzipan nach einer vorgefertigten Papierschablone ausschneiden, mit einem spitzen Küchenmesser die Adern einkerben, jeweils 2 oder 3 Blätter versetzt ineinanderlegen und an eine Rose drücken.

Das Überziehen mit Guß

Die Torte vor dem Auftragen des Gusses dünn mit Konfitüre bestreichen, damit der Guß nicht einsickert. Dazu eine glatte, nicht stückige Konfitüre, für weiße Güsse am besten Aprikosenkonfitüre verwenden. (Stückige Konfitüre vorher durch ein Sieb streichen.)
Den angerührten Guß mitten auf die Torte gießen.
Ihn schnell mit einem großen Messer verstreichen, und zwar so, daß er an den Rändern herunterläuft. Das Messer dabei schräg halten und nur leicht aufdrücken. Wenn bei der Verteilung des Gusses die Richtung des Messers geändert werden muß, es nicht jedesmal aus dem Guß herausziehen, weil dadurch leicht Krümel von dem Biskuitboden abgehoben werden und diese den Guß unansehnlich machen.
Der heruntergelaufene Guß wird am Tortenrand mit einem schräg gehaltenen Messer glatt- und hochgestrichen.

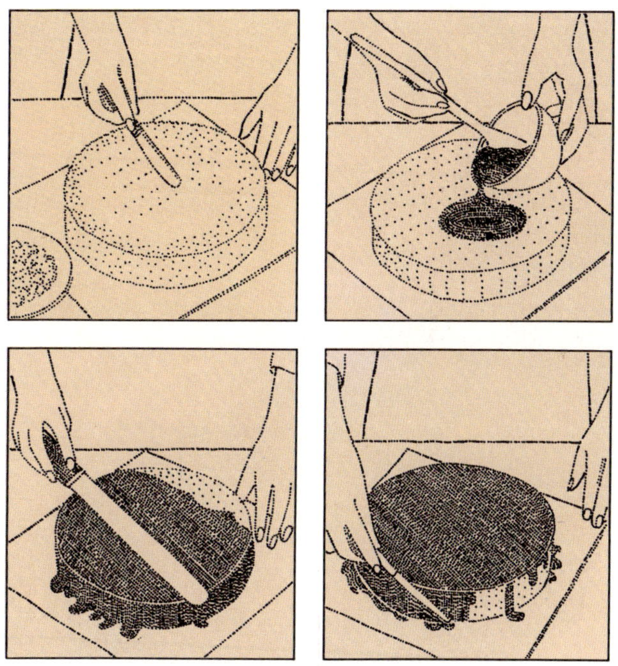

Die Torte kann mit Mandeln oder Haselnußkernen garniert werden. Der Guß darf jedoch noch nicht angetrocknet sein, weil dann die Garnierung nicht mehr haftet. Deswegen ist schnelles Arbeiten erforderlich. Weiterhin ist wichtig, daß die Torte so schnell wie möglich auf eine Tortenplatte gesetzt wird oder daß der Guß erst vollständig trocken wird, weil er sonst rissig wird.

Rührteig

Der Rührteig

Notwendige Vorarbeiten

Mehl und Backin mischen.

Ist Speisestärke, Kakao oder Pudding-Pulver vorgeschrieben, so werden sie mit dem Mehl gemischt (Ausnahme: Marmorkuchen).

Mehl und Backin sieben.

Das Sieben lockert das Mehl auf und verteilt das Backin gleichmäßig im Mehl. Das Gebäck wird dadurch besser gelockert.

Die Früchte folgendermaßen vorbereiten:

a) Korinthen und Rosinen verlesen.
b) Haselnußkerne, je nach Rezept, hacken oder mahlen.
c) Mandeln, die abgezogen werden sollen, in kochendes Wasser geben und sie 2 – 3 Minuten darin ziehen lassen (Topf von der Kochstelle nehmen). Nachdem sie abgetropft sind, die Schalen abziehen und die Mandeln zerkleinern.
d) Orangeat oder Zitronat in Streifen oder Würfel schneiden.

Für Rührteige die Kuchenformen mit streichfähiger Butter oder Margarine gut und gleichmäßig mit einem Pinsel ausfetten.

Die Formen evtl. noch mit Semmelmehl ausstreuen. (Bei Springformen nur den Boden fetten.) Kastenform evtl. nach dem Fetten mit Papier auslegen, dadurch läßt sich das Gebäck besser aus der Form nehmen und bleibt länger frisch.
Das Papierfutter so herstellen: Den Boden der Form auf weißes Papier aufzeichnen, die Form kippen und die Seitenlinien aufzeichnen. So mit allen vier Seiten verfahren. Die Ecken ausschneiden und die Bodenlinien knicken.
Es ist empfehlenswert, die Kastenform mit Back-Trennpapier oder Pergamentpapier auszulegen.

Die Verarbeitung des Teiges

Butter oder Margarine geschmeidig rühren und nach und nach Zucker, Vanillin-Zucker, Eier und Gewürze unterrühren. Das mit Backin gemischte und gesiebte Mehl abwechselnd mit der Milch unterrühren. Nur so viel Milch verwenden, daß der Teig schwer (reißend) vom Löffel fällt. Je nach Rezept vorbereitete Früchte zuletzt unter den Teig heben und ihn in die vorbereitete Form füllen.

Die einzelnen Arbeitsgänge

„Das Fett geschmeidig rühren . . . “

Wichtig dabei ist, daß das Fett weder zu flüssig noch zu fest ist. Flüssiges Fett kann überhaupt nicht geschmeidig gerührt werden, zu festes Fett muß vorher weich gemacht werden. Zu diesem Zweck wird die Rührschüssel mit heißem Wasser ausgespült und das Fett mit einem Rührlöffel tüchtig durchgearbeitet. Zum Rühren am besten einen durchlochten Löffel nehmen, ihn möglichst tief anfassen, senkrecht zum Boden der Rührschüssel halten und nach links herum rühren (entgegengesetzt zum Uhrzeigersinn). Den Rührlöffel aus dem Fett ziehen; wenn es in kleinen Spitzen am Löffel hängenbleibt, ist das Fett geschmeidig.

„. . . und nach und nach Zucker, Vanillin-Zucker . . . “

Zucker und Vanillin-Zucker eßlöffelweise zum geschmeidig gerührten Fett geben. So lange rühren, bis eine gebundene Masse entstanden ist. Feinkörniger Zucker ist grobkörnigem vorzuziehen, da er sich leichter löst.

„. . . Eier . . ."

Jedes Ei über einer Tasse aufschlagen und prüfen, ob es gut ist. Die Eier niemals auf einmal in das mit Zucker verrührte Fett geben, da sie sich dann schlecht unterrühren lassen. Jedes Ei jeweils gut unterrühren, bevor das nächste folgt. Wichtig ist, daß die Fett-Zucker-Eiermasse so lange gerührt wird, bis beim Rühren keine Zuckerkörner mehr zu spüren sind.

„. . . und Gewürze hinzugeben . . ."

Nach den Eiern die Gewürze (Backöle, Aromen usw.) unterrühren.

„. . . Das mit Backin gemischte und gesiebte Mehl abwechselnd mit der Milch unterrühren . . ."

Jeweils 2 – 3 gehäufte Eßl. Mehl unterrühren, und wenn der Teig zu fest ist, etwas Milch hinzugeben. Das Mehl-Backin-Gemisch muß ganz untergerührt sein, bevor Milch zugegeben wird, da Backin nicht unmittelbar mit Flüssigkeit in Berührung kommen darf, sonst würde seine Triebkraft vorzeitig ausgelöst und ginge verloren. Sobald Mehl und Milch zum Teig gegeben werden, möglichst kurz rühren, andernfalls tritt eine unregelmäßige Lockerung des Gebäckes ein (Rührblasen).

„. . . Nur so viel Milch verwenden, daß der Teig schwer (reißend) vom Löffel fällt . . ."

Die notwendige Milchmenge kann nie genau angegeben werden, da sie von der Aufnahmefähigkeit des Mehls und der Größe der Eier abhängt. Der Teig hat die richtige Beschaffenheit, wenn er schwer (reißend) vom Löffel fällt. Bei Zugabe von zu viel Milch besteht die Gefahr, daß das Gebäck mißrät und Wasserstreifen erhält. Deswegen darf der Teig niemals so dünn sein, daß er vom Löffel läuft.
Eine Ausnahme bilden Rührteige, die sehr viel Fett und Eier und wenig oder gar keine Flüssigkeit enthalten. Sie können weicher sein, da die rohen Eier wohl im Teig als Flüssigkeit auftreten, aber im Laufe des Backprozesses durch die Hitze fest werden.

„. . . Je nach Rezept vorbereitete Früchte zuletzt unter den Teig heben . . ."

Früchte unter den Teig heben und nicht rühren, denn Korinthen und Rosinen weden durch das Rühren zerquetscht und färben den Teig schmutzig grau.

„. . . und ihn in die vorbereitete Form füllen."

Den fertigen Teig (am besten mit einem Teigschaber) in die vorbereitete Form füllen und mit einer Gabel glattstreichen. Die Formen müssen etwa zwei Drittel mit Teig gefüllt sein.

Das Backen von Rührteigen

Alle Rührteige nach den Angaben unter den Rezepten backen. Bevor das Gebäck aus dem Backofen genommen wird, muß auf alle Fälle die Garprobe gemacht werden. Mit einem spitzen Hölzchen möglichst in die Mitte des Gebäcks stechen. Wenn kein Teig daran hängenbleibt, ist der Kuchen gar.
Ihn aus dem Ofen nehmen, 5 – 10 Minuten stehenlasen und ihn auf einen Kuchenrost stürzen oder heben, damit er besser ausdünsten kann, bei einer Springform das Gebäck vor dem Herausnehmen mit einem Messer vorsichtig vom Rand lösen.

Eierlikörkuchen nach Sophie

(Abb. nebenstehend)

3 Eier	mit
1 Päckchen Vanillin-Zucker	
abgeriebener Schale von 1 Zitrone (unbehandelt)	
75 g gesiebten Puderzucker	mit einem elektrischen Handrührgerät mit Rührbesen etwa 1 Miute auf höchster Stufe rühren, nach und nach
150 ml Speiseöl	
150 ml Eierlikör	unterrühren
160 g Weizenmehl	mit
75 g Speisestärke	
6 g (2 gestrichene Teel.) Backpulver	mischen, sieben, eßlöffelweise unterrühren den Teig in eine gut gefettete Napfkuchenform füllen, glattstreichen die Form auf dem Rost in den vorgeheizten Backofen schieben
Strom:	150 – 175
Gas:	2 – 3
Backzeit:	Etwa 1 Stunde.

Donauwellen

	Für den Teig
250 g weiche Butter	mit einem Handrührgerät mit Rührbesen auf höchster Stufe in etwa ½ Minute geschmeidig rühren, nach und nach
200 g Zucker	
1 Päckchen Vanillin-Zucker	
Salz	unterrühren, so lange rühren, bis eine gebundene Masse entstanden ist
5 Eier	nach und nach unterrühren (jedes Ei etwa ½ Minute)
375 g Weizenmehl	mit
9 g (3 gestrichene Teel.) Backpulver	mischen, sieben, eßlöffelweise auf mittlerer Stufe unterrühren knapp ⅔ des Teiges auf ein gefettetes Backblech streichen
20 g Kakao	sieben, mit
1 Eßl. Milch	unter den restlichen Teig rühren, gleichmäßig auf dem hellen Teig verteilen, vor den Teig einen mehrfach umgeknickten Streifen Alufolie legen
etwa 720 g entsteinte Sauerkirschen (aus dem Glas)	gut abtropfen lassen, auf dem dunklen Teig verteilen
Strom:	175 – 200 (vorgeheizt)
Gas:	5 Minuten vorheizen 3 – 4, backen 3 – 4
Backzeit:	35 – 40 Minuten das Gebäck auskühlen lassen

für die Buttercreme

1 Päckchen Pudding-Pulver Vanille-Geschmack	
100 g Zucker	
500 ml (½ l) Milch	nach Vorschrift auf dem Päckchen (aber mit 100 g Zucker) einen Pudding zubereiten, kalt stellen, ab und zu durchrühren
250 g Butter	geschmeidig rühren den erkalteten Pudding eßlöffelweise darunter rühren (darauf achten, daß weder Butter noch Pudding zu kalt sind, da dann die sogenannte Gerinnung eintritt) die erkaltete Gebäckplatte gleichmäßig mit der Buttercreme bestreichen, kalt stellen

für den Guß

200 g Zartbitter-Schokolade	in kleine Stücke brechen, mit
etwas Kokosfett	in einem kleinen Topf im Wasserbad bei schwacher Hitze zu einer geschmeidigen Masse verrühren den Guß auf die festgewordene Buttercreme streichen.

Zimt- und Nuß-Bricelets

(kleine Waffeln)

150 g weiche Butter	mit einem Handrührgerät mit Rührbesen auf höchster Stufe in etwa ½ Minute geschmeidig rühren, nach und nach
125 g Zucker	
1 Päckchen Vanillin-Zucker	
Salz	
10 g gemahlenen Zimt	
1 Messerspitze gemahlenen Kardamom	unterrühren, so lange rühren, bis eine gebundene Masse entstanden ist
3 Eier	nach und nach unterrühren (jedes Ei etwa ½ Minute)
300 g Weizenmehl	sieben, eßlöffelweise auf mittlerer Stufe unterrühren unter die Hälfte des Teiges auf mittlerer Stufe
50 g gemahlene Haselnußkerne	rühren beide Teige eine Zeitlang kalt stellen, aus dem Teig daumendicke Rollen formen, knapp 2 cm lange Stücke davon abschneiden, zu Kugeln rollen, wieder kalt stellen je 1 Kugel in die Mitte eines leicht gefetteten, gut erhitzten Eiserkucheneisens legen, backen.

Schichtkuchen, gegrillt

(Abb. S. 16/17)

Für den Teig

250 g Butter oder Margarine geschmeidig rühren, nach und nach
250 g Zucker
1 Päckchen Vanillin-Zucker
2 Eier
4 Eigelb
1 – 2 Eßl. Rum unterrühren
150 g Weizenmehl mit
100 g Speisestärke
9 g (3 gestrichene Teel.) Backpulver Backin mischen, sieben, eßlöffelweise unterrühren
4 Eiweiß steif schlagen, zuletzt unter den Teig heben

den gefetteten Boden einer Kastenform (30 x 11 cm) mit Pergamentpapier auslegen, 1 gut gehäuften Eßl. Teig gleichmäßig mit einem Pinsel darauf streichen

die Form auf dem Rost in den Backofen schieben (Abstand zwischen Grill und Teigschicht etwa 20 cm)

die Teigschicht unter dem vorgeheizten Grill hellbraun backen

Grillzeit
Strom: Etwa 2 Minuten
Gas: Etwa 2 Minuten

als zweite Schicht wieder 1 – 2 Eßl. Teig auf die gebackene Schicht streichen, die Form wieder unter den Grill schieben

auf diese Weise den ganzen Teig verarbeiten (die Einschubhöhe nach Möglichkeit so verändern, daß der Abstand von etwa 20 cm zwischen Grill und Teigschicht bestehen bleibt)

den fertigen Kuchen mit einem Messer vorsichtig vom Rand der Form lösen, auf ein Backblech stürzen, das Papier abziehen, sofort noch etwa 5 Minuten in den heißen Backofen schieben

für den Guß

100 g Schokolade in kleine Stücke brechen, mit
25 g Kokosfett in einem kleinen Topf im Wasserbad bei schwacher Hitze zu einer geschmeidigen Masse verrühren, den erkalteten Kuchen damit überziehen.

Gewürz-Grillkuchen

Für den Teig

250 g Butter oder Margarine geschmeidig rühren, nach und nach
250 g Zucker
1 Päckchen Vanillin-Zucker
2 Eier
4 Eigelb
1 Messerspitze geriebene Muskatnuß
1 Messerspitze gemahlenen Kardamom
1 Messerspitze gemahlene Nelken
1 Teel. gemahlenen Zimt
3 Eßl. Weinbrand unterrühren
150 g Weizenmehl mit
100 g Speisestärke
9 g (3 gestrichene Teel.) Backpulver Backin mischen, sieben, eßlöffelweise unterrühren
4 Eiweiß zu steifem Schnee schlagen, unter den Teig heben

den gefetteten Boden einer Kastenform (30 × 11 cm) mit Pergamentpapier auslegen, 1 gut gehäuften Eßl. Teig gleichmäßig mit einem Pinsel darauf verstreichen

Grillzeit
Strom: Etwa 2 Minuten
Gas: Etwa 2 Minuten

die Form auf dem Rost in den Backofen schieben (Abstand zwischen Grill und Teig etwa 20 cm), die Teigschicht unter dem vorgeheizten Grill hellbraun backen

als zweite Schicht wieder 1 – 2 Eßl. Teig auf der gebackenen Schicht verstreichen, die Form wieder unter den Grill schieben, auf diese Weise den ganzen Teig verarbeiten (möglichst die 20 cm Abstand zwischen Teig und Grill durch Veränderung der Einschubhöhe halten)

den fertigen Kuchen vorsichtig mit einem Messer vom Rand der Form lösen, auf ein Backblech stürzen, das Papier abziehen, sofort noch etwa 5 Minuten in den heißen Backofen schieben

für den Guß

100 g Schokolade in kleine Stücke brechen, mit
25 g Kokosfett in einem kleinen Topf im Wasserbad bei schwacher Hitze zu einer geschmeidigen Masse verrühren den erkalteten Kuchen damit überziehen, ihn nach Belieben verzieren.

Würzige Früchteplätzchen

75 g Butter	geschmeidig rühren, nach und nach
150 g Zucker *1 Päckchen Vanillin-Zucker* *2 Eier* *Salz* *je 1 gut gehäufte Messerspitze gemahlene Nelken* *gemahlenen Kardamom* *gemahlenen Zimt*	unterrühren
250 g Weizenmehl	mit
3 g (1 gestrichener Teel.) Backpulver	mischen, sieben, eßlöffelweise unterrühren
30 g gewürfeltes Zitronat (Sukkade) *30 g gewürfeltes Orangeat* *75 g abgezogene, gehackte Mandeln*	unter den Teig heben mit 2 Teelöffeln Teighäufchen auf ein mit Alufolie belegtes Backblech setzen, in den vorgeheizten Backofen schieben
Strom:	175 – 200
Gas:	3 – 4
Backzeit:	10 – 15 Minuten

	für den Guß
150 g Puderzucker	sieben, mit
4 Eßl. Zitronensaft	verrühren, die erkalteten Plätzchen dünn damit bestreichen.

Butterknöpfchen

200 g Butter	geschmeidig rühren, nach und nach
100 g gesiebten Puderzucker *2 Päckchen Vanillin-Zucker* *1 Eiweiß*	unterrühren
150 g Weizenmehl	mit
150 g Speisestärke	mischen, sieben, ⅔ davon eßlöffelweise unterrühren, den Rest unterkneten sollte der Teig kleben, ihn eine Zeitlang kalt stellen aus dem Teig etwa 1½ cm dicke Rollen formen, etwa 1½ cm dicke Stückchen davon abschneiden, auf ein Backblech legen, etwas rund formen, mit einer in Mehl getauchten Gabel etwas flachdrücken, in den vorgeheizten Backofen schieben
Strom:	175 – 200, *Gas:* 3 – 4
Backzeit:	Etwa 10 Minuten.

Haselnußkuchen

	Für den Teig
250 g Butter oder Margarine	geschmeidig rühren, nach und nach
250 g Zucker 1 Päckchen Vanillin-Zucker 4 Eier 2 Eßl. Rum 2 Eßl. Milch	unterrühren
300 g Weizenmehl	mit
75 g Speisestärke 6 g (2 gestrichene Teel.) Backpulver Backin	mischen, sieben, eßlöffelweise unterrühren gut die Hälfte des Teiges in eine gefettete Springform mit Rohrboden (Durchmesser etwa 28 cm) füllen unter den restlichen Teig
150 g gemahlene, leicht geröstete Haselnußkerne 3 Eßl. Milch	rühren den Nußteig auf den hellen Teig geben, mit einer Gabel spiralförmig unterziehen
Strom:	175 – 200 (vorgeheizt)
Gas:	3 – 4 (nicht vorgeheizt)
Backzeit:	Etwa 50 Minuten
	für den Guß
100 g zartbittere Schokolade	in kleine Stücke brechen, mit
etwas Kokosfett	in einem kleinen Topf im Wasserbad bei schwacher Hitze zu einer geschmeidigen Masse verrühren, den erkalteten Kuchen damit überziehen
	zum Verzieren
30 g Puderzucker	mit so viel
Eiweiß	verrühren, bis ein spritzfähiger Guß entstanden ist, die Masse in ein Pergamentpapiertütchen füllen, von der Tüte eine Spitze abschneiden, den Kuchen damit verzieren, mit
abgezogenen Mandeln	garnieren.

Fruchtkranz

	Für den Teig
100 g Butter oder Margarine	geschmeidig rühren, nach und nach
150 g Zucker 1 Päckchen Vanillin-Zucker 3 Eier Salz 4 Tropfen Backöl Zitrone	unterrühren
150 g Weizenmehl	mit
50 g Speisestärke 6 g (2 gestrichene Teel.) Backpulver Backin	mischen, sieben, eßlöffelweise unterrühren den Teig in eine gefettete Kranz-Form (Durchmesser etwa 24 cm) füllen
Strom:	175 – 200 (vorgeheizt)
Gas:	3 – 4 (nicht vorgeheizt)
Backzeit:	35 – 40 Minuten das Gebäck gut auskühlen lassen
	für die Füllung aus
1 Päckchen Pudding-Pulver Zitrone-Geschmack 500 ml (½ l) Wasser 100 g Zucker	nach der Vorschrift auf dem Päckchen einen Pudding zubereiten, kalt stellen, ab und zu durchrühren
200 g Butter	geschmeidig rühren, den Pudding eßlöffelweise darunter geben (darauf achten, daß weder Butter noch Pudding zu kalt sind, da dann die sogenannte Gerinnung eintritt)
	für den Krokant
1 Messerspitze Butter 60 g Zucker	zerlassen, unter Rühren so lange erhitzen, bis der Zucker schwach gebräunt ist
125 g abgezogene, gehackte Mandeln	hinzufügen, unter Rühren erhitzen, bis der Krokant genügend gebräunt ist, die Masse auf einer mit
Speiseöl	bestrichenen Platte erkalten lassen, in kleine Stücke zerstoßen das Gebäck zweimal durchschneiden, mit Creme füllen, bestreichen (etwas zurücklassen), mit dem Krokant bestreuen, mit der zurückgelassenen Creme verzieren, mit
Mandarinenspalten	garnieren.

Königskuchen

(Abb. nebenstehend)

250 Butter oder Margarine	geschmeidig rühren, nach und nach
200 g Zucker 1 Päckchen Vanillin-Zucker 5 Eier Salz ½ Fläschchen Backöl Zitrone	

oder 1 Fläschchen Rum-Aroma	unterrühren
500 g Weizenmehl	mit
12 g (4 gestrichene Teel.) Backpulver Backin	mischen, sieben, abwechselnd mit
knapp 125 ml (⅛ l) Milch	unterrühren (nur so viel Milch verwenden, daß der Teig schwer – reißend – vom Löffel fällt)
150 g Korinthen	
250 g Rosinen	beide Zutaten verlesen
125 g gewürfeltes Zitronat (Sukkade)	

	die Zutaten zuletzt unter den Teig heben, ihn in eine gefettete, mit Pergamentpapier ausgelegte Kastenform (35 × 11 cm) füllen
Strom:	Etwa 175 (vorgeheizt)
Gas:	2 – 3 (nicht vorgeheizt)
Backzeit:	80 – 100 Minuten.

Schneetorte

	Für den Knetteig
150 g Weizenmehl	auf die Tischplatte sieben, in die Mitte eine Vertiefung eindrücken
40 g Zucker	
1 Päckchen Vanillin-Zucker	hineingeben
100 g kalte Butter oder Margarine	in Stücke schneiden, auf den Zucker geben, mit Mehl bedecken, von der Mitte aus alle Zutaten schnell zu einem glatten Teig verkneten sollte der Teig kleben, ihn eine Zeitlang kalt stellen den Teig auf dem gefetteten Boden einer Springform (Durchmesser etwa 28 cm) ausrollen, mehrmals mit einer Gabel einstechen, in den vorgeheizten Backofen schieben
Strom:	200 – 225
Gas:	3 – 4
Backzeit:	Etwa 15 Minuten sofort nach dem Backen den Boden vom Springformboden lösen, aber erst, wenn er erkaltet ist, ihn auf eine Tortenplatte legen
	für den Rührteig
125 g Butter oder Margarine	geschmeidig rühren, nach und nach
125 g Zucker	
1 Päckchen Vanillin-Zucker	
1 Ei	
2 Eiweiß	unterrühren
75 g Weizenmehl	mit
50 g Speisestärke	
3 g (1 gestrichener Teel.) Backpulver Backin	mischen, sieben, eßlöffelweise unterrühren den Teig in eine Springform (Durchmesser etwa 28 cm, Boden gefettet) füllen, glattstreichen
Strom:	175 – 200 (vorgeheizt)
Gas:	3 – 4 (nicht vorgeheizt)
Backzeit:	20 – 30 Minuten den Tortenboden vom Springformrand lösen, auf einen Kuchenrost legen, gut auskühlen lassen (am besten einen Tag vorher backen), ihn dann einmal durchschneiden
	für die Füllung
1 Päckchen Gelatine gemahlen, weiß	mit
4 Eßl. kaltem Wasser	in einem kleinen Topf anrühren, 10 Minuten zum Quellen stehenlassen
100 ml (1/10 l) Milch	mit
100 g Zucker	
50 g Honig	
2 Eigelb	unter ständigem Schlagen mit einem Schneebesen zum Kochen bringen, von der Kochstelle nehmen, die gequollene Gelatine hinzufügen, so lange rühren, bis sie gelöst ist, kühl stellen
500 g Speisequark	
abgeriebene Schale von ½ Zitrone (unbehandelt)	
1 Eßl. Zitronensaft	mit der erkalteten Honigmilch verrühren
500 ml (½ l) Schlagsahne	steif schlagen, darunter heben den Knetteigboden mit
etwa 2 Eßl. Ananas- oder Aprikosen-Konfitüre	bestreichen, die untere Hälfte des Rührteigbodens darauf legen, den Springformrand um die Böden legen (evtl. mit einem Pergamentpapierstreifen auslegen), schließen die Füllung gleichmäßig auf dem Tortenboden verteilen, mit der oberen Tortenbodenhälfte bedecken, kalt stellen, damit die Quarkmasse fest wird den Springformrand mit einem Messer vorsichtig von der Torte lösen den Rand der Torte mit
abgezogenen, gehobelten, gebräunten Mandeln	bestreuen, die obere Seite mit
Puderzucker	bestäuben.

Englischer Kuchen

100 g Butter oder Margarine	geschmeidig rühren, nach und nach
150 g Zucker	
1 Päckchen Vanillin-Zucker	
2 Eier	
½ Fläschchen Backöl Zitrone	unterrühren
250 g Weizenmehl	mit
6 g (2 gestrichene Teel.) Backpulver Backin	mischen, sieben, eßlöffelweise abwechselnd mit
125 ml (⅛ l) Sahne	unterrühren, zuletzt
150 g verlesene Rosinen	
150 g verlesene Korinthen	
50 g feingewürfeltes Zitronat (Sukkade)	
50 g kleingeschnittene, kandierte Kirschen	unter den Teig heben den Teig in eine gefettete, mit Pergamentpapier ausgelegte Kastenform (25 × 11 cm) füllen
Strom:	Etwa 175 (vorgeheizt)
Gas:	2 – 3 (nicht vorgeheizt)
Backzeit:	Etwa 80 Minuten.

Himmelstorte

Für den Teig

250 g Butter oder Margarine geschmeidig rühren, nach und nach
200 g Zucker
1 Päckchen Vanillin-Zucker
4 Eigelb
Salz unterrühren
250 g Weizenmehl mit
6 g (2 gestrichene Teel.) Backpulver Backin mischen, sieben, eßlöffelweise unterrühren

für den Belag

4 Eiweiß steif schlagen
für 4 Böden jeweils 2 Eßl. des Teiges auf einen gefetteten Springformboden (Durchmesser etwa 28 cm) streichen (darauf achten, daß die Teiglage am Rand nicht zu dünn ist, damit der Boden dort nicht zu dunkel wird)
¼ von dem steifgeschlagenen Eischnee gleichmäßig auf jedem Boden verteilen
50 g Zucker mit
1 Päckchen Vanillin-Zucker
1 gestrichenen Teel. gemahlenem Zimt mischen, ¼ davon und ¼ von
100 abgezogenen, gehobelten Mandeln auf jeden Teigboden streuen, jeden Boden ohne Springformrand im vorgeheizten Backofen backen, bis er hellbraun ist
Strom: 175 – 200
Gas: 3 – 4
Backzeit: 15 – 20 Minuten
die Böden sofort nach dem Backen vom Springformboden lösen

für die Füllung

500 g Johannisbeertrauben waschen, gut abtropfen lassen, abstreifen, mit
125 g gesiebtem Puderzucker bestreuen
500 ml (½ l) Schlagsahne ½ Minute schlagen
3 Päckchen Sahnesteif einstreuen, die Sahne steif schlagen, die Johannisbeeren unter die Sahne heben, die einzelnen Böden mit der Füllung bestreichen, zu einer Torte zusammensetzen, die oberste Schicht muß aus einem Boden bestehen.

Napfkuchen mit Schokoladenguß

	Für den Teig
350 g Butter oder Margarine	geschmeidig rühren, nach und nach
300 g Zucker	
1 Päckchen Vanillin-Zucker	
4 Eier	
2 Eßl. Wasser	unterrühren
350 g Weizenmehl	mit
6 g (2 gestrichene Teel.) Backpulver Backin	mischen, sieben, eßlöffelweise unterrühren den Teig in eine gefettete Napfkuchenform (Durchmesser 22 cm) füllen
Strom:	175 – 200 (vorgeheizt)
Gas:	2 – 3 (nicht vorgeheizt)
Backzeit:	Etwa 1 Stunde
	für den Guß
100 g zartbittere Schokolade	in kleine Stücke brechen, mit
25 g Kokosfett	in einem kleinen Topf im Wasserbad bei schwacher Hitze zu einer geschmeidigen Masse verrühren, den erkalteten Kuchen damit überziehen
	zum Verzieren
30 g Puderzucker	sieben, mit
etwa 1 Teel. Eiweiß oder Wasser	glattrühren, so daß eine dickflüssige Masse entsteht, das Gebäck damit verzieren (mit Hilfe eines Pergamentpapiertütchens).

Glasierter Apfelkuchen

	Für den Teig
250 g Butter oder Margarine	geschmeidig rühren, nach und nach
200 g Zucker	
1 Päckchen Vanillin-Zucker	
5 Eier	unterrühren
250 g Weizenmehl	mit
6 g (2 gestrichene Teel.) Backpulver Backin	mischen, sieben, eßlöffelweise unterrühren
	für die Füllung
1 kg Äpfel	schälen, vierteln, entkernen, achteln die Hälfte des Teiges in eine gefettete Springform (Durchmesser etwa 28 cm) füllen, glattstreichen, die Äpfel in 2 Lagen darauf legen, den übrigen Teig darauf verteilen, glattstreichen
Strom:	175 – 200 (vorgeheizt)
Gas:	3 – 4 (nicht vorgeheizt)
Backzeit:	Etwa 1 Stunde
	zum Aprikotieren
1 gehäuften Eßl. Aprikosen-Konfitüre	durch ein Sieb streichen, mit
knapp 1 Eßl. Wasser	verrühren, einmal aufkochen lassen den Kuchen sofort nach dem Backen damit bestreichen, erkalten lassen
	für die Glasur
75 g Puderzucker	sieben, mit
2 Eßl. Rum oder Zitronensaft etwa ½ Eßl. heißem Wasser	zu einer dünnflüssigen Masse verrühren, das Gebäck damit überziehen.

Holländisches Kaffeegebäck

	Für den Teig
300 g Butter oder Margarine	geschmeidig rühren, nach und nach
100 g gesiebten Puderzucker	
1 Päckchen Vanillin-Zucker	
2 Eier	
Salz	
abgeriebene Schale von 1 Zitrone (unbehandelt)	unterrühren
400 g Weizenmehl	mit
3 g (1 gestrichener Teel.) Backpulver Backin	mischen, sieben, eßlöffelweise unterrühren den Teig in einen Spritzbeutel mit gezackter Tülle füllen, in eng untereinanderliegenden Linien auf ein Backblech spritzen, so daß jeweils die Form eines langgezogenen Dreiecks entsteht, in den vorgeheizten Backofen schieben
Strom:	175 – 200
Gas:	3 – 4
Backzeit:	Etwa 15 Minuten die Hälfte der erkalteten Plätzchen auf der Unterseite mit
Aprikosen-Konfitüre	bestreichen, die anderen mit der Unterseite darauf legen
	für den Guß
100 g Kuvertüre	mit
20 g Kokosfett	in einem kleinen Topf im Wasserbad bei schwacher Hitze zu einer geschmeidigen Masse verrühren, die Plätzchen mit der breiten Seite hineintauchen.

„Juliane"-Kuchen

(Dr. Oetker Backformserie „Garantie" Rosettenform)

Für den Teig

350 g Butter oder Margarine	geschmeidig rühren, nach und nach
300 g Zucker 1 Päckchen Vanillin-Zucker 4 Eier 2 Eßl. Wasser	unterrühren
175 g Weizenmehl	mit
6 g (2 gestrichene Teel.) Backpulver Backin	mischen, sieben, eßlöffelweise unterrühren
175 g gemahlene Haselnußkerne	hinzufügen
	den Teig in die gefettete, mit
gemahlenen Haselnußkernen	ausgestreute Backform füllen
Strom:	175 – 200 (vorgeheizt)
Gas:	2 – 3 (nicht vorgeheizt)
Backzeit:	Etwa 55 Minuten

für den Guß

100 – 150 g zartbittere Schokolade	in kleine Stücke brechen, mit
etwas Kokosfett	in einem kleinen Topf im Wasserbad bei schwacher Hitze zu einer geschmeidigen Masse verrühren das erkaltete Gebäck damit überziehen, nach Belieben mit
Schlagsahne	verzieren, mit
kandierten Kirschen	garnieren.

Mohnkränzchen

175 g Butter oder Margarine	geschmeidig rühren, nach und nach
100 g Zucker 1 Päckchen Vanillin-Zucker 1 Ei	hinzugeben
175 g Weizenmehl	mit
75 g Speisestärke	mischen, mit
100 g gemahlenem Mohn	eßlöffelweise unterrühren den Teig in einen Spritzbeutel mit gezackter Tülle füllen, Ringe (Durchmesser etwa 4 cm) auf ein Backblech spritzen, in den vorgeheizten Backofen schieben
Strom:	175 – 200
Gas:	3 – 4
Backzeit:	Etwa 10 Minuten.

Kaiserin-Friedrich-Torte

(Dr. Oetker Backformserie „Garantie"-Rosettenform – Abb. nebenstehend)

	Für den Teig
250 g Kokosfett	zerlassen, kalt stellen, etwas fest werden lassen
oder	
300 g Margarine	geschmeidig rühren
300 g Zucker	
1 Päckchen Vanillin-Zucker	hinzugeben, so lange rühren, bis Fett und Zucker weißschaumig geworden sind, dann nach und nach
5 Eier	
1 Eigelb	
½ Eiweiß	
3 Tropfen Backöl Bittermandel	
½ Fläschchen Rum-Aroma	
Salz	unterrühren
300 g Weizenmehl	mit
75 g Speisestärke	
6 g (2 gestrichene Teel.) Backpulver	mischen, sieben, eßlöffelweise unterrühren
125 g gewürfeltes Zitronat (Sukkade)	unter den Teig heben, ihn in die gefettete Form füllen
Strom:	175 – 200 (vorgeheizt)
Gas:	2 – 3 (nicht vorgeheizt)
Backzeit:	65 – 75 Minuten
	für den Guß
175 g Puderzucker	sieben, mit
½ Eiweiß	
etwa 3 Eßl. Zitronensaft	glattrühren, so daß eine dickflüssige Masse entsteht die erkaltete Torte mit dem Guß überziehen
50 g Zitronat (Sukkade)	in Blüten und Streifen schneiden, die Torte damit garnieren.

Marmorkuchen

300 g Butter oder Margarine	geschmeidig rühren, nach und nach
275 g Zucker	
1 Päckchen Vanillin-Zucker	
5 Eier	
Salz	
1 Fläschchen Rum-Aroma	unterrühren
500 g Weizenmehl	mit
1 Päckchen Backpulver Backin	mischen, sieben, abwechselnd mit
125 ml (⅛ l) Milch	unterrühren (nur so viel Milch verwenden, daß der Teig schwer –

	reißend – vom Löffel fällt)
	⅔ des Teiges in eine gefettete Napfkuchenform (Durchmesser 22 cm) füllen
30 g Kakao	sieben, mit
25 g Zucker	
2 – 3 Eßl. Milch	unter den Rest des Teiges rühren, so daß er wieder schwer vom Löffel fällt
	den dunklen Teig auf dem hellen verteilen, mit einer Gabel spiralförmig durch die Teigschichten ziehen, damit ein Marmormuster entsteht
Strom:	175 – 200 (vorgeheizt)
Gas:	2 – 3 (nicht vorgeheizt)
Backzeit:	50 – 65 Minuten.

Prinz-Eugen-Torte

	Für den Teig
70 g Butter	
oder Margarine	geschmeidig rühren, nach und nach
80 g Zucker	
1 Päckchen Vanillin-Zucker	
5 Eigelb	
Salz	
1 – 2 Tropfen Backöl Bittermandel	unterrühren
150 g abgezogene, gehackte Mandeln	unterrühren
150 g zartbittere Schokolade	in kleine Stücke brechen, in einem kleinen Topf im Wasserbad bei schwacher Hitze zu einer geschmeidigen Masse verrühren, mit
1 Eßl. Rum	
1 Eßl. Weinbrand	unter den Teig rühren
5 Eiweiß	steif schlagen, mit
1 Messerspitze Backpulver Backin	unterrühren
	den Teig in eine Springform (Durchmesser etwa 28 cm, Boden gefettet, mit Pergamentpapier belegt) füllen
Strom:	Etwa 150 (vorgeheizt)
Gas:	1 – 2 (nicht vorgeheizt)
Backzeit:	50 – 65 Minuten
	den Tortenboden erkalten lassen
	für den Belag
500 ml (½ l) Schlagsahne	½ Minute schlagen
1 Päckchen Sahnesteif	einstreuen, die Sahne steif schlagen
50 – 100 g geraspelte Schokolade	unterrühren, die Sahne gleichmäßig auf den Boden streichen
	die Torte mit
12 – 16 Stück Borkenschokolade	garnieren, bis zum Servieren kühl stellen.

Sandkuchen

	Für den Teig
250 g Butter oder Margarine	zerlassen, kalt stellen in das wieder etwas festgewordene Fett
200 g Zucker ***1 Päckchen Vanillin-Zucker***	geben, so lange rühren, bis Fett und Zucker weißschaumig geworden sind nach und nach
4 Eier ***Salz*** ***einige Tropfen Backöl Zitrone oder Rum-Aroma***	hinzugeben (jedes Ei etwa 2 Minuten unterrühren)
125 g Weizenmehl	mit
125 g Speisestärke ***1½ g (½ gestrichener Teel.) Backpulver***	mischen, sieben, eßlöffelweise unterrühren den Teig in eine gefettete, mit Pergamentpapier ausgelegte Kastenform (30 × 11 cm) füllen
Strom:	165 – 185 (vorgeheizt)
Gas:	2 – 3 (nicht vorgeheizt)
Backzeit:	65 – 75 Minuten

für den Guß

100 g Schokolade	in kleine Stücke brechen, mit
etwas Kokosfett	in einem kleinen Topf im Wasserbad bei schwacher Hitze zu einer geschmeidigen Masse verrühren, den erkalteten Kuchen damit überziehen.

Englischer Kirschkuchen

200 g Butter oder Margarine	geschmeidig rühren, nach und nach
200 g Zucker 1 Päckchen Vanillin-Zucker 1 Fläschchen Rum-Aroma Salz	
5 Eier	unterrühren
300 g Weizenmehl	mit
6 g (2 gestrichene Teel.) Backpulver Backin	mischen, sieben, eßlöffelweise unterrühren
100 g Korinthen 150 g Rosinen	beide Zutaten verlesen
150 g Kirschen oder Maraschino-Kirschen (aus dem Glas)	gut abtropfen lassen, evtl. halbieren
75 g feingewürfeltes Zitronat (Sukkade)	die 4 Zutaten vermengen, mit
2 Eßl. Schwarzwälder Kirschwasser oder Weinbrand	beträufeln, die Früchte unter den Teig rühren, in eine gefettete, mit Pergamentpapier ausgelegte Kastenform (30 × 11 cm) füllen
Strom:	165 – 185 (vorgeheizt)
Gas:	2 – 3 (nicht vorgeheizt)
Backzeit:	Etwa 90 Minuten.

Gefüllter Napfkuchen

Für den Teig

300 g Butter	geschmeidig rühren, nach und nach
250 g Zucker 1 Päckchen Vanillin-Zucker	
5 Eier	unterrühren
250 g Weizenmehl	mit
125 g Speisestärke 6 g (2 gestr. Teel.) Backpulver Backin	mischen, sieben, eßlöffelweise unterrühren, den Teig in eine gefettete Napfkuchenform (Durchmesser 22 cm) füllen

für die Füllung

250 g gemahlene, leicht geröstete Haselnußkerne	mit
75 g Zucker 1 Ei 3 Eßl. Rum 4 Eßl. Wasser	verrühren, auf den Teig geben, mit einer Gabel spiralförmig durch den Teig ziehen, damit ein Marmormuster entsteht
Strom:	175 – 200 (vorgeheizt)
Gas:	3 – 4 (nicht vorgeheizt)
Backzeit:	70 – 80 Minuten

für den Guß

100 g zartbittere Schokolade	in kleine Stücke brechen, mit
etwas Kokosfett	in einem kleinen Topf im Wasserbad bei schwacher Hitze zu einer geschmeidigen Masse verrühren den erkalteten Kuchen damit überziehen, nach Belieben mit
Puderzucker	verzieren, mit
Liebesperlen	garnieren.

Zitronenkuchen

Für den Teig

250 g Butter oder Margarine	geschmeidig rühren, nach und nach
200 g Zucker 1 Päckchen Vanillin-Zucker 4 Eier abgeriebene Schale von 1 Zitrone (unbehandelt) 1 Eßl. Milch	unterrühren
150 g Weizenmehl	mit
100 g Speisestärke 3 g (1 gestrichener Teel.) Backpulver Backin	mischen, sieben, eßlöffelweise unterrühren, zuletzt
50 g abgezogene, gemahlene Mandeln	unter den Teig heben den Teig in eine gefettete, mit Pergamentpapier ausgelegte Kastenform füllen
Strom:	150 – 175 (vorgeheizt)
Gas:	2 – 3 (nicht vorgeheizt)
Backzeit:	65 – 85 Minuten

für den Guß

125 g gesiebten Puderzucker	mit
2 – 3 Eßl. Zitronensaft	zu einer dickflüssigen Masse glattrühren den erkalteten Kuchen damit überziehen.

Tatzen und Tupfen

(Abb. nebenstehend)

250 g Butter	
oder Margarine	geschmeidig rühren, nach und nach
175 g Zucker	
1 Päckchen Vanillin-Zucker	
1 Ei	unterrühren
175 g Weizenmehl	mit
175 g Speisestärke	mischen, sieben, eßlöffelweise unterrühren
75 g abgezogene, gemahlene Mandeln	unter den Teig rühren, ihn in einen Spritzbeutel (gezackte Tülle) füllen, in Form von kleinen Tatzen und Tupfen auf ein gefettetes Backblech spritzen, in den vorgeheizten Backofen schieben
Strom:	175 – 200
Gas:	3 – 4
Backzeit:	10 – 15 Minuten die Tupfen mit
kandierten Kirschstückchen	garnieren
100 g Kuvertüre	in einem kleinen Topf im Wasserbad zu einer geschmeidigen Masse verrühren ¼ der Tatzen auf der glatten Seite dünn mit Kuvertüre bestreichen, mit unbestrichenen Tatzen zusammensetzen ¼ der Tatzen auf der glatten Seite dünn mit
Aprikosen-Konfitüre	bestreichen, ebenfalls mit unbestrichenen Tatzen zusammensetzen die Tatzen mit den Spitzen in Kuvertüre tauchen.

Eierkränzchen

250 g Butter	
oder Margarine	geschmeidig rühren, nach und nach
125 g Zucker	
2 Päckchen Vanillin-Zucker	
1 Ei	
3 Eigelb	unterrühren
250 g Weizenmehl	mit
150 g Speisestärke	mischen, sieben, eßlöffelweise unterrühren den Teig in einen Spritzbeutel mit gezackter Tülle füllen, in Form von Kränzchen (Durchmesser etwa 4 cm) auf ein gefettetes Backblech spritzen
200 g Belegkirschen, rot und grün	in Streifen schneiden, die Teigkränzchen damit belegen, in den vorgeheizten Backofen schieben
Strom:	175 – 200
Gas:	3 – 4
Backzeit:	Etwa 12 Minuten.

Kokoshäufchen

50 g Butter oder Margarine	geschmeidig rühren, nach und nach
125 g Zucker	
1 Päckchen Vanillin-Zucker	
1 Ei	
½ Fläschchen Rum-Aroma	
3 Tropfen Backöl Bittermandel	unterrühren
125 g Weizenmehl	mit
6 g (2 gestrichene Teel.) Backpulver Backin	mischen, sieben, eßlöffelweise mit
etwa 1 Eßl. Milch	unterrühren
250 g Kokosraspel	zuletzt unter den Teig heben mit 2 Teelöffeln Teighäufchen auf ein gefettetes Backblech setzen, in den vorgeheizten Backofen schieben
Strom:	175 – 200
Gas:	3 – 4
Backzeit:	10 – 12 Minuten.

Kirschkuchen

	Für den Teig
150 g Butter	zerlassen, kalt stellen in das wieder etwas festgewordene Fett
150 g Zucker	
1 Päckchen Vanillin-Zucker	geben, so lange rühren, bis Fett und Zucker weißschaumig geworden sind dann nach und nach
2 Eier	
4 Eigelb	hinzugeben (jedes Ei etwa 2 Minuten unterrühren)
150 g Weizenmehl	sieben, eßlöffelweise unterrühren den Teig in eine gefettete Springform (Rand nicht fetten, Durchmesser etwa 28 cm) füllen
	für den Belag
etwa 480 g entsteinte Sauerkirschen (aus dem Glas)	abtropfen lassen, gleichmäßig auf den Teig verteilen
Strom:	175 – 200 (vorgeheizt)
Gas:	3 – 4 (nicht vorgeheizt)
Backzeit:	45 – 60 Minuten
	für den Guß
1 Ei	
50 g Zucker	
125 ml (⅛ l) Schlagsahne	
2 Eßl. Kirschwasser	verschlagen, etwa 15 Minuten vor Beendigung der Backzeit über die Kirschen verteilen.

Obsttorte

	Für den Teig
75 g Butter	geschmeidig rühren, nach und nach
75 g Zucker 1 Päckchen Vanillin-Zucker 2 Eier Salz	unterrühren
125 g Weizenmehl	mit
3 g (1 gestrichener Teel.) Backpulver	mischen, sieben, eßlöffelweise unterrühren den Teig in eine gefettete Spezial-Tortenbodenform (Durchmesser etwa 28 cm) füllen, glattstreichen
Strom:	175 – 200 (vorgeheizt)
Gas:	3 – 4 (nicht vorgeheizt)
Backzeit:	20 – 25 Minuten den ausgekühlten Tortenboden gleichmäßig mit
Sahnesteif	bestreuen, um zu verhindern, daß der mit Obst belegte Boden durchweicht
	für den Belag
500 – 750 g rohes Obst (z. B. Kiwis, Erdbeeren, Himbeeren, Johannisbeeren, Heidelbeeren, Weintrauben)	waschen (Himbeeren nur verlesen), gut abtropfen lassen, entstielen, verlesen oder schälen, in Scheiben schneiden, mit
Zucker	bestreuen, kurze Zeit stehenlassen
oder gedünstetes oder eingemachtes Obst (z. B. Aprikosen, Sauerkirschen, Stachelbeeren, Mandarinen)	abtropfen lassen, die Früchte auf den Tortenboden legen
	für den Guß aus
1 Päckchen Tortenguß Zucker 250 ml (¼ l) Wasser oder Fruchtsaft	nach der Vorschrift auf dem Päckchen einen Tortenguß zubereiten, auf das Obst geben.

Kokoskränzchen

	Für den Teig
150 g Butter oder Margarine	geschmeidig rühren
100 g Puderzucker	sieben, nach und nach mit
1 Päckchen Vanillin-Zucker 3 Eigelb	unterrühren
250 g Weizenmehl	mit
1 Messerspitze Backpulver Backin	mischen, sieben, eßlöffelweise unterrühren, den Teig in einen Spritzbeutel mit gezackter Tülle füllen, in Form von Kränzchen (Durchmesser etwa 4 cm) auf ein gefettetes Backblech spritzen
	für die Füllung
3 Eiweiß	steif schlagen, es muß so fest sein, daß ein Messerschnitt sichtbar bleibt nach und nach
100 g Zucker 1 Päckchen Vanillin-Zucker abgeriebene Schale von 1 Zitrone (unbehandelt)	unterschlagen
200 g Kokosraspel	unterheben die Mitte jedes Teigkränzchens mit der Kokosmasse füllen, das Backblech in den vorgeheizten Backofen schieben
Strom:	175 – 200
Gas:	3 – 4
Backzeit:	Etwa 15 Minuten.

Apfelsinenkuchen

(Abb. nebenstehend)

	Für den Teig
375 g Margarine	geschmeidig rühren, nach und nach
300 g Zucker 2 Päckchen Vanillin-Zucker 6 Eier abgeriebene Schale von 1 großen Apfelsine (unbehandelt) 1 Eßl. Apfelsinensaft	unterrühren
250 g Weizenmehl	mit
125 g Speisestärke 6 g (2 gestrichene Teel.) Backpulver Backin	mischen, sieben, unterrühren, zuletzt
75 g abgezogene, gemahlene Mandeln	unterheben, den Teig in eine gefettete Napfkuchenform (Durchmesser 22 cm) füllen
Strom:	150 – 175 (vorgeheizt)
Gas:	2 – 3 (nicht vorgeheizt)
Backzeit:	75 – 85 Minuten
	für den Guß
200 g gesiebten Puderzucker	mit
1 Eßl. Zitronensaft 2 – 3 Eßl. Apfelsinensaft	zu einer dickflüssigen Masse verrühren den erkalteten Kuchen damit überziehen.

Sahnewaffeln

250 g Butter oder Margarine	geschmeidig rühren, nach und nach
100 g Zucker	
1 Päckchen Vanillin-Zucker	
4 Eigelb	unterrühren
125 g Weizenmehl	mit
125 g Speisestärke	
6 g (2 gestrichene Teel.) Backpulver Backin	mischen, sieben, abwechselnd mit
250 ml (¼ l) Sahne	unterrühren
4 Eiweiß	steif schlagen, zuletzt unter den Teig heben den Teig in nicht zu großer Menge in ein gut erhitztes, gefettetes Waffeleisen füllen, sofort gut verstreichen die Waffeln von beiden Seiten goldbraun backen, einzeln auf einem Kuchenrost erkalten lassen, nach Belieben mit
Puderzucker	
Schlagsahne	
Obst (z. B. Johannisbeeren)	servieren.

Lämmchen

Für den Teig

75 g Butter oder Margarine	geschmeidig rühren, nach und nach
100 g Zucker 1 Päckchen Vanillin-Zucker 2 Eier 10 Tropfen Rum-Aroma Salz	hinzugeben
100 g Weizenmehl	mit
25 g Speisestärke 3 g (1 gestrichener Teel.) Backpulver	mischen, sieben, eßlöffelweise unterrühren den Teig in eine gefettete Lämmchenform (etwa ¾ l Inhalt) füllen
Strom:	175 – 200 (vorgeheizt)
Gas:	2 – 3 (nicht vorgeheizt)
Backzeit:	35 – 45 Minuten

für den Guß

150 g gesiebten Puderzucker	mit
1 – 2 Eßl. heißem Wasser	zu einer dickflüssigen Masse verrühren die Masse über das erkaltete Gebäck gießen, gleichmäßig verstreichen, das Gebäck mit
30 g Kokosraspel	bestreuen.

Frankfurter Cremeschnitten

Für den Teig

100 g Butter	geschmeidig rühren, nach und nach
100 g Zucker 1 Päckchen Vanillin-Zucker 2 Eier Salz 3 Tropfen Backöl Zitrone	unterrühren
100 g Weizenmehl	mit
3 g (1 gestrichener Teel.) Backpulver	mischen, sieben, eßlöffelweise unterrühren den Teig in eine gefettete, mit Pergamentpapier ausgelegte Kastenform (30 × 11 cm) füllen
Strom:	175 – 200 (vorgeheizt)
Gas:	3 – 4 (nicht vorgeheizt)
Backzeit:	Etwa 20 Minuten

für den Krokant

1 Messerspitze Butter 30 g Zucker	zerlassen, unter Rühren so lange erhitzen, bis der Zucker schwach gebräunt ist
60 g abgezogene, gehackte Mandeln	hinzufügen, unter Rühren erhitzen, bis der Krokant genügend gebräunt ist, die Masse auf einer mit
Speiseöl	bestrichenen Platte erkalten lassen, in kleine Stücke zerstoßen

für die Füllung aus

300 ml Milch 1 Packung Torten-Creme-Pulver Vanille-Geschmack 200 g Butter	nach der Vorschrift auf der Packung eine Creme zubereiten das erkaltete Gebäck einmal durchschneiden, den unteren Boden mit ¼ der Creme bestreichen, den oberen Boden darauf legen Rand und obere Seite des Gebäcks gleichmäßig mit Creme bestreichen den Rand mit dem Krokant bestreuen die obere Seite mit der restlichen Creme verzieren, mit
Maraschinokirschen	garnieren.

Omas Nußkuchen

Für den Teig

150 g Haselnußkerne	mahlen, auf einem Backblech im Backofen leicht rösten
100 g Haselnußkerne	fein hacken
275 g Butter	geschmeidig rühren, nach und nach
175 g Zucker 1 Päckchen Vanillin-Zucker 4 Eier	unterrühren
200 g Weizenmehl	mit
3 g (1 gestrichener Teel.) Backpulver	mischen, sieben, eßlöffelweise unterrühren alle Haselnußkerne unter den Teig heben, ihn in eine gefettete, mit Pergamentpapier ausgelegte Kastenform (30 x 11 cm) füllen
Strom:	165 – 185 (vorgeheizt)
Gas:	2 – 3 (nicht vorgeheizt)
Backzeit:	60 – 75 Minuten in den heißen Kuchen mehrmals mit einem Holzstäbchen stechen, ihn von allen Seiten mit
5 Eßl. Rum	bestreichen

zum Aprikotieren

4 Eßl. Aprikosen-Konfitüre	durch ein Sieb streichen, mit
3 Eßl. Wasser	verrühren, einmal aufkochen lassen, den Kuchen damit bestreichen, gut auskühlen lassen

für den Guß

100 g Schokolade	in kleine Stücke brechen, mit
etwas Kokosfett	in einem kleinen Topf im Wasserbad bei schwacher Hitze zu einer geschmeidigen Masse verrühren, den erkalteten Kuchen damit überziehen.

Nuß-Waffeln

200 g Butter	geschmeidig rühren, nach und nach
100 g Zucker	
1 Päckchen Vanillin-Zucker	
3 Eier	unterrühren
50 g Weizenmehl	mit
75 g Speisestärke	
3 g (1 gestr. Teel.) Backpulver Backin	mischen, sieben, eßlöffelweise unterrühren
100 g gemahlene Haselnußkerne	zuletzt unter den Teig heben
	den Teig in kleinen Portionen (jeweils etwa 2 Eßl.) in ein gut erhitztes, gefettetes Waffeleisen füllen, gut verstreichen, von beiden Seiten goldbraun backen, die Waffeln einzeln auf einem Kuchenrost erkalten lassen, nach Belieben mit
Schlagsahne	verzieren, mit
Haselnußkernen	garnieren.

Apfel- oder Kirschkuchen, sehr fein

(Abb. nebenstehend)

	Für den Teig
100 – 125 g Butter	geschmeidig rühren, nach und nach
125 g Zucker	
2 – 3 Eier	
Salz	
4 Tropfen Backöl Zitrone	unterrühren
200 g Weizenmehl	mit
6 g (2 gestrichene Teel.) Backpulver	mischen, sieben, abwechselnd mit
1 – 4 Eßl. Milch	unterrühren (nur so viel Milch verwenden, daß der Teig schwer – reißend – vom Löffel fällt) den Teig in eine gefettete Springform (Rand nicht fetten, Durchmesser etwa 28 cm) füllen, glattstreichen
	für den Belag
500 – 750 g Äpfel	schälen, vierteln, entkernen, mehrmals der Länge nach einritzen, kranzförmig auf den Teig legen
oder	
750 g Sauerkirschen	waschen, abtropfen lassen, entstielen, entsteinen, auf den Teig legen
Strom:	175 – 200 (vorgeheizt)
Gas:	3 – 4 (nicht vorgeheizt)
Backzeit:	40 – 50 Minuten den erkalteten Kuchen mit
Puderzucker	bestäuben.

Sahne-Schichttorte

	Für den Teig
250 g Butter	geschmeidig rühren, nach und nach
250 g Zucker	
1 Päckchen Vanillin-Zucker	
4 Eier	
Salz	unterrühren
200 g Weizenmehl	mit
50 g Speisestärke	
3 g (1 gestrichener Teel.) Backpulver	mischen, sieben, eßlöffelweise unterrühren die Teigmenge für 6 Böden einteilen, jeweils auf einen gefetteten Springformboden (Durchmesser etwa 28 cm) streichen, jeden Boden ohne Springformrand im vorgeheizten Backofen backen, bis er hellbraun ist
Strom:	175 – 200
Gas:	3 – 4
Backzeit:	15 – 20 Minuten sofort nach dem Backen die Böden vom Springformboden lösen, auf einem Kuchenrost erkalten lassen

für die Füllung

100 g zartbittere Schokolade in kleine Stücke brechen, in einem kleinen Topf im Wasserbad bei schwacher Hitze zu einer geschmeidigen Masse verrühren

750 ml (¾ l) Schlagsahne 1 Minute schlagen

25 g Puderzucker sieben, mit

2 Päckchen Sahnesteif mischen, einstreuen, die Sahne steif schlagen

die abgekühlte Schokolade darunter schlagen

die Böden mit der Sahne bestreichen (etwas für den Rand zurücklassen), zu einer Torte zusammensetzen, den Rand mit der zurückgelassenen Sahne bestreichen

Schokolade schaben, die obere Seite der Torte damit bestreuen.

Ananas-Marzipankuchen

Für den Teig

200 g Marzipan-Rohmasse

175 g Margarine mit einem elektrischen Handrührgerät mit Rührbesen zu einer geschmeidigen Masse verrühren, nach und nach

175 g Zucker

1 Päckchen Vanillin-Zucker

3 Eier unterrühren

300 g Weizenmehl mit

6 g (2 gestrichene Teel.) Backpulver Backin mischen, sieben, eßlöffelweise unterrühren

200 g Ananasscheiben (aus der Dose) abtropfen lassen, in kleine Stücke schneiden, unter den Teig heben

den Teig in eine gefettete, mit Pergamentpapier ausgelegte Kastenform (30 × 11 cm) füllen

Strom: 175 – 200 (vorgeheizt)

Gas: 2 – 3 (nicht vorgeheizt)

Backzeit: 60 – 70 Minuten

für den Guß

100 g zartbittere Schokolade in kleine Stücke brechen, mit

etwa 20 g Kokosfett in einem kleinen Topf im Wasserbad bei schwacher Hitze zu einer geschmeidigen Masse verrühren

den erkalteten Kuchen damit überziehen, ihn nach Belieben mit

Ananasstückchen garnieren.

Rembrandt-Torte

Für den Teig

100 g Butter oder Margarine geschmeidig rühren, nach und nach
75 g Puderzucker
1 Päckchen Vanillin-Zucker
2 Eier
2 Eigelb unterrühren
50 g Weizenmehl mit
3 g (1 gestrichener Teel.) Backpulver Backin
25 g Kakao mischen, sieben, eßlöffelweise mit
150 g gemahlenen, leicht gerösteten Haselnußkernen unterrühren
50 g Belegkirschen
30 g Orangeat
beide Zutaten fein würfeln
2 Eiweiß steif schlagen, nach und nach
50 g Zucker unterschlagen, mit den Belegkirschen und dem Orangeat unter den Teig heben
für 3 Böden jeweils ⅓ des Teiges auf einen gefetteten Springformboden (Durchmesser etwa 28 cm) streichen, mit dem Springformrand im vorgeheizten Backofen backen
Strom: 175 – 200
Gas: 3 – 4
Backzeit: Je Boden etwa 15 Minuten
sofort nach dem Backen die Böden vom Springformboden lösen, auf einem Kuchenrost erkalten lassen

für die Füllung

500 ml (½ l) Schlagsahne ½ Minute schlagen
2 Päckchen Sahnesteif einstreuen, die Sahne steif schlagen
100 g zartbittere Schokolade in kleine Stücke brechen, in einem kleinen Topf im Wasserbad bei schwacher Hitze zu einer geschmeidigen Masse verrühren, lauwarm unter die Sahne rühren (etwa 1 Eßl. zurücklassen)
2 Eßl. von der Schokoladensahne in einen Spritzbeutel mit gezackter Tülle füllen
⅓ der Schokoladensahne auf den unteren Boden streichen, mit dem zweiten Boden bedecken
die Hälfte der restlichen Schokoladensahne darauf streichen, mit dem dritten Boden bedecken
Rand und obere Seite der Torte – bis auf einen Ring von etwa 12 cm Durchmesser – mit der restlichen Schokoladensahne bestreichen
mit der restlichen Schokolade (1 Eßl.) die Mitte der Torte ausfüllen, die mit Sahne bestrichenen Flächen mit
50 g geraspelter Schokolade bestreuen, den Schokoladenring mit der Sahne aus dem Spritzbeutel verzieren.

Früchtekuchen

250 g Butter geschmeidig rühren, nach und nach
175 g Zucker
1 Päckchen Vanillin-Zucker
4 Eier
4 Tropfen Backöl Zitrone unterrühren
300 g Weizenmehl mit
3 g (1 gestrichener Teel.) Backpulver Backin mischen, sieben, unterrühren
50 g Mandeln abziehen, hacken
75 g Haselnußkerne hacken
75 g Korinthen
75 g Rosinen beide Zutaten verlesen
100 g kandierte Früchte in Würfel schneiden
75 g gewürfeltes Zitronat (Sukkade)
75 g gewürfeltes Orangeat
alle Zutaten mischen, zuletzt unter den Teig heben, ihn in eine gefettete, mit Pergamentpapier ausgelegte Kastenform (30 × 11 cm) füllen
Strom: 165 – 185 (vorgeheizt)
Gas: 2 – 3 (nicht vorgeheizt)
Backzeit: 65 – 85 Minuten.

Pfirsichschnitten

(Abb. nebenstehend)

Für den Teig

150 g Butter oder Margarine geschmeidig rühren, nach und nach
150 g Zucker
1 Päckchen Vanillin-Zucker
4 Eier
Salz
5 Tropfen Backöl Zitrone unterrühren
250 g Weizenmehl mit
9 g (3 gestrichene Teel.) Backpulver mischen, sieben, eßlöffelweise unterrühren
den Teig auf ein gefettetes Backblech geben, glattstreichen, vor den Teig ein mehrfach umgeknicktes Stück Alufolie legen

	für den Belag
900 g Pfirsiche (aus der Dose)	abtropfen lassen, in Scheiben schneiden, auf den Teig legen
150 g Weizenmehl	in eine Schüssel sieben, mit
75 g Zucker	
1 Päckchen Vanillin-Zucker	mischen
100 g Butter	in Flöckchen dazugeben, alle Zutaten mit den Händen oder mit 2 Gabeln zu Streuseln vermengen, auf die Pfirsiche verteilen, das Backblech in den vorgeheizten Backofen schieben
Strom:	175 – 200
Gas:	3 – 4
Backzeit:	Etwa 25 Minuten

	für den Guß
100 g Puderzucker	sieben, mit
2 Eßl. Zitronensaft	glattrühren, so daß eine dickflüssige Masse entsteht
	sofort nach dem Backen den Guß mit einem Pinsel oder mit einem Teelöffel auf dem Gebäck verteilen
	das erkaltete Gebäck in Schnitten von beliebiger Größe schneiden.

Mandarinen-Nußtorte

	Für den Teig
150 g Butter oder Margarine	geschmeidig rühren, nach und nach
125 g Zucker 1 Päckchen Vanillin-Zucker 4 Eigelb	unterrühren
100 g Weizenmehl	mit
9 g (3 gestrichene Teel.) Backpulver Backin	mischen, sieben, eßlöffelweise unterrühren
100 g gemahlene Haselnußkerne 100 g geriebene Schokolade	unterrühren
4 Eiweiß	zu steifem Schnee schlagen, vorsichtig unter den Teig ziehen (nicht rühren), den Teig in eine Springform (Durchmesser etwa 28 cm, Boden gefettet, mit Pergamentpapier belegt) füllen, sofort backen
Strom:	175 – 200 (vorgeheizt)
Gas:	3 – 4 (nicht vorgeheizt)
Backzeit:	Etwa 30 Minuten den Tortenboden gut auskühlen lassen
	für die Füllung
2 gehäufte Teel. Gelatine gemahlen, weiß	mit
4 Eßl. kaltem Wasser	in einem kleinen Topf anrühren, 10 Minuten zum Quellen stehenlassen, unter Rühren erwärmen, bis sie gelöst ist
1 Päckchen Aranca Mandarine-Geschmack	mit
200 ml (⅕ l) kaltem Wasser	nach der Vorschrift auf dem Päckchen zubereiten
500 ml (½ l) Schlagsahne	fast steif schlagen, die lauwarme Gelatinelösung hinzufügen, die Sahne vollkommen steif schlagen ⅓ der Schlagsahne unter die Aranca-Speise ziehen, die Creme kalt stellen, damit sie etwas fester wird den Tortenboden einmal durchschneiden, den unteren Boden mit der Creme bestreichen, den oberen darauf legen, gut andrücken
30 g Puderzucker	sieben, unter die restliche Sahne rühren Rand und obere Seite der Torte gleichmäßig mit Sahne bestreichen (etwas Sahne zum Verzieren zurücklassen) den seitlichen Rand und einen etwa 5 cm breiten Rand auf der Torte mit
50 g gemahlenen, gerösteten Haselnußkernen	bestreuen die Torte mit der zurückgelassenen Sahne verzieren, mit
Schokoladentäfelchen	garnieren.

Mandelkuchen mit Schokolade

150 g Butter oder Margarine	geschmeidig rühren, nach und nach
200 g Zucker 1 Päckchen Vanillin-Zucker 5 Eier 3 Tropfen Backöl Bittermandel	unterrühren
100 g Weizenmehl	mit
50 g Speisestärke 3 g (1 gestrichener Teel.) Backpulver Backin	mischen, sieben, eßlöffelweise unterrühren
150 g Schokolade	in kleine Stücke schneiden, mit
150 g gemahlenen Mandeln	unter den Teig heben, ihn in eine gefettete, mit Pergamentpapier ausgelegte Kastenform (30 × 11 cm) füllen
Strom:	165 – 175 (vorgeheizt)
Gas:	2 – 3 (nicht vorgeheizt)
Backzeit:	Etwa 75 Minuten.

Heidesand

275 g Butter	zerlassen, bräunen, kalt stellen die wieder festgewordene Butter geschmeidig rühren nach und nach
250 g Zucker 1 Päckchen Vanillin-Zucker 2 Eßl. Milch	hinzugeben, so lange rühren, bis die Masse weißschaumig geworden ist
375 g Weizenmehl	mit
3 g (1 gestrichener Teel.) Backpulver Backin	mischen, sieben, ⅔ des Mehls eßlöffelweise unterrühren, den Teigbrei mit dem Rest des Mehls zu einem glatten Teig verkneten etwa 3 cm dicke Rollen daraus formen, kalt stellen, bis sie hart geworden sind von den Rollen etwa ½ cm dicke Scheiben abschneiden, auf ein Backblech legen, in den vorgeheizten Backofen schieben
Strom:	175 – 200
Gas:	2 – 3
Backzeit:	10 – 15 Minuten.

Getränkter Apfelsinenkuchen

(Dr. Oetker Backformserie „Garantie", Napfkuchenform)

350 g Butter geschmeidig rühren, nach und nach
300 g Zucker
1 Päckchen Vanillin-Zucker
6 Eier
abgeriebene Schale von 1 Apfelsine (unbehandelt)
abgeriebene Schale von ½ Zitrone (unbehandelt) unterrühren
350 g Weizenmehl mit
50 g Speisestärke
6 g (2 gestrichene Teel.) Backpulver Backin mischen, sieben, eßlöffelweise unterrühren
den Teig in die gefettete Backform füllen

Strom: 175 – 200 (vorgeheizt)
Gas: 3 – 4 (nicht vorgeheizt)
Backzeit: Etwa 1 Stunde

den Kuchen stürzen, in die gesäuberte Form zurückgeben, mehrmals mit einem Holzstäbchen einstechen

250 ml (¼ l) Apfelsinensaft mit dem
Saft von 1 Zitrone (etwa 3 Eßl.)
abgeriebener Schale von 1 Apfelsine (unbehandelt)
abgeriebener Schale von ½ Zitrone (unbehandelt)
100 g Zucker verrühren, die Hälfte des Saftes über den Kuchen gießen
den Kuchen stürzen, die Oberfläche des Kuchens mehrmals mit einem Holzstäbchen einstechen, den restlichen Saft (durch ein Sieb geben) darüber gießen.

Umgedrehte Apfeltorte

Den Boden einer Springform (Durchmesser etwa 28 cm) mit Alufolie bedecken

für den Belag

30 – 50 g Butter zerlassen, auf den Boden der Form geben

50 g Zucker mit
½ gestrichenen Teel. gemahlenem Zimt mischen, gleichmäßig dünn so auf die Butter streuen, daß ein Rand von etwa 1 cm frei bleibt

750 g Äpfel schälen, das Kerngehäuse mit einem Apfelbohrer ausstechen, sie in etwa ½ cm dicke Ringe schneiden, die Zimt-Zuckerschicht dicht mit Apfelringen belegen (Rand frei lassen!)

50 – 60 g Walnußkerne halbieren, die Lücken damit ausfüllen, die restlichen Apfelringe darüber verteilen

für den Teig

100 g Butter oder Margarine geschmeidig rühren, nach und nach
150 g Zucker
1 Päckchen Vanillin-Zucker
2 Eier
10 Tropfen Backöl Zitrone
Salz unterrühren

125 g Weizenmehl mit
75 g Speisestärke
6 g (2 gestrichene Teel.) Backpulver Backin mischen, sieben, eßlöffelweise unterrühren
den Teig gleichmäßig auf die Äpfel streichen

Strom: 175 – 200 (vorgeheizt)
Gas: 3 – 4 (nicht vorgeheizt)
Backzeit: 40 – 50 Minuten
die Torte mit einem Messer vorsichtig vom Springformrand lösen, auf einen Kuchenrost stürzen, die Folien abziehen, die Torte erkalten lassen

für den Guß aus

1 Päckchen Tortenguß, klar
50 g Zucker
250 ml (¼ l) Wasser nach der Vorschrift auf dem Päckchen einen Tortenguß zubereiten, gleichmäßig über die Äpfel verteilen, dazu den Springformrand um die Torte legen, schließen, nach Belieben die Torte mit

steifgeschlagener Schlagsahne verzieren.

Mohntorte

150 g Butter oder Margarine geschmeidig rühren, nach und nach
150 g Zucker
4 Eigelb
Salz unterrühren

150 g gemahlenen Mohn unterrühren

1 Päckchen Pudding-Pulver Vanille-Geschmack mit
3 g (1 gestrichener Teel.) Backpulver Backin mischen, sieben, abwechselnd mit
3 Eßl. Milch unterrühren

4 Eiweiß steif schlagen, mit
50 g gewürfeltem Zitronat (Sukkade) unterheben
den Teig in eine gefettete Springform (Durchmesser etwa 28 cm, Rand nicht fetten) füllen, glattstreichen

Strom: 175 – 200 (vorgeheizt)
Gas: 3 – 4 (nicht vorgeheizt)
Backzeit: 30 – 40 Minuten
die erkaltete Torte mit
Puderzucker bestäuben.

Aprikosen-Nußkuchen

Für den Teig

250 g Butter geschmeidig rühren, nach und nach
200 g Zucker
1 Päckchen Vanillin-Zucker
4 Eier
3 Tropfen Backöl Bittermandel unterrühren

300 g Weizenmehl mit
6 g (2 gestrichene Teel.) Backpulver mischen, sieben, eßlöffelweise unterrühren

2 – 3 Eßl. Weinbrand
100 g gemahlene Haselnußkerne hinzufügen, die Hälfte des Teiges in die gefettete Backform füllen, in die Mitte des Teiges der Länge nach mit einem Eßlöffel eine Vertiefung eindrücken

für die Füllung

etwa 450 g Aprikosen (aus der Dose) gut abtropfen lassen, in Würfel schneiden, in die Vertiefung geben, leicht andrücken, den restlichen Teig darüber verteilen

Strom: 175 – 200 (vorgeheizt)
Gas: 3 – 4 (nicht vorgeheizt)
Backzeit: Etwa 65 Minuten
den Kuchen nach dem Erkalten mit
Puderzucker bestäuben.

Orangenplätzchen

Für den Teig
175 g Butter geschmeidig rühren, nach und nach
100 g Zucker
1 Päckchen Vanillin-Zucker
1 Ei, Salz
1 Fläschchen Backöl Zitrone unterrühren
300 g Weizenmehl sieben, ⅔ davon eßlöffelweise unterrühren, den Rest des Mehls mit dem Teigbrei zu einem glatten Teig verkneten, sollte er kleben, ihn kalt stellen den Teig knapp ½ cm dick ausrollen, mit einer runden Form (Durchmesser etwa 4 cm) ausstechen, auf ein gefettetes Backblech legen, in den vorgeheizten Backofen schieben
Strom: 175 – 200, ***Gas:*** 3 – 4
Backzeit: 10 – 15 Minuten

für den Guß
175 g Puderzucker sieben, mit
5 Eßl. Orangenlikör glattrühren, so daß eine dickflüssige Masse entsteht, die erkalteten Plätzchen damit bestreichen

kandierte Orangenscheiben in Stücke schneiden, die Plätzchen damit garnieren.

Gewürzschnitten

6 schwach gehäufte Teel. Instant-Kaffee	in einem kleinen Topf mit
250 ml (¼ l) Wasser	verrühren
200 g Zucker	
40 g Back-Kakao	
175 g verlesene, kleingeschnittene Rosinen	dazugeben, unter Rühren zum Kochen bringen, 15 Minuten kochen lassen, kalt stellen
125 g Butter	geschmeidig rühren, nach und nach
65 g gesiebten Puderzucker	
1 Päckchen Vanillin-Zucker	
3 Eier	
½ gestrichenen Teel. Salz	
1 gehäuften Teel. gemahlenen Zimt	
1 gestrichenen Teel. gemahlene Muskatblüte	
½ gestrichenen Teel. gemahlene Nelken	
½ gestrichenen Teel. gemahlenen Kardamom	
½ Fläschchen Rum-Aroma	unterrühren
300 g Weizenmehl	mit
3 g (1 gestrichener Teel.) Backpulver	mischen, sieben, eßlöffelweise unterrühren, zum Schluß die erkaltete Rosinenmasse unterrühren den Teig auf ein gefettetes Backblech (etwa 15 × 40 cm) streichen vor den Teig einen mehrfach umgeknickten Streifen Alufolie legen, das Backblech in den vorgeheizten Backofen schieben
Strom:	175 – 200
Gas:	3 – 4
Backzeit:	30 – 40 Minuten das erkaltete Gebäck in Rauten schneiden, mit
Puderzucker	bestäuben.

Rodonkuchen

	Für den Teig
200 g Butter	geschmeidig rühren, nach und nach
200 g Zucker	
1 Päckchen Vanillin-Zucker	
4 Eier	
Salz	unterrühren
500 g Weizenmehl	mit
1 Päckchen Backpulver Backin	mischen, sieben, abwechselnd mit
gut 125 ml (⅛ l) Milch	unterrühren (nur so viel Milch verwenden, daß der Teig schwer – reißend – vom Löffel fällt)
150 g Korinthen	
150 g Rosinen	beide Zutaten verlesen, unter den Teig heben, ihn in eine gefettete Napfkuchenform (Durchmesser 22 cm) füllen
Strom:	175 – 200 (vorgeheizt)
Gas:	2 – 3 (nicht vorgeheizt)
Backzeit:	50 – 60 Minuten
	für den Guß nach Belieben
200 g Puderzucker	mit
30 g Kakao	mischen, sieben, mit
etwa 3 Eßl. heißem Wasser	glattrühren, so daß eine dickflüssige Masse entsteht
25 g Kokosfett	zerlassen, unterrühren, den erkalteten Kuchen damit bestreichen
oder	mit
Puderzucker	bestäuben.

Sandschnitten

250 g Butter oder Margarine	zerlassen, kalt stellen in das erkaltete, wieder etwas festgewordene Fett
200 g feinkörnigen Zucker	
1 Päckchen Vanillin-Zucker	geben, so lange rühren, bis Fett und Zucker weißschaumig geworden sind nach und nach
4 Eier	
Salz	unterrühren
125 g Weizenmehl	mit
125 g Speisestärke	
1½ g (½ gestrichener Teel.) Backpulver Backin	mischen, sieben, eßlöffelweise unterrühren den Teig auf ein gefettetes Backblech geben, glattstreichen, mit
50 g abgezogenen, gehobelten Mandeln	bestreuen, in den vorgeheizten Backofen schieben
Strom:	175 – 200
Gas:	3 – 4
Backzeit:	Etwa 20 Minuten
	für den Guß
50 g Puderzucker	sieben, mit
4 Eßl. Apfelsinensaft	
2 Eßl. Zitronensaft	verrühren, den noch warmen Kuchen damit bestreichen, einziehen lassen das Gebäck in Schnitten von beliebiger Größe schneiden.

Waffeln

175 g Kokosfett	zerlassen, wieder etwas fest werden lassen, in das Fett
175 g feinkörnigen Zucker	
1 Päckchen Vanillin-Zucker	geben, weißschaumig rühren
3 – 4 Eier	
Salz	
½ Fläschchen Rum-Aroma	nach und nach hinzugeben (jedes Ei etwa 2 Minuten unterrühren)
200 g Weizenmehl	mit
50 g Speisestärke	
1½ g (½ gestrichener Teel.) Backpulver Backin	mischen, sieben, eßlöffelweise unterrühren den Teig in nicht zu großen Portionen in ein gut erhitztes, gefettetes Waffeleisen füllen, sofort gut verstreichen, die Waffeln von beiden Seiten goldbraun backen, einzeln auf einem Kuchenrost erkalten lassen, nach Belieben mit
Puderzucker	bestäuben.

Altdeutscher Napfkuchen

	Für den Teig
250 g Butter	geschmeidig rühren, nach und nach
175 g Zucker	
1 Päckchen Vanillin-Zucker	
1 Ei	
3 Eigelb	
Salz	unterrühren
375 g Weizenmehl	mit
9 g (3 gestrichene Teel.) Backpulver Backin	mischen, sieben, abwechselnd mit
1 Eßl. Rum	
knapp 125 ml (⅛ l) Milch	unterrühren, nur so viel Milch verwenden, daß der Teig schwer – reißend – vom Löffel fällt
	für die Füllung
3 Eiweiß	steif schlagen, es muß so fest sein, daß ein Messerschnitt sichtbar bleibt, darunter nach und nach eßlöffelweise
150 g Zucker	
½ gestrichenen Teel. gemahlenen Zimt	schlagen
200 g abgezogene, gemahlene Mandeln	
100 g feingewürfeltes Zitronat (Sukkade)	vorsichtig darunter heben (nicht rühren) knapp die Hälfte des Teiges in eine gefettete Napfkuchenform (Durchmesser 22 cm) füllen, in die Mitte des Teiges der Rundung nach mit einem Löffel eine Vertiefung eindrücken, die Makronenmasse in die Vertiefung füllen (es darf nichts von der Füllung an den Formrand kommen) den restlichen Teig darauf geben, glattstreichen
Strom:	175 – 200 (vorgeheizt)
Gas:	2 – 3 (nicht vorgeheizt)
Backzeit:	Etwa 65 Minuten.

„Margareten"-Kuchen

(Dr. Oetker Backform „Margarete")

	Für den Teig
350 g Butter oder Margarine	geschmeidig rühren, nach und nach
300 g Zucker	
1 Päckchen Vanillin-Zucker	
4 Eier	
2 Eßl. Wasser oder Weinbrand oder Orangenlikör	unterrühren
350 g Weizenmehl	mit
6 g (2 gestrichene Teel.) Backpulver Backin	mischen, sieben, eßlöffelweise unterrühren die gefettete Form auf den Ring einer Springform setzen, den Teig einfüllen, die Form mit dem Ring auf dem Rost in den Backofen schieben
Strom:	175 – 200 (vorgeheizt)
Gas:	2 – 3 (nicht vorgeheizt)
Backzeit:	Etwa 55 Minuten
	zum Aprikotieren
2 Eßl. Aprikosenkonfitüre	durch ein Sieb streichen, mit
2 – 3 Eßl. Wasser	unter Rühren aufkochen, den Kuchen sofort nach dem Backen damit bestreichen
	zum Verzieren
30 – 50 g gesiebten Puderzucker	mit
etwa 2 Teel. Eiweiß	zu einem dickflüssigen Guß verrühren das erkaltete Gebäck damit verzieren.

Prinzregententorte

(Abb. nebenstehend)

	Für den Teig
250 g Butter oder Margarine	geschmeidig rühren, nach und nach
250 g Zucker	
1 Päckchen Vanillin-Zucker	
4 Eier	
Salz	unterrühren
200 g Weizenmehl	mit
50 g Speisestärke	
3 g (1 gestrichener Teel.) Backpulver	mischen, sieben, eßlöffelweise unterrühren aus dem Teig 8 Böden herstellen knapp 2 Eßl. des Teiges jeweils auf einen gefetteten Springformboden (Durchmesser etwa 28 cm) streichen (darauf achten, daß die Teiglage am Rand nicht zu dünn ist, damit der Boden dort nicht zu dunkel wird) jeden Boden ohne Springformrand im vorgeheizten Backofen backen, bis er hellbraun ist
Strom:	175 – 200
Gas:	3 – 4
Backzeit:	8 – 10 Minuten
	für die Buttercreme
1 Päckchen Pudding-Pulver für Schokoladen-Pudding	mit
10 g Kakao	
100 g Zucker	mischen, mit 6 Eßl. von

500 ml (½ l) kalter Milch anrühren, die übrige Milch zum Kochen bringen, das Pudding-Pulver unter Rühren in die von der Kochstelle genommene Milch geben, kurz aufkochen lassen, kalt stellen, ab und zu durchrühren

250 g Butter oder Margarine geschmeidig rühren, den Pudding eßlöffelweise darunter geben (darauf achten, daß weder Fett noch Pudding zu kalt sind, da dann die sogenannte Gerinnung eintritt)
die einzelnen Böden mit der Buttercreme bestreichen (2 – 3 Eßl. zum Verzieren zurücklassen), zu einer Torte zusammensetzen, die oberste Schicht muß aus einem Boden bestehen

für den Guß

100 g Schokolade in kleine Stücke brechen, mit

etwas Kokosfett in einem kleinen Topf im Wasserbad bei schwacher Hitze zu einer geschmeidigen Masse verrühren, die Torte damit überziehen, mit der zurückgelassenen Creme verzieren, mit

Schokoladentäfelchen garnieren.

Orangenstäbchen

	Für den Teig
100 g Marzipan-Rohmasse	geschmeidig rühren
125 g Butter	hinzufügen, geschmeidig rühren, nach und nach
100 g gesiebten Puderzucker 1 Päckchen Vanillin-Zucker 1 Ei abgeriebene Schale von 1 Orange (unbehandelt)	unterrühren
150 g Weizenmehl	mit
100 g Speisestärke	mischen, sieben, eßlöffelweise unterrühren den Teig in einen Spritzbeutel mit glatter Tülle füllen, auf ein gefettetes Backblech jeweils zwei 5 cm lange Streifen nebeneinander und einen dritten darauf spritzen, in den vorgeheizten Backofen schieben
Strom:	175 – 200
Gas:	3 – 4
Backzeit:	Etwa 8 Minuten
	für den Guß
100 g Puderzucker 2 gestrichene Eßl. Kakao	sieben, mit
1 – 2 Eßl. heißem Wasser	zu einer dickflüssigen Masse verrühren, die Plätzchen damit verzieren.

Kunterbunt

	Für den Teig
125 g Butter	geschmeidig rühren, nach und nach
100 g Zucker 1 Päckchen Vanillin-Zucker 3 Eier ½ Fläschchen Rum-Aroma 1 gestrichenen Teel. gemahlenen Zimt 1 Messerspitze gemahlene Nelken	unterrühren
100 g Weizenmehl	mit
50 g Speisestärke 20 g Kakao 6 g (2 gestrichene Teel.) Backpulver	mischen, sieben, eßlöffelweise unterrühren den Teig gut 1 cm dick auf ein mit gefettetem Pergamentpapier belegtes Backblech streichen, das Papier vor dem Teig zu einer Falte knicken, das Backblech in den vorgeheizten Backofen schieben
Strom:	175 – 200, ***Gas:*** 3 – 4
Backzeit:	15 – 20 Minuten das Gebäck sofort auf ein mit Zucker bestreutes Papier stürzen, das Backpapier abziehen
1 – 3 Eßl. Aprikosen-Konfitüre	gut verrühren, das Gebäck damit sofort nach dem Backen bestreichen
	für den Guß
100 g zartbittere Schokolade	in Stücke brechen, mit
10 g Kokosfett	in einem kleinen Topf im Wasserbad bei schwacher Hitze zu einer geschmeidigen Masse verrühren, das erkaltete Gebäck damit überziehen wenn der Guß fest geworden ist, das Gebäck in etwa 2½ cm große Quadrate schneiden
75 g gesiebten Puderzucker	mit
etwas Rum-Aroma etwa 1 Eßl. heißem Wasser	zu einer spritzfähigen Masse verrühren die Gebäckstückchen damit verzieren, nach Belieben garnieren.

Marzipankuchen

(Abb. nebenstehend)

	Für den Teig
200 g Marzipan-Rohmasse	geschmeidig rühren
200 g Butter	hinzufügen, geschmeidig rühren, nach und nach
100 g Zucker 1 Päckchen Vanillin-Zucker 4 Eier 2 Tropfen Backöl Bittermandel	unterrühren
250 g Weizenmehl	mit
75 g Speisestärke 3 g (1 gestrichener Teel.) Backpulver	mischen, sieben, eßlöffelweise unterrühren den Teig in eine gefettete, mit Pergamentpapier ausgelegte Kastenform (30 × 11 cm) füllen
Strom:	150 – 175 (vorgeheizt)
Gas:	2 – 3 (nicht vorgeheizt)
Backzeit:	Etwa 65 Minuten
	für den Guß
100 g zartbittere Schokolade	in kleine Stücke brechen, mit
etwas Kokosfett	in einem kleinen Topf im Wasserbad bei schwacher Hitze zu einer geschmeidigen Masse verrühren den erkalteten Kuchen mit dem Guß überziehen.

Muttertagsherz

	Für den Teig
50 g Butter oder Margarine	geschmeidig rühren, nach und nach
60 g Zucker	
1 Päckchen Vanillin-Zucker	
1 Ei	unterrühren
80 g Weizenmehl	mit
20 g Speisestärke	
3 g (1 gestrichener Teel.) Backpulver Backin	mischen, sieben, eßlöffelweise mit
1 Eßl. Milch	unterrühren den Teig in eine gefettete Herzkuchenform füllen
Strom:	175 – 200 (vorgeheizt)
Gas:	3 – 4 (nicht vorgeheizt)
Backzeit:	30 – 40 Minuten das Gebäck stürzen, erkalten lassen
	für die Füllung
1 Päckchen Paradies-Creme Erdbeer-Geschmack	mit
250 ml (¼ l) kalter Milch	nach der Vorschrift auf dem Päckchen zubereiten
125 g Butter	geschmeidig rühren, die Creme eßlöffelweise unterrühren 2 Eßl. von der Creme in einen Spritzbeutel mit glatter Tülle füllen das Gebäck einmal durchschneiden, die untere Hälfte mit etwa ⅔ der Creme bestreichen, die obere Hälfte darauf legen, Rand und obere Seite des Gebäcks mit der restlichen Creme bestreichen die Oberfläche des Gebäcks mit der Creme aus dem Spritzbeutel verzieren, nach Belieben mit
bunten Schokoladenplätzchen	garnieren den Rand mit
Schoko-Blättchen	bestreuen.

Frankfurter Kranz

(Abb. nebenstehend)

	Für den Teig
100 g Butter oder Margarine	geschmeidig rühren, nach und nach
150 g Zucker ***3 Eier*** ***Salz*** ***4 Tropfen Backöl Zitrone oder ½ Fläschchen Rum-Aroma***	unterrühren
150 g Weizenmehl	mit
50 g Speisestärke ***6 g (2 gestrichene Teel.) Backpulver***	mischen, sieben, eßlöffelweise unterrühren den Teig in eine gefettete Kranz-Form (Durchmesser 24 cm) füllen
Strom:	175 – 200 (vorgeheizt)
Gas:	2 – 3 (nicht vorgeheizt)
Backzeit:	35 – 45 Minuten
	für die Buttercreme aus
1 Päckchen Pudding-Pulver Vanille-Geschmack	mit
100 g Zucker ***500 ml (½ l) kalter Milch***	nach der Vorschrift auf dem Päckchen einen Pudding zubereiten, kalt stellen, ab und zu durchrühren
200 g Butter oder Margarine	geschmeidig rühren, den Pudding eßlöffelweise darunter geben (darauf achten, daß weder Fett noch Pudding zu kalt sind, da dann die sogenannte Gerinnung eintritt)
	für den Krokant
1 Messerspitze Butter ***60 g Zucker***	zerlassen, unter Rühren so lange erhitzen, bis der Zucker schwach gebräunt ist
125 g abgezogene, gehackte Mandeln	hinzufügen, unter Rühren erhitzen, bis der Krokant genügend gebräunt ist die Masse auf einer mit
Speiseöl	bestrichenen Platte erkalten lassen, in kleine Stücke zerstoßen das Gebäck zweimal durchschneiden (nach Belieben die Gebäcklagen zuerst mit roter Konfitüre bestreichen), mit Buttercreme füllen, bestreichen (etwas zurücklassen), mit Krokant bestreuen, mit der zurückgelassenen Creme verzieren, nach Belieben mit
Kirschen oder roter Konfitüre	garnieren (das Gebäck am besten einen Tag vor dem Verzehr füllen).

Vanilleplätzchen

Für den Teig

250 g Weizenmehl mit
3 g (1 gestrichener Teel.) Backpulver mischen, auf die Tischplatte sieben, in die Mitte eine Vertiefung eindrücken

75 g Zucker
2 Päckchen Vanillin-Zucker
1 Ei hineingeben, mit einem Teil des Mehls zu einem dicken Brei verarbeiten
125 g kalte Butter in Stücke schneiden, darauf geben, mit Mehl bedecken, von der Mitte aus alle Zutaten schnell zu einem glatten Teig verkneten, sollte der Teig kleben, ihn eine Zeitlang kalt stellen
den Teig dünn ausrollen, mit einer runden Form (Durchmesser etwa 4 cm) ausstechen, auf ein gefettetes Backblech legen, in den vorgeheizten Backofen schieben

Strom: 175 – 200
Gas: 3 – 4
Backzeit: 8 – 10 Minuten

für den Guß

etwas Kuvertüre in einem kleinen Topf im Wasserbad bei schwacher Hitze zu einer geschmeidigen Masse verrühren
die erkalteten Plätzchen auf Pergamentpapier legen, mit einem Teelöffel unregelmäßig mit der Kuvertüre besprenkeln.

Wiener Kolatschen

125 g Butter geschmeidig rühren, nach und nach
100 g Zucker
1 Päckchen Vanillin-Zucker
1 Ei, 1 Eigelb
2 Tropfen Backöl Zitrone unterrühren
250 g Weizenmehl mit
9 g (3 gestrichene Teel.) Backpulver mischen, sieben, unterrühren
von dem Teig walnußgroße Häufchen auf ein gefettetes, mit
Weizenmehl bestäubtes Backblech setzen
1 Eiweiß mit
1 Teel. Zucker verschlagen, die Teighäufchen damit bestreichen

50 g Zitronat (Sukkade) in feine Würfel schneiden
70 g Korinthen verlesen
50 g Mandeln abziehen, hacken
die Zutaten mischen, die Teighäufchen damit bestreuen, in den vorgeheizten Backofen schieben

Strom: 175 – 200
Gas: 3 – 4
Backzeit: Etwa 15 Minuten.

Haselnuß-Berge

	Für den Teig
150 g weiche Margarine oder Butter	mit einem Handrührgerät mit Rührbesen auf höchster Stufe in etwa ½ Minute geschmeidig rühren
150 g Zucker ***1 Päckchen Vanillin-Zucker*** ***Salz***	unterrühren, so lange rühren, bis eine gebundene Masse entstanden ist
2 Eier	nach und nach unterrühren (jedes Ei etwa ½ Minute)
150 g Weizenmehl	mit
1 Messerspitze Backpulver Backin	mischen, sieben, eßlöffelweise auf mittlerer Stufe unterrühren
250 g gemahlene Haselnußkerne	auf mittlerer Stufe unterrühren den Teig in einen Spritzbeutel (ohne Tülle) füllen, walnußgroße Häufchen auf ein gefettetes, mit Back-Trennpapier belegtes Backblech spritzen
Strom:	175 – 200 (vorgeheizt)
Gas:	5 Minuten vorheizen 3 – 4, backen 3 – 4
Backzeit:	Etwa 15 Minuten
	für den hellen Guß
125 g Puderzucker	sieben, mit
etwa 1 Eiweiß	glattrühren, so daß eine dünnflüssige Masse entsteht die Hälfte der erkalteten Plätzchen auf der Unterseite damit bestreichen
	für den dunklen Guß
50 g Halbbitter-Kuvertüre	in einem kleinen Topf im Wasserbad bei schwacher Hitze zu einer geschmeidigen Masse verrühren, die übrigen Plätzchen auf der Unterseite damit bestreichen.

Weinäpfel-Torte

	Für den Teig
75 g Butter	geschmeidig rühren, nach und nach
75 g Zucker ***1 Päckchen Vanillin-Zucker*** ***2 Eier*** ***Salz***	unterrühren
125 g Weizenmehl	mit
3 g (1 gestrichener Teel.) Backpulver	mischen, sieben, eßlöffelweise unterrühren den Teig in eine gefettete Obsttortenform (Durchmesser etwa 28 cm) füllen, glattstreichen
Strom:	200 – 225 (vorgeheizt)
Gas:	3 – 4 (nicht vorgeheizt)
Backzeit:	20 – 30 Minuten
	für den Belag
etwa 1 kg Äpfel	schälen, halbieren, entkernen
125 ml (⅛ l) Weißwein ***125 ml (⅛ l) Wasser***	zum Kochen bringen, die Apfelhälften mit
50 g (2 gut gehäufte Eßl.) Zucker ***1 Stück Stangenzimt***	hineingeben, weich dünsten lassen, sie zum Abtropfen auf ein Sieb geben die erkalteten Apfelhälften auf den Tortenboden legen, mit
50 g verlesenen Korinthen ***50 g verlesenen Rosinen*** ***50 g Hagelzucker*** ***1 Messerspitze gemahlenem Zimt***	bestreuen nach Belieben
steifgeschlagene Schlagsahne	dazureichen.

Festtagsherz

(Abb. nebenstehend)

	Für den Teig
75 g Butter	geschmeidig rühren, nach und nach
100 g Zucker ***1 Päckchen Vanillin-Zucker*** ***2 Eier*** ***Salz***	unterrühren
125 g Weizenmehl	mit
30 g (3 gestrichene Eßl.) Speisestärke ***3 g (1 gestr. Teel.) Backpulver Backin***	mischen, sieben, eßlöffelweise unterrühren den Teig in eine gefettete Herzform (z. B. Dekoramik) füllen
Strom:	175 – 200 (vorgeheizt)
Gas:	3 – 4 (nicht vorgeheizt)
Backzeit:	Etwa 30 Minuten das Gebäck aus der Form stürzen, erkalten lassen, zweimal durchschneiden
	für den Guß
100 g Schokolade	in kleine Stücke brechen, mit
etwas Kokosfett	in einem kleinen Topf im Wasserbad bei schwacher Hitze zu einer geschmeidigen Masse verrühren, den oberen Boden damit bestreichen
50 g Marzipan-Rohmasse	mit
30 g gesiebtem Puderzucker	verkneten, ausrollen, in der Größe des Herzens ausschneiden

	den mittleren Herzboden mit
1 Eßl. Konfitüre	bestreichen, die Marzipanplatte darauf legen, etwas andrücken
	für die Füllung aus
1 Päckchen Vanille-Dessert	
375 ml (3/8 l) kalter Milch	eine Creme nach Vorschrift zubereiten
150 g Butter oder Margarine	geschmeidig rühren, die Creme nach und nach eßlöffelweise unterrühren, 2 Eßl. von der Creme in einen Spritzbeutel mit gezackter Tülle füllen
	den unteren Boden mit gut 1/3 der Creme bestreichen, den mittleren darauf legen, ebenfalls bestreichen, mit der restlichen Creme den Herz-Rand bestreichen, den mit Guß bestrichenen Boden auf den mittleren Boden legen den hellen Herz-Rand mit
geraspelter Schokolade	bestreuen die Herzoberfläche mit der Creme aus dem Spritzbeutel verzieren, mit geraspelter Schokolade,
Zuckerblumen	garnieren.

Preiselbeertorte

Für den Teig

200 g Butter
oder Margarine geschmeidig rühren, nach und nach
200 g Zucker
1 Päckchen
Vanillin-Zucker
Salz
2 Eier
1 Eigelb unterrühren
350 g Weizenmehl mit
9 g (3 gestrichene
Teel.) Backpulver
Backin mischen, sieben, eßlöffelweise unterrühren

für den Belag

1 Eiweiß verschlagen
für 4 Böden jeweils gut 2 Eßlöffel des Teiges auf einen gefetteten Springformboden (Durchmesser etwa 28 cm) streichen (darauf achten, daß die Teiglage am Rand nicht zu dünn ist, damit der Boden nicht zu dunkel wird)
jeden Boden mit ¼ von dem Eiweiß bestreichen, mit ¼ von
125 g abgezogenen,
gehobelten Mandeln bestreuen, in den vorgeheizten Backofen schieben
Strom: 175 – 200
Gas: 3 – 4
Backzeit: Etwa 15 Minuten
die Böden sofort nach dem Backen vom Springformboden lösen

für die Füllung

3 gestrichene Teel.
Gelatine gemahlen,
weiß in einem kleinen Topf mit
3 Eßl. kaltem Wasser anrühren, 10 Minuten zum Quellen stehenlassen, unter Rühren erwärmen, bis sie gelöst ist, kühl stellen
500 ml (½ l) Schlagsahne fast steif schlagen, die lauwarme Gelatinelösung unter Schlagen nach und nach hinzufügen, die Sahne vollkommen steif schlagen, etwa 1 Tasse voll davon abnehmen (zum Bestreichen für den Rand)
etwa 300 g
Preiselbeeren
(aus dem Glas) abtropfen lassen, mit dem Rest der Sahnemasse vermengen, in 3 gleiche Portionen teilen, die einzelnen Böden mit der Füllung bestreichen, sie zu einer Torte zusammensetzen, die oberste Schicht muß aus einem Boden bestehen
den Rand der Torte mit der zurückgelassenen Sahne bestreichen.

Ingwer-Gebäck mit Schokolade

Für den Teig

125 g Butter
oder Margarine geschmeidig rühren, nach und nach
200 g Zucker
1 Päckchen
Vanillin-Zucker
2 Teel. gemahlenen
Ingwer
4 Eier unterrühren
250 g Weizenmehl mit
3 g (1 gestrichener
Teel.) Backpulver
Backin mischen, sieben, mit
250 g geraspelter
Schokolade eßlöffelweise unterrühren
200 g verlesene
Rosinen kleinschneiden, zuletzt unterheben
den Teig auf ein gefettetes Backblech streichen, in den vorgeheizten Backofen schieben
Strom: 175 – 200
Gas: 3 – 4
Backzeit: 20 – 25 Minuten
das erkaltete Gebäck in Quadrate (4 × 4 cm) schneiden

für den Guß

150 g halbbittere
Kuvertüre in einem kleinen Topf im Wasserbad bei schwacher Hitze zu einer geschmeidigen Masse verrühren, das Gebäck damit bestreichen, nach Belieben mit
halbierten
Belegkirschen garnieren.

Praliné-Torte

(Abb. nebenstehend)

Für den Teig

200 g Butter
oder Margarine geschmeidig rühren, nach und nach
200 g Zucker
1 Päckchen
Vanillin-Zucker
4 Eier
1 Fläschchen
Rum-Aroma unterrühren
200 g Weizenmehl mit
20 g Kakao
6 g (2 gestrichene
Teel.) Backpulver
Backin mischen, sieben, eßlöffelweise unterrühren
den Teig in eine gefettete Springform (Durchmesser etwa 28 cm) füllen
Strom: 175 – 200 (vorgeheizt)
Gas: 2 – 3 (nicht vorgeheizt)

Backzeit:	Etwa 40 Minuten den Tortenboden gut auskühlen lassen
	für die Füllung
300 ml Milch ***1 Packung Torten-Creme-Pulver Vanille-Geschmack*** ***200 g Butter***	nach der Vorschrift auf der Packung zubereiten
2 Eßl. Weinbrand	unterrühren
100 g Schokolade	in kleinen Stücke brechen, in einem kleinen Topf im Wasserbad bei schwacher Hitze erwärmen, bis sie weich ist, gleichmäßig unter die Buttercreme rühren den Tortenboden einmal durchschneiden, den unteren Boden mit gut der Hälfte der Creme bestreichen, den anderen Boden darauf legen, leicht andrücken, Rand und obere Seite der Torte mit einem Teil der übrigen Creme bestreichen, den Rand mit
etwa 40 g grobgeriebener Schokolade	bestreuen, die Torte mit der restlichen Creme verzieren, mit
Pralinen	garnieren.

Triester Torte

Für den Teig

60 g zartbittere Schokolade in kleine Stücke brechen, in einem kleinen Topf im Wasserbad bei schwacher Hitze zu einer geschmeidigen Masse verrühren
100 g Butter geschmeidig rühren, nach und nach
100 g Zucker
3 Eier
100 g gemahlene Mandeln und die Schokolade unterrühren
1 Päckchen Pudding-Pulver Vanille-Geschmack mit
3 g (1 gestrichener Teel.) Backpulver Backin mischen, eßlöffelweise unterrühren
den Teig in eine gefettete, mit Pergamentpapier ausgelegte Springform (Durchmesser etwa 28 cm) füllen, glattstreichen
Strom: 175 – 200 (vorgeheizt)
Gas: 3 – 4 (nicht vorgeheizt)
Backzeit: Etwa 35 Minuten
den erkalteten Tortenboden einmal durchschneiden, den unteren Boden mit
2 Eßl. Weinbrand beträufeln

für die Füllung

2 gestrichene Teel. Gelatine gemahlen, weiß in einem kleinen Topf mit
3 Eßl. kaltem Wasser anrühren, 10 Minuten zum Quellen stehenlassen, unter Rühren erwärmen, bis sie gelöst ist
500 ml (½ l) Schlagsahne fast steif schlagen, die lauwarme Gelatinelösung,
1 Päckchen Vanillin-Zucker hinzufügen, die Sahne vollkommen steif schlagen
die Hälfte der Sahne auf den unteren Boden streichen, den zweiten Boden darauf legen, Rand und obere Seite der Torte mit der restlichen Sahne bestreichen
50 g Blockschokolade grob raspeln, den Tortenrand damit bestreuen
die Torte mit
Schokoladen-Täfelchen
geviertelten Maraschinokirschen garnieren.

Festtagskranz

(Abb. nebenstehend)

Für den Teig

250 g Butter oder Margarine geschmeidig rühren, nach und nach
250 g Zucker
5 Eier
Salz
3 Tropfen Backöl Bittermandel
4 Tropfen Backöl Zitrone hinzugeben
300 g Weizenmehl mit
50 g Speisestärke
9 g (3 gestrichene Teel.) Backpulver Backin mischen, sieben, eßlöffelweise unterrühren
200 g abgezogene, gemahlene Mandeln zuletzt unter den Teig heben, in die gefettete Zopf-Kranzform füllen
Strom: 175 – 200 (vorgeheizt)
Gas: 2 – 3 (nicht vorgeheizt)
Backzeit: 50 – 60 Minuten

zum Verzieren nach Belieben

gesiebten Puderzucker mit so viel
Eiweiß verrühren, bis ein spritzfähiger Guß entstanden ist, die Masse in ein Pergamentpapiertütchen füllen, von der Tüte eine Spitze abschneiden, den erkalteten Kuchen damit verzieren, mit
Liebesperlen garnieren.

Quarkwaffeln mit Rosinen

125 g Butter geschmeidig rühren, nach und nach
100 g Zucker
1 Päckchen Vanillin-Zucker
3 Eier
abgeriebene Schale von ½ Zitrone (unbehandelt)
125 g Speisequark unterrühren
200 g Weizenmehl mit
4½ g (1½ gestrichene Teel.) Backpulver mischen, sieben, abwechselnd mit
6 Eßl. Milch unterrühren
50 – 75 g verlesene Rosinen unterheben
den Teig in nicht zu großen Portionen in ein gut erhitztes, gefettetes Waffeleisen füllen, von beiden Seiten goldbraun backen
die Waffeln einzeln auf einem Kuchenrost erkalten lassen, mit
Puderzucker bestäuben, möglichst sofort verzehren.

Schokoladentorte

250 g zartbittere Schokolade	in kleine Stücke brechen, mit
3 Eßl. Wasser	in einem kleinen Topf im Wasserbad bei schwacher Hitze zu einer geschmeidigen Masse verrühren, abkühlen lassen, ab und zu durchrühren
150 g Butter oder Margarine	geschmeidig rühren, nach und nach
125 g Zucker	
1 Päckchen Vanillin-Zucker	
2 Eier	
4 Eigelb	unterrühren
275 g abgezogene, gemahlene Mandeln	mit
50 g geriebenem Zwieback	
1 Messerspitze Backpulver Backin	mischen, mit der Schokoladenmasse unter den Teig rühren
4 Eiweiß	steif schlagen, unterheben
	den Teig in eine gefettete Springform (Durchmesser etwa 28 cm, Rand nicht fetten) füllen
Strom:	150 – 175 (vorgeheizt)
Gas:	1 – 3 (nicht vorgeheizt)
Backzeit:	60 – 65 Minuten.

Knetteig

Der Knetteig

Notwendige Vorarbeiten

Das Fett muß bei der Verarbeitung fest sein; deswegen weiches Fett vorher kalt stellen.
Die Früchte nach der Anweisung unter Rührteig vorbereiten. Für Knetteige Backbleche und -formen im allgemeinen nicht fetten. Eine Ausnahme bilden Spezial-Tortenbodenformen, Torteletttformen und Bleche für Stollen und für wasser- oder milchreiche Teige.

Die Verabeitung des Teiges

Mehl und Backin mischen und auf die Tischplatte sieben. In die Mitte eine Vertiefung eindrücken, Zucker, Vanillin-Zukker, Gewürze, Eier und, je nach Rezept, Flüssigkeit hineingeben und mit einem Teil des Mehls zu einem dicken Brei verarbeiten. Darauf die in Stücke geschnittene kalte Butter (Margarine) und, je nach Rezept, die vorbereiteten Früchte geben, sie mit Mehl bedecken und von der Mitte aus alle Zutaten schnell zu einem glatten Teig verkneten. Diesen zu einer Rolle formen. Sollte der Teig kleben, ihn eine Zeitlang kalt stellen oder noch etwas Mehl hinzugeben.

Die einzelnen Arbeitsgänge

„Mehl und Backin mischen und auf die Tischplatte sieben . . . “

Mischen und Sieben lockern das Mehl auf und verteilen das Backin gleichmäßig im Mehl. Das Gebäck wird dadurch besser gelockert. Ist außerdem Kakao angegeben, ihn zum Mehl geben.

„. . . in die Mitte eine Vertiefung eindrücken . . . “

Damit der Rand gleichmäßig dick wird, die Vertiefung mit einem Löffel in die Mitte des Mehlberges drücken. Darauf achten, daß die Tischplatte auf keinen Fall sichtbar wird.

„. . . Zucker, Vanillin-Zucker, Gewürze, Eier und, je nach Rezept, Flüssigkeit hineingeben . . . “

Die Zutaten in der angegebenen Reihenfolge in die Vertiefung geben (dabei in den Zucker wieder eine Vertiefung drücken). Eier immer vor der Zugabe einzeln über einer Tasse aufschlagen, um zu prüfen, ob sie frisch sind. Falls Flüssigkeit vorgeschrieben ist, sie auf den Zucker geben. Sollte es sich um mehrere Eßlöffel Flüssigkeit handeln, sie nach und nach hinzugeben und jeden einzelnen unter das Mehl und den Zucker arbeiten, bevor der nächste folgt.

„. . . und mit einem Teil des Mehls zu einem dicken Brei verarbeiten . . . “

Mit einer Gabel Zucker, Vanillin-Zucker, Gewürze, Eier und Flüssigkeit zusammen mit einem Teil des Mehls zu einem dikken Brei verarbeiten. (Mehl schnell einarbeiten.) Wichtig ist, daß der Brei dick genug wird, da sonst die Weiterverarbeitung erschwert wird.

„. . . Darauf die in Stücke geschnittene kalte Butter (Margarine) und, je nach Rezept, die vorbereiteten Früchte geben . . . “

Für das Gelingen eines einwandfreien Knetteiges ist kalte, feste Butter (Margarine) Voraussetzung. Zu weiches Fett ergibt einen klebrigen Teig, der sich schwer verarbeiten läßt. Mehr Mehl, als im Rezept angegeben ist, darf bei fettreichen Teigen nicht genommen werden, da der Teig dadurch krümelig und das Gebäck hart wird. Das feste Fett in kleine Stücke schneiden und auf den Brei legen, so verteilt es sich gleichmäßiger. Sind Früchte vorgeschrieben, sie auf das Fett geben.

„. . . sie mit Mehl bedecken . . . “

Die Butter (Margarine) mit Mehl bedecken, damit sie beim Kneten gegen die Handwärme geschützt ist.

„. . . und von der Mitte aus alle Zutaten schnell zu einem glatten Teig verkneten . . . “

Das Kneten zerfällt in drei Arbeitsgänge:

a) Das Aufheben des Teiges:
Mit gestreckten, geschlossenen Fingern unter den Teig fassen, zur Hälfte hochschlagen und über den liegengebliebenen Teig schlagen. Den Teig nur lose anfassen, um ihn nicht unnötig zu erwärmen.

b) Das Andrücken des Teiges:
Das Andrücken nur mit dem Handballen ausführen, damit der Teig nicht zu weich wird. Die ganze Handfläche oder die Finger dürfen niemals den Teig beim Andrücken berühren, deswegen die Finger möglichst hoch vom Teig abhalten.

c) Das Drehen des Teiges:
Die inneren Handflächen leicht an den Teig legen und ihn so bewegen, daß er eine Vierteldrehung nach rechts macht. Hierbei wird er jedesmal auf der Tischplatte bewegt, nimmt etwas Mehl auf und kann nicht festkleben.
Die drei Knetbewegungen so lange wiederholen, bis ein glatter Teig entstanden ist. Hin und wieder das Mehl mit einem Teigschaber zusammenschieben, damit alles Mehl aufgebraucht wird.

„. . . Diesen zu einer Rolle formen. Sollte der Teig kleben, ihn eine Zeitlang kalt stellen oder noch etwas Mehl hinzugeben.“

Damit sich der Teig besser ausrollen läßt, ihn zu einer Rolle formen. Das Kleben fettreicher Teige wird durch Kaltstellen beseitigt. An wasserreiche (milchreiche) Teige noch etwas Mehl geben.
Bevor der Teig ausgerollt wird, die Tischplatte von Teigresten reinigen, damit er nicht kleben kann, und sie gleichmäßig bemehlen.
Um die Teigbeschaffenheit beim Ausrollen nicht zu verderben, nicht zu große Teigstücke ausrollen (besonders bei Kleingebäck). Beim Ausrollen muß sich die Teigrolle wirklich drehen und leicht über den Teig gehen (nicht zu stark drücken). Während des Ausrollens ab und zu mit einem Pfannenmesser unter dem Teig herstreichen, damit er sofort gelöst wird, wenn er irgendwo kleben sollte.

a) Für Kleingebäck den Teig so ausstechen, daß möglichst wenig Abfall entsteht (Rollausstecher); denn Knetteig wird durch erneutes Zusammenkneten und Ausrollen nicht besser.
b) Knetteigböden für Obsttorten entweder in Springformen oder in gefetteten Spezial-Tortenbodenformen backen. Bei einer Springform ⅔ der angegebenen Teigmenge auf dem Boden der Form ausrollen. Den Rest des Teiges mit einem gestrichenen Eßl. Mehl verkneten, zu einer Rolle formen, als Rand auf den Boden legen und mit 2 Fingern so an den Springformrand drücken, daß der Rand etwa 3 cm hoch wird. Danach den Boden mehrmals mit einer Gabel einstechen, damit er keine Luftblasen bekommt.

Das Backen von Knetteigen

Alle Knetteige nach den Angaben unter den Rezepten backen. Wenn der Teig gebacken ist, das Gebäck sofort aus der Form lösen oder vom Backblech nehmen. Dann auf einen Kuchenrost zum Auskühlen legen (Kleingebäck einzeln nebeneinander).

Linzer Torte

200 g Weizenmehl	mit
3 g (1 gestrichener Teel.) Backpulver Backin	mischen, auf die Tischplatte sieben, in die Mitte eine Vertiefung eindrücken
125 g Zucker 1 Päckchen Vanillin-Zucker 2 Tropfen Backöl Bittermandel 1 Messerspitze gemahlene Nelken 1 gestrichenen Teel. gemahlenen Zimt	
1 Eiweiß ½ Eigelb	hineingeben, mit einem Teil des Mehls zu einem dicken Brei verarbeiten
125 g kalte Butter	in Stücke schneiden, auf den Brei geben
125 g gemahlene Mandeln	darüber streuen, mit Mehl bedecken, von der Mitte aus alle Zutaten schnell zu einem glatten Teig verkneten, sollte er kleben, ihn eine Zeitlang kalt stellen knapp die Hälfte des Teiges zu einer Platte in der Größe einer Springform (Durchmesser etwa 28 cm) ausrollen, in gleich breite Streifen rädern, den

	übrigen Teig auf dem Springformboden ausrollen, mit
etwa 100 g Konfitüre	bestreichen, dabei am Rand etwa 1 cm frei lassen, die Teigstreifen gitterförmig über die Konfitüre legen, den Rand ebenfalls mit Streifen belegen
½ Eigelb	mit
1 Teel. Milch	verschlagen, die Teigstreifen damit bestreichen
Strom:	175 – 200 (vorgeheizt)
Gas:	3 – 4 (nicht vorgeheizt)
Backzeit:	25 – 30 Minuten.

Obsttörtchen

12 – 14 Törtchen, Durchmesser etwa 10 cm (Abb. S. 62/63)

	Für den Teig
200 g Weizenmehl	mit
3 g (1 gestrichener Teel.) Backpulver Backin	mischen, auf die Tischplatte sieben, in die Mitte eine Vertiefung eindrücken
75 g Zucker	
1 Päckchen Vanillin-Zucker	
Salz	
4 Tropfen Backöl Zitrone	
2 Eßl. Wasser	hineingeben, mit einem Teil des Mehls zu einem dicken Brei verarbeiten
100 g kalte Butter oder Margarine	in Stücke schneiden, auf den Brei geben, mit Mehl bedecken, von der Mitte aus alle Zutaten schnell zu einem glatten Teig verkneten, sollte er kleben, ihn eine Zeitlang kalt stellen den Teig etwa 3 mm dick ausrollen, mit einer runden Form ausstechen, auf ein Backblech legen, mehrmals mit einer Gabel einstechen, in den vorgeheizten Backofen schieben
Strom:	175 – 200
Gas:	3 – 4
Backzeit:	10 – 15 Minuten die erkalteten Plätzchen gleichmäßig mit
Sahnesteif	bestreuen, um zu verhindern, daß die mit Obst belegten Plätzchen durchweichen
	für den Belag
500 – 750 g rohes Obst (z. B. Erdbeeren, Himbeeren, Heidelbeeren, Weintrauben)	waschen (Himbeeren nur verlesen), gut abtropfen lassen, entstielen oder verlesen, mit
Zucker	bestreuen, kurze Zeit stehenlassen
oder gedünstetes oder eingemachtes Obst (z. B. Ananas, Aprikosen, Pfirsiche, Sauerkirschen, Stachelbeeren, Mandarinen)	abtropfen lassen, die Früchte auf die Plätzchen legen (einen etwa 1 cm breiten Rand frei lassen)
	für den Guß aus
1 Päckchen Tortenguß	
Zucker nach Angabe auf dem Tortenguß-Päckchen	
250 ml (¼ l) Wasser oder Fruchtsaft	nach der Vorschrift auf dem Päckchen einen Tortenguß zubereiten, über das Obst verteilen
250 ml (¼ l) Schlagsahne	½ Minute schlagen
1 Päckchen Sahnesteif	mit
1 Päckchen Vanillin-Zucker	mischen, einstreuen, die Sahne steif schlagen die Törtchen am Rand mit der Schlagsahne verzieren.

Goldplätzchen

250 g Weizenmehl	mit
6 g (2 gestrichene Teel.) Backpulver	mischen, auf die Tischplatte sieben, in die Mitte eine Vertiefung eindrücken
200 g Zucker	
1 Päckchen Vanillin-Zucker	
2 Tropfen Backöl Zitrone	
3 Eigelb	hineingeben, mit einem Teil des Mehls zu einem dicken Brei verarbeiten
125 g kalte Butter oder Margarine	in Stücke schneiden, mit
50 g abgezogenen, gemahlenen Mandeln	auf den Brei geben, von der Mitte aus alle Zutaten schnell zu einem glatten Teig verkneten, sollte der Teig kleben, ihn eine Zeitlang kalt stellen den Teig knapp ½ cm dick ausrollen, mit einer runden Form (Durchmesser etwa 5 cm) ausstechen, auf ein Backblech legen
100 g abgezogene Mandeln	halbieren, jedes Teigplätzchen mit einer Mandelhälfte belegen, in den vorgeheizten Backofen schieben
Strom:	175 – 200
Gas:	3 – 4
Backzeit:	Etwa 15 Minuten.

Weinplätzchen

(Abb. nebenstehend)

	Für den Teig
375 g Weizenmehl	auf die Tischplatte sieben, in die Mitte eine Vertiefung eindrücken
125 g Zucker	
1 Päckchen Vanillin-Zucker	
3 Eßl. Weißwein	hineingeben, mit einem Teil des Mehls zu einem dicken Brei verarbeiten
200 g kalte Butter	in Stücke schneiden, auf den Brei geben, mit Mehl bedecken, von der Mitte aus alle Zutaten schnell zu einem glatten Teig verkneten den Teig etwa 3 mm dick ausrollen, mit einer runden Form (Durchmesser etwa 4 cm) ausstechen, auf ein Backblech legen
	für den Belag
2 Eiweiß	steif schlagen, der Schnee muß so fest sein, daß ein Messerschnitt sichtbar bleibt, die Teigplätzchen damit bestreichen
60 g Zucker	mit
etwas gemahlenem Zimt	mischen, die Plätzchen damit und mit
abgezogenen, gehackten Mandeln	bestreuen, in den vorgeheizten Backofen schieben
Strom:	175 – 200
Gas:	3 – 4
Backzeit:	10 – 15 Minuten.

Nußtaler

375 g Weizenmehl	mit
125 g Speisestärke	
6 g (2 gestrichene Teel.) Backpulver	mischen, auf die Tischplatte sieben, in die Mitte eine Vertiefung eindrücken
250 g Zucker	
1 Päckchen Vanillin-Zucker	
3 Tropfen Backöl Bittermandel	
2 Eier	hineingeben, mit einem Teil des Mehls zu einem dicken Brei verarbeiten
250 g kalte Butter	in Stücke schneiden
250 g Haselnußkerne	vierteln, beide Zutaten auf den Brei geben, mit Mehl bedecken, von der Mitte aus alle Zutaten schnell zu einem glatten Teig verkneten, daraus gut 2½ cm dicke Rollen formen, so lange kalt stellen, bis sie hart geworden sind, mit einem scharfen Messer in ½ cm dicke Scheiben schneiden, auf ein Backblech legen, in den vorgeheizten Backofen schieben
Strom:	175 – 200
Gas:	3 – 4
Backzeit:	10 – 15 Minuten.

Festkuchen

	Für den Teig
250 g Weizenmehl	mit
6 g (2 gestrichene Teel.) Backpulver	mischen, auf die Tischplatte sieben, in die Mitte eine Vertiefung eindrücken
50 g Zucker ***1 Päckchen Vanillin-Zucker*** ***1 Ei*** ***2 Eßl. Dosenmilch***	hineingeben, mit einem Teil des Mehls zu einem dicken Brei verarbeiten
100 g kalte Butter	in Stücke schneiden, auf den Brei geben, mit Mehl bedecken, von der Mitte aus alle Zutaten schnell zu einem glatten Teig verkneten, sollte er kleben, ihn eine Zeitlang kalt stellen ⅔ des Teiges auf dem Boden einer Springform (Durchmesser etwa 28 cm) ausrollen, den Rest des Teiges zu einer Rolle formen, sie als Rand auf den Boden legen, so an die Form drücken, daß der Rand knapp 3 cm hoch wird
	für den Belag
500 g Speisequark	mit
1 Ei ***150 g Zucker*** ***1 Päckchen Vanillin-Zucker*** ***125 ml (⅛ l) Sahne***	gut verrühren
50 g Rosinen	verlesen, unterrühren die Masse auf dem Knetteigboden verstreichen
3 mittelgroße Äpfel	schälen, achteln, entkernen, über die Quarkmasse verteilen
250 g gemahlenen Mohn ***250 ml (¼ l) Wasser*** ***125 g Zucker***	erhitzen
125 ml (⅛ l) Sahne ***2 Tropfen Backöl Bittermandel*** ***1 Päckchen Soßen-Pulver Vanille-Geschmack***	unterrühren, kurz aufkochen lassen, kalt stellen, die erkaltete Mohnmasse über die Äpfel verteilen
	für die Streusel
150 g Weizenmehl	in eine Rührschüssel sieben, mit
60 g Zucker ***1 Päckchen Vanillin-Zucker***	mischen
100 g Butter	in Flöckchen dazugeben, alle Zutaten mit den Händen oder mit 2 Gabeln zu Streuseln vermengen, über die Mohnmasse verteilen
Strom:	200 – 225 (vorgeheizt)
Gas:	3 – 4 (nicht vorgeheizt)
Backzeit:	60 – 70 Minuten.

Mandelbögen

250 g Weizenmehl	mit
1 Messerspitze Backpulver Backin	mischen, auf die Tischplatte sieben, in die Mitte eine Vertiefung eindrücken
125 g Zucker	
1 Päckchen Vanillin-Zucker	
3 Eigelb	hineingeben, mit einem Teil des Mehls zu einem dicken Brei verarbeiten
200 g kalte Butter oder Margarine	in Stücke schneiden, mit
125 g abgezogenen, gemahlenen Mandeln	auf den Brei geben, mit Mehl bedecken von der Mitte aus alle Zutaten schnell zu einem glatten Teig verkneten aus dem Teig gut bleistiftdicke Rollen formen, nach oben etwas spitz drücken, in etwa 6 cm lange Stücke schneiden, mit
Eiweiß	bestreichen, von beiden Seiten in
125 g abgezogene, gehobelte Mandeln	drücken die Teigstücke zu Bögen formen, auf ein Backblech setzen
Strom:	175 – 200
Gas:	5 Minuten vorheizen 3 – 4, backen 3 – 4
Backzeit:	12 – 15 Minuten.

Quarktaschen

	für den Teig
150 g Weizenmehl	auf die Tischplatte sieben, in die Mitte eine Vertiefung eindrücken
1 Päckchen Vanillin-Zucker	
Salz	
150 g Speisequark	
150 g kalte, in Stücke geschnittene Butter oder Margarine	hineingeben das Fett mit Mehl bedecken, von der Mitte aus alle Zutaten schnell zu einem glatten Teig verkneten, sollte er zu weich sein, evtl. noch etwas Mehl unterkneten, ihn eine Stunde im Kühlschrank ruhen lassen
	Für die Füllung
250 g Speisequark	mit
50 g Zucker	
1 Päckchen Vanillin-Zucker	
1 Eiweiß	verrühren
30 g Rosinen	verlesen, unterrühren die Hälfte des Teiges zu einem Viereck von 30 x 30 cm ausrollen, in Quadrate von 10 x 10 cm schneiden, jedes Teigstück in der Mitte mit etwas von der Füllung belegen
1 Eigelb	mit
1½ Eßl. Milch	verschlagen, die Teigränder damit bestreichen die Teigstücke zu Taschen zusammenschlagen, mit dem verschlagenen Eigelb bestreichen, den restlichen Teig ausrollen, in schmale Streifen schneiden, je 2 davon über Kreuz auf jede Tasche legen, ebenfalls mit der Eigelbmilch bestreichen
Strom:	200 – 225
Gas:	3 – 4
Backzeit:	Etwa 25 Minuten.

Rote Nestchen

	Für den Teig
275 g Weizenmehl	auf die Tischplatte sieben, in die Mitte eine Vertiefung eindrücken
150 g Zucker	
1 Päckchen Vanillin-Zucker	
2 Eigelb	
2 Tropfen Backöl Bittermandel	hineingeben, mit einem Teil des Mehls zu einem dicken Brei verarbeiten
175 g kalte Butter	in Stücke schneiden, auf den Brei geben, mit Mehl bedecken, von der Mitte aus alle Zutaten schnell zu einem glatten Teig verkneten etwa ¾ des Teiges nicht zu dünn ausrollen, mit einer runden Form (Durchmesser etwa 4 cm) ausstechen, auf ein Backblech legen
	für den Belag
200 g Marzipan-Rohmasse	mit
2 Eiweiß	zu einer geschmeidigen Masse verrühren die Masse in einen Spritzbeutel mit gezackter Tülle füllen, als Kranz auf die Teigplätzchen spritzen in die Mitte
rote Konfitüre	geben den restlichen Teig ausrollen, zu beliebigen Formen ausstechen, auf ein Backblech legen, mit
Dosenmilch	bestreichen, mit
abgezogenen, gehobelten Mandeln	
Zucker und Zimt	bestreuen, in den vorgeheizten Backofen schieben
Strom:	175 – 200
Gas:	2 – 3
Backzeit:	12 – 20 Minuten.

Kirsch- oder Apfelrollen

	Für die Kirschfüllung
1½ kg Sauerkirschen	waschen, entstielen, entsteinen, mit
125 g Zucker	mischen, kurze Zeit zum Saftziehen stehenlassen, nur eben zum Kochen bringen, abtropfen lassen
	wenn Saft und Kirschen kalt sind, von dem Saft 250 ml (¼ l) abmessen
50 g Speisestärke	mit dem Saft anrühren, unter Rühren zum Kochen bringen, kurz aufkochen lassen, die Kirschen unterrühren, kalt stellen
	für die Apfelfüllung
50 g Rosinen	verlesen
1½ kg Äpfel	schälen, vierteln, entkernen, in Stücke schneiden, mit den Rosinen,
75 g Zucker	unter Rühren dünsten, mit
3 – 4 Tropfen Backöl Zitrone	abschmecken, kalt stellen
	für den Teig
300 g Weizenmehl	mit
1 Päckchen Backpulver Backin	mischen, auf die Tischplatte sieben, in die Mitte eine Vertiefung eindrücken
75 g Zucker 1 Päckchen Vanillin-Zucker 3 Tropfen Backöl Bittermandel	
Salz, 1 Ei	hineingeben, mit einem Teil des Mehls zu einem dicken Brei verarbeiten
100 g kalte Butter	in Stücke schneiden, mit
125 g Speisequark	auf den Brei geben, mit Mehl bedecken, von der Mitte aus alles schnell zu einem glatten Teig verkneten, sollte er kleben, noch etwas Mehl hinzugeben
	den Teig teilen, jedes Stück zu einem Rechteck von 40 × 30 cm ausrollen, auf jedes Rechteck in der Breite von etwa 4 cm der Länge nach bergförmig die Hälfte der erkalteten Füllung streichen, dabei zum Rand hin einen Streifen von gut 5 cm frei lassen, diesen auf die Füllung schlagen, sie in den Teig einrollen
	die Rollen an den Enden zusammendrücken, etwas flachdrücken, mit
gezuckerter Milch	bestreichen, mit
Hagelzucker	bestreuen, mit einem scharfen Messer die obere Seite der Rollen der Breite nach in Abständen von knapp 3 cm etwa ½ cm tief einschneiden, die Rollen auf ein gefettetes Backblech legen, in den vorgeheizten Backofen schieben
Strom:	175 – 200, ***Gas:*** 3 – 4
Backzeit:	25 – 30 Minuten.

Obsttorte mit Joghurtsahne

	Für den Teig
150 g Weizenmehl	mit
1½ g (½ gestrichener Teel.) Backpulver Backin	mischen, auf die Tischplatte sieben, in die Mitte eine Vertiefung eindrücken
65 g Zucker	
1 Päckchen Vanillin-Zucker	
1 Ei	hineingeben, mit einem Teil des Mehls zu einem dicken Brei verarbeiten
65 g kalte Butter oder Margarine	in Stücke schneiden, auf den Brei geben, mit Mehl bedecken, von der Mitte aus alle Zutaten schnell zu einem glatten Teig verkneten, sollte er kleben, ihn eine Zeitlang kalt stellen ⅔ des Teiges auf dem Boden einer Springform (Durchmesser etwa 28 cm) ausrollen unter den Rest des Teiges
1 gestrichenen Eßl. Weizenmehl	kneten, den Teig zu einer Rolle formen, sie als Rand auf den Boden legen, so an die Form drücken, daß der Rand knapp 3 cm hoch wird, den Teigboden mehrmals mit einer Gabel einstechen, in den vorgeheizten Backofen schieben
Strom:	200 – 225
Gas:	3 – 4
Backzeit:	15 – 20 Minuten den ausgekühlten Tortenboden gleichmäßig mit
Sahnesteif	bestreuen, um zu verhindern, daß der mit Obst belegte Boden durchweicht
	für den Belag
750 g gedünstetes oder eingemachtes Obst, z. B. Stachelbeeren, Aprikosen, Pfirsiche, Sauerkirschen	abtropfen lassen die Früchte auf den Tortenboden legen
	für den Guß aus
1 Päckchen Tortenguß	
25 – 50 g Zucker	
250 ml (¼ l) Wasser oder Fruchtsaft	nach der Vorschrift auf dem Päckchen einen Tortenguß zubereiten, auf das Obst geben
	für die Joghurtsahne
250 ml (¼ l) Schlagsahne	½ Minute schlagen
2 Päckchen Sahnesteif	
50 g Zucker	mischen, einstreuen, die Sahne fast steif schlagen
1 Becher (150 g) Joghurt	dazugeben, die Sahne vollkommen steif schlagen, mit
2 – 3 Eßl. Zitronensaft	abschmecken, gleichmäßig über den erkalteten Tortenguß verteilen die Torte mit
25 g abgezogenen, gehackten, gebräunten Mandeln	bestreuen.

Stachelbeerschnitten

(Abb. nebenstehend)

	Für den Teig
200 g Weizenmehl	mit
3 g (1 gestrichener Teel.) Backpulver Backin	mischen, auf die Tischplatte sieben, in die Mitte eine Vertiefung eindrücken
75 g Zucker	
1 Päckchen Vanillin-Zucker	
1 Ei	hineingeben, mit einem Teil des Mehls zu einem dicken Brei verarbeiten
125 g kalte Butter	in Stücke schneiden, auf den Brei geben, mit Mehl bedecken, von der Mitte aus alle Zutaten schnell zu einem glatten Teig verkneten, sollte er kleben, ihn eine Zeitlang kalt stellen den Teig in der Größe von etwa 30 × 30 cm auf einem gefetteten Backblech ausrollen, mehrmals mit einer Gabel einstechen, in den vorgeheizten Backofen schieben
Strom:	200 – 225
Gas:	3 – 4
Backzeit:	Etwa 20 Minuten sofort nach dem Backen die Platte auf dem Backblech halbieren, lösen, erkalten lassen
	für die Füllung
750 g Stachelbeeren	von Stiel und Blüte befreien, waschen, abtropfen lassen, mit
200 g Zucker	
2 Eßl. Wasser	unter vorsichtigem Rühren weich dünsten (dürfen nicht zerfallen), abtropfen lassen, den Saft evtl. mit Wasser auf 250 ml (¼ l) auffüllen
1 Päckchen Tortenguß, klar	
1 Eßl. Zucker	
250 ml (¼ l) Stachelbeersaft	nach der Vorschrift auf dem Päckchen zubereiten die Stachelbeeren unterrühren

für den Krokant

1 Messerspitze Butter

15 g Zucker zerlassen, unter Rühren erhitzen, bis der Zucker schwach gebräunt ist

30 g abgezogene, gehackte Mandeln hinzufügen, unter Rühren erhitzen, bis der Krokant genügend gebräunt ist, die Masse auf einer mit

Speiseöl bestrichenen Platte erkalten lassen, in kleine Stücke zerstoßen

eine der beiden Knetteigplatten mit der Stachelbeermasse gleichmäßig bestreichen, die zweite Platte darauf legen, gut andrücken

500 ml (½ l) Schlagsahne ½ Minute schlagen

50 g Zucker mit

2 Päckchen Sahnesteif mischen, einstreuen, die Sahne steif schlagen

4 Eßl. Zitronensaft vorsichtig unterziehen, gleichmäßig auf dem oberen Knetteigboden verstreichen, mit dem Krokant bestreuen

das Gebäck in Schnitten von beliebiger Größe schneiden.

Apfelkuchen mit Gitter

(Abb. nebenstehend)

Für den Teig

250 g Weizenmehl auf die Tischplatte sieben, in die Mitte eine Vertiefung eindrücken

1 Päckchen Vanillin-Zucker
Salz
250 g Speisequark
250 g kalte, in Stücke geschnittene Butter oder Margarine hineingeben

das Fett mit Mehl bedecken, von der Mitte aus alle Zutaten schnell zu einem glatten Teig verkneten, sollte er zu weich sein, evtl. noch etwas Mehl unterkneten, ihn eine Stunde im Kühlschrank ruhen lassen

für die Füllung

2 kg Äpfel (z. B. Boskop, Cox Orange, Gravensteiner) schälen, vierteln, entkernen, in kleine Stücke schneiden, mit

75 – 100 g Zucker
1 Päckchen Vanillin-Zucker unter Rühren weich dünsten, erkalten lassen

125 g Rosinen verlesen, unter die Apfelmasse heben

⅔ des Teiges auf einem gefetteten Backblech ausrollen, die erkalteten Äpfel gleichmäßig darauf verteilen

den restlichen Teig dünn ausrollen, in 1 cm breite Streifen schneiden, gitterförmig über die Äpfel legen, mit

Dosenmilch bestreichen, in den vorgeheizten Backofen schieben

Strom: 200 – 225
Gas: 3 – 4
Backzeit: 30 – 35 Minuten.

Dukatenplätzchen

Für den Teig

250 g Weizenmehl mit

3 g (1 gestrichener Teel.) Backpulver Backin mischen, auf die Tischplatte sieben, in die Mitte eine Vertiefung eindrücken

75 g Zucker
1 Päckchen Vanillin-Zucker
1 Ei
1 Eßl. Milch oder Wasser hineingeben, mit einem Teil des Mehls zu einem dicken Brei verarbeiten

125 g kalte Butter in Stücke schneiden, auf den Brei geben, mit Mehl bedecken, von der Mitte aus alle Zutaten schnell zu einem

	glatten Teig verkneten, sollte er kleben, ihn eine Zeitlang kalt stellen
	den Teig dünn ausrollen, mit einer runden Form (Durchmesser etwa 4 cm) ausstechen, auf ein Backblech legen, in den vorgeheizten Backofen schieben
Strom:	175 – 200
Gas:	3 – 4
Backzeit:	Etwa 10 Minuten
	für die Füllung
125 g Kokosfett	zerlassen, kalt stellen
75 g Puderzucker	
30 g Kakao	mischen, in eine Rührschüssel sieben
1 Päckchen Vanillin-Zucker	
einige Tropfen Rum-Aroma	hinzufügen, nach und nach mit
1 Ei	und dem lauwarmen Kokosfett verrühren
	die Füllung kalt stellen, sobald sie etwas fester ist, die Hälfte der Plätzchen auf der Unterseite damit bestreichen, die übrigen mit der Unterseite darauf legen
50 g Kuvertüre	in einem kleinen Topf im Wasserbad bei schwacher Hitze zu einer geschmeidigen Masse verrühren, die Oberseite der Plätzchen (wenn die Füllung etwas fester geworden ist) zur Hälfte damit bestreichen.

Butterplätzchen

250 g Butter	zerlassen, kalt stellen
	in das erkaltete, wieder etwas festgewordene Fett nach und nach eßlöffelweise
175 g Zucker	
2 Päckchen Vanillin-Zucker	geben, so lange rühren, bis Butter und Zucker weißschaumig geworden sind, dann
300 g Weizenmehl	sieben, ⅔ davon eßlöffelweise unterrühren, wenn der Teig fester wird,
1 Eßl. Milch	hinzufügen
	den Rest des Mehls mit dem Teigbrei zu einem glatten Teig verkneten
	sollte der Teig kleben, ihn eine Zeitlang kalt stellen
	den Teig in kleinen Mengen dünn ausrollen, mit kleinen beliebigen Formen ausstechen, auf ein Backblech legen, in den vorgeheizten Backofen schieben
Strom:	175 – 200
Gas:	2 – 3
Backzeit:	Etwa 10 Minuten.

Marzipan-Kaffeeschnitten

	Für den Teig
250 g Weizenmehl	mit
1½ g (½ gestrichener Teel.) Backpulver Backin	mischen, auf die Tischplatte sieben, in die Mitte eine Vertiefung eindrücken
75 g Zucker	
1 Päckchen Vanillin-Zucker	
1 Ei	hineingeben, mit einem Teil des Mehls zu einem dicken Brei verarbeiten
125 g kalte Butter	in Stücke schneiden, auf den Brei geben, mit Mehl bedecken, von der Mitte aus alle Zutaten schnell zu einem glatten Teig verkneten, sollte er kleben, ihn eine Zeitlang kalt stellen den Teig zu einem Rechteck von 40 × 32 cm ausrollen, 8 Streifen (20 × 8 cm) daraus schneiden, auf ein Backblech legen, im vorgeheizten Backofen hellgelb backen
Strom:	175 – 200
Gas:	3 – 4
Backzeit:	Etwa 15 Minuten die Gebäckstreifen mit
4 Eßl. Konfitüre	bestreichen

für den Belag

125 g Butter
125 g Marzipan-Rohmasse mit einem elektrischen Handrührgerät mit Rührbesen zu einer geschmeidigen Masse verrühren
nach und nach
100 g Zucker
1 Päckchen Vanillin-Zucker
2 Eier
abgeriebene Schale von ½ Zitrone (unbehandelt) unterrühren
250 g Weizenmehl mit
1 Messerspitze Backpulver Backin mischen, sieben, eßlöffelweise unterrühren
die Masse in einen Spritzbeutel mit gezackter Tülle füllen, beliebige Muster auf die Gebäckstreifen spritzen, in den vorgeheizten Backofen schieben
Strom: 175 – 200
Gas: 3 – 4
Backzeit: Etwa 20 Minuten
das Gebäck sofort nach dem Backen in schmale Streifen schneiden.

Engadiner Mandelscheiben

250 g Weizenmehl mit
1 Päckchen Pudding-Pulver für Schokoladenpudding
1 gestrichenen Teel. Kakao mischen, auf die Tischplatte sieben, in die Mitte eine Vertiefung eindrücken
125 g Puderzucker sieben, mit
1 Päckchen Vanillin-Zucker
Salz hineingeben
250 g kalte Butter oder Margarine in Stücke schneiden, darauf geben, mit Mehl bedecken, von der Mitte aus alle Zutaten schnell zu einem glatten Teig verkneten
100 g abgezogene, halbierte Mandeln unterkneten, den Teig eine Zeitlang kalt stellen
den Teig zu 3 – 4 cm dicken Rollen formen, so lange kalt stellen, bis sie hart geworden sind, mit einem scharfen Messer in ½ cm dicke Scheiben schneiden, auf ein gefettetes Backblech legen, in den vorgeheizten Backofen schieben
Strom: 175 – 200
Gas: 3 – 4
Backzeit: Etwa 15 Minuten.

Mohnkuchen in einer Springform

Für den Teig

175 g Weizenmehl mit
1 Messerspitze Backpulver Backin mischen, auf die Tischplatte sieben, in die Mitte eine Vertiefung eindrücken
65 g Zucker
1 Päckchen Vanillin-Zucker hineingeben
100 g kalte Margarine in Stücke schneiden, auf den Zucker geben, mit Mehl bedecken, von der Mitte aus alle Zutaten schnell zu einem glatten Teig verkneten, sollte er kleben, ihn eine Zeitlang kalt stellen
⅔ des Teiges auf dem Boden einer Springform (Durchmesser etwa 28 cm) ausrollen, mehrmals mit einer Gabel einstechen, im vorgeheizten Backofen hellgelb backen
Strom: 200 – 225
Gas: 3 – 4
Backzeit: Etwa 15 Minuten
den Boden erkalten lassen
den Rest des Teiges zu einer Rolle formen, sie als Rand auf den Boden legen, so an die Form drücken, daß der Rand knapp 3 cm hoch wird

für die Füllung

150 g Mohn mahlen
4 Eigelb mit
1 Eßl. warmem Wasser schaumig schlagen, ⅔ von
150 g Zucker nach und nach dazugeben, so lange schlagen, bis eine cremeartige Masse entstanden ist
5 Tropfen Backöl Zitrone
Salz unter die Eigelbcreme mischen
4 Eiweiß steif schlagen, unter ständigem Schlagen nach und nach den Rest des Zuckers dazugeben
den Schnee auf die Eigelbcreme geben
50 g Speisestärke darüber sieben
30 g verlesene Rosinen
50 g gewürfeltes Zitronat (Sukkade) und den Mohn darauf streuen, alles vorsichtig unter die Eigelbcreme ziehen (nicht rühren), die Masse auf den vorgebackenen Boden füllen, glattstreichen, in den vorgeheizten Backofen schieben
Strom: 175 – 200
Gas: 3 – 4
Backzeit: 25 – 30 Minuten.

Aprikosen-Mandeltorte

Für den Teig

250 g Weizenmehl mit

6 g (2 gestrichene Teel.) Backpulver Backin mischen, auf die Tischplatte sieben, in die Mitte eine Vertiefung eindrücken

75 g Zucker
1 Päckchen Vanillin-Zucker
Salz
1 Ei hineingeben, mit einem Teil des Mehls zu einem dicken Brei verarbeiten

100 g kalte Butter oder Margarine in Stücke schneiden, auf den Brei geben, mit Mehl bedecken, von der Mitte aus alle Zutaten schnell zu einem glatten Teig verkneten, sollte er kleben, ihn eine Zeitlang kalt stellen
den Teig auf dem Boden einer Springform (Durchmesser etwa 28 cm) ausrollen, den Teig so an die Form drücken, daß ein etwa 1½ cm hoher Rand entsteht

für den Belag

100 g abgezogene, gemahlene Mandeln mit

100 g Zucker
1 Ei
100 ml Sahne zu einer geschmeidigen Masse verrühren, auf den Teigboden streichen

500 g Aprikosen (aus der Dose) abtropfen lassen, mit der Innenseite nach oben auf dem Teig verteilen, in die Vertiefung jeder Aprikose jeweils eine

abgezogene Mandel legen

Strom: 175 – 200 (vorgeheizt)
Gas: 3 – 4 (nicht vorgeheizt)
Backzeit: Etwa 45 Minuten.

Französischer Apfelkuchen

Für den Teig

200 g Weizenmehl mit

3 g (1 gestrichener Teel.) Backpulver Backin mischen, auf die Tischplatte sieben, in die Mitte eine Vertiefung eindrücken

125 g Zucker
1 Päckchen Vanillin-Zucker
1 Messerspitze gemahlenen Kardamom

1 gestrichenen Teel. gemahlenen Zimt
1 Ei hineingeben, mit einem Teil des Mehls zu einem dicken Brei verarbeiten
125 g kalte Butter oder Margarine in Stücke schneiden, mit
125 g abgezogenen, gemahlenen Mandeln oder gemahlenen Haselnußkernen auf den Brei geben, mit Mehl bedecken, von der Mitte aus alle Zutaten schnell zu einem glatten Teig verkneten, sollte er kleben, ihn eine Zeitlang kalt stellen
knapp die Hälfte des Teiges auf dem Boden einer gefetteten Springform (Durchmesser etwa 28 cm) ausrollen, mehrmals mit einer Gabel einstechen, in den vorgeheizten Backofen schieben
Strom: 200 – 225
Gas: 4 – 5
Backzeit: Etwa 15 Minuten

für die Füllung
750 g säuerliche Äpfel (z. B. Boskop, Gravensteiner oder Cox Orange) schälen, vierteln, entkernen, in kleine Stücke schneiden, mit
75 g Zucker
1 Messerspitze gemahlenem Zimt unter Rühren weich dünsten, abkühlen lassen
3 Eßl. Aprikosen-Konfitüre mit
75 g weicher Butter
1 Eigelb gut verrühren
1 Eiweiß steif schlagen
25 g Zucker unterschlagen, die Eiweißmasse unter die Aprikosenbutter ziehen
⅔ des restlichen Teiges zu einer Platte in Größe der Springform (Durchmesser etwa 28 cm) ausrollen, in 16 – 20 Streifen rädern
den übrigen Teig zu einer Rolle formen, sie als Rand auf den Boden legen, so an die Form drücken, daß der Rand etwa 2 cm hoch wird
die Äpfel gleichmäßig auf dem Tortenboden verteilen, mit der Aprikosenbutter bestreichen, die Teigstreifen gitterförmig über die Füllung legen, in den vorgeheizten Backofen schieben
Strom: 200 – 225
Gas: 4 – 5
Backzeit: 30 – 40 Minuten.

Wiener Apfelstrudel

Für den Teig
200 g Weizenmehl auf die Tischplatte sieben, in die Mitte eine Vertiefung eindrücken
Salz hineingeben, nach und nach
5 Eßl. lauwarmes Wasser
50 g zerlassene Butter oder Margarine oder 3 Eßl. Speiseöl mit einem Teil des Mehls zu einem dicken Brei verarbeiten, mit Mehl bedecken, von der Mitte aus alle Zutaten schnell zu einem glatten Teig verkneten, ihn auf Pergamentpapier in einen heißen, trockenen Kochtopf (vorher Wasser darin kochen) legen, mit einem Deckel verschließen, ½ Stunde ruhen lassen

für die Füllung
1 – 1½ kg Äpfel schälen, vierteln, entkernen, in feine Scheiben schneiden
1 Fläschchen Rum-Aroma
3 Tropfen Backöl Zitrone untermischen
50 g Rosinen verlesen
75 g Butter oder Margarine zerlassen
den Strudelteig etwas auf einem bemehlten, großen, weißen Tuch (Tischtuch) ausrollen, dünn mit etwas von dem Fett bestreichen, dann mit den Händen zu einem Rechteck von 50 × 70 cm ausziehen, er muß durchsichtig sein, die Ränder, wenn sie dicker sind, abschneiden
⅔ des Fettes auf den Teig streichen
50 g Semmelmehl auf den Teig streuen (an den kürzeren Seiten etwa 3 cm frei lassen) nacheinander Äpfel, Rosinen,
100 g Zucker
1 Päckchen Vanillin-Zucker
50 g abgezogene, gehackte Mandeln darauf verteilen, die freigebliebenen Teigränder auf die Füllung schlagen, den Teig von der längeren Seite her, mit der Füllung beginnend, aufrollen, an den Enden gut zusammendrücken, auf ein gefettetes Backblech legen, mit Fett bestreichen, in den vorgeheizten Backofen schieben
Strom: 175 – 200
Gas: 3 – 4
Backzeit: 45 – 55 Minuten
während des Backens den Strudel mit dem restlichen Fett bestreichen.

Wiener Mohnstrudel

Für den Teig

200 g Weizenmehl auf die Tischplatte sieben, in die Mitte eine Vertiefung eindrücken

Salz, 5 Eßl. lauwarmes Wasser hineingeben, nach und nach

50 g zerlassene Butter oder Margarine oder 3 Eßl. Speiseöl mit einem Teil des Mehls zu einem dicken Brei verarbeiten, mit Mehl bedecken, von der Mitte aus alle Zutaten schnell zu einem glatten Teig verkneten, ihn auf Pergamentpapier in einen heißen, trockenen Kochtopf (vorher Wasser darin kochen) legen, mit einem Deckel verschließen, ½ Stunde ruhen lassen

für die Füllung

250 g Mohn mahlen, mit

125 g Zucker
1 Päckchen Vanillin-Zucker
4 Tropfen Backöl Zitrone

½ gestrichenen Teel. gemahlenem Zimt	mischen
50 g Butter	zerlassen, mit so viel von
250 ml (¼ l) heißer Milch	unterrühren, daß die Masse streichfähig, aber nicht weich ist, kalt stellen
50 g Butter	zerlassen, den Strudelteig etwas auf einem bemehlten, großen, weißen Tuch (Tischtuch) ausrollen, dünn mit etwas von dem Fett bestreichen, dann mit den Händen zu einem Rechteck von 50 × 70 cm ausziehen, er muß durchsichtig sein, die Ränder, wenn sie dicker sind, abschneiden, ⅔ des Fettes darauf streichen
	auf ⅔ des Teiges die Mohnmasse streichen (von der kürzeren Seite ausgehend, an den längeren Seiten etwa 3 cm frei lassen)
50 g Rosinen	verlesen, darauf verteilen
	die freigebliebenen Teigränder auf die Füllung schlagen, den Teig von der kürzeren Seite her, mit der Füllung beginnend, aufrollen, an den Enden gut zusammendrücken, auf ein gefettetes Backblech legen, mit Fett bestreichen, in den vorgeheizten Backofen schieben
Strom:	175 – 200
Gas:	3 – 4
Backzeit:	45 – 55 Minuten
	während des Backens den Strudel mit dem restlichen Fett bestreichen
	den fertigen Strudel mit
Puderzucker	bestäuben, mit
Mohn	bestreuen.

Friesenkeks, hell oder dunkel

	Für den hellen Teig
250 g Weizenmehl	mit
3 g (1 gestrichener Teel.) Backpulver Backin	mischen, auf die Tischplatte sieben, in die Mitte eine Vertiefung eindrücken
100 g Zucker	
1 Päckchen Vanillin-Zucker	
1 Fläschchen Rum-Aroma	
2 Eßl. Wasser	hineingeben, mit einem Teil des Mehls zu einem dicken Brei verarbeiten
100 g kalte Butter	in Stücke schneiden, auf den Brei geben, mit Mehl bedecken, von der Mitte aus alle Zutaten schnell zu einem glatten Teig verkneten
oder	
	für den dunklen Teig
250 g Weizenmehl	mit
30 g Kakao	
3 g (1 gestrichener Teel.) Backpulver Backin	mischen, auf die Tischplatte sieben, in die Mitte eine Vertiefung eindrücken
100 g Zucker	
1 Päckchen Vanillin-Zucker	
1 Fläschchen Rum-Aroma	
3 Eßl. Wasser	hineingeben, mit einem Teil des Mehls zu einem dicken Brei verarbeiten
125 g kalte Butter	in Stücke schneiden, auf den Brei geben, mit Mehl bedecken, von der Mitte aus alle Zutaten schnell zu einem glatten Teig verkneten
	aus den Teigen je 2 – 3 etwa 3 cm dicke Rollen formen, in
grobem Zucker	wälzen, so lange kalt stellen, bis sie hart geworden sind, in ½ cm dicke Scheiben schneiden, die obere Seite in groben Zucker drücken, auf ein gefettetes Backblech legen, in den vorgeheizten Backofen schieben
Strom:	175 – 200
Gas:	3 – 4
Backzeit:	Etwa 10 Minuten.

Apfelsinen-Schokoladenplätzchen

200 g Weizenmehl	mit
60 g Speisestärke	
3 g (1 gestrichener Teel.) Backpulver	mischen, auf die Tischplatte sieben, in die Mitte eine Vertiefung eindrücken
100 g Zucker	
1 Päckchen Vanillin-Zucker	
abgeriebene Schale von 1 Apfelsine (unbehandelt)	
1 Ei	hineingeben, mit einem Teil des Mehls zu einem dicken Brei verarbeiten
125 g kalte Butter	in kleine Stücke schneiden, auf den Brei geben
100 g zartbittere Schokolade	in kleine Stücke schneiden, auf den Brei geben, mit Mehl bedecken, von der Mitte aus alle Zutaten schnell zu einem glatten Teig verkneten
	aus dem Teig 3 etwa 3 cm dicke Rollen formen, breitdrücken, so daß die Teigstreifen etwa 5 cm breit und gut 1 cm hoch sind, kalt stellen, bis der Teig hart geworden ist, ihn dann mit einem scharfen Messer in knapp ½ cm dicke Scheiben schneiden, auf ein Backblech legen, in den vorgeheizten Backofen schieben
Strom:	175 – 200
Gas:	3 – 4
Backzeit:	Etwa 10 Minuten.

Aranca-Törtchen

	Für den Teig
150 g Weizenmehl	mit
1½ g (½ gestrichener Teel.) Backpulver Backin	mischen, auf die Tischplatte sieben, in die Mitte eine Vertiefung eindrücken
65 g Zucker 1 Päckchen Vanillin-Zucker 1 Ei	hineingeben, mit einem Teil des Mehls zu einem dicken Brei verarbeiten
65 g kalte Butter oder Margarine	in Stücke schneiden, auf den Brei geben, mit Mehl bedecken, von der Mitte aus alle Zutaten schnell zu einem glatten Teig verkneten, sollte er kleben, ihn eine Zeitlang kalt stellen den Teig dünn ausrollen, mit einer runden Form (Durchmesser etwa 10 cm) ausstechen, in gut gefettete Tortelett-Förmchen (Durchmesser etwa 10 cm) geben
Strom:	175 – 200 (vorgeheizt)
Gas:	3 – 4 (nicht vorgeheizt)
Backzeit:	10 – 15 Minuten
	für den Belag aus
1 Päckchen Aranca Erdbeer-Geschmack 200 ml (⅕ l) kaltem Wasser 125 g Speisequark 1 Eßl. Zitronensaft	nach der Vorschrift auf dem Päckchen eine Creme zubereiten die Creme gleichmäßig auf die Törtchen verteilen, mit
250 g vorbereiteten Erdbeeren	garnieren, nach Belieben mit
Schlagschaum	verzieren.

Zwetschenkuchen, schwäbische Art

	Für den Teig
250 g Weizenmehl	mit
3 g (1 gestrichener Teel.) Backpulver Backin	mischen, auf die Tischplatte sieben, in die Mitte eine Vertiefung eindrücken
65 g Zucker 1 Päckchen Vanillin-Zucker 1 Ei	hineingeben, mit einem Teil des Mehls zu einem dicken Brei verarbeiten
125 g kalte Butter oder Margarine	in Stücke schneiden, auf den Brei geben, mit Mehl bedecken, von der Mitte aus alle Zutaten schnell zu einem glatten Teig verkneten, sollte er kleben, ihn eine Zeitlang kalt stellen den Teig auf einem gefetteten Backblech zu einem Viereck von 35 × 35 cm ausrollen, mit
2 Eßl. Semmelmehl	bestreuen
	für den Belag
2 kg Zwetschen	waschen, gut abtropfen lassen, einzeln mit einem Tuch abreiben, entsteinen, die Hälften oben etwas einschneiden, mit der Innenseite nach oben schuppenförmig auf den Teig legen
30 g Zucker	mit
1 Messerspitze gemahlenem Zimt	mischen, darüber streuen
50 g Butter	in Flöckchen darauf setzen, mit
25 g abgezogenen, gehobelten Mandeln	bestreuen
Strom:	200 – 225 (vorgeheizt)
Gas:	4 – 5 (nicht vorgeheizt)
Backzeit:	Etwa 30 Minuten.

Punschherzen

	Für den Teig
150 g Weizenmehl	mit
3 g (1 gestrichener Teel.) Backpulver	mischen, auf die Tischplatte sieben, in die Mitte eine Vertiefung eindrücken
75 g Zucker 1 Päckchen Vanillin-Zucker 1 Ei 1 Eigelb	hineingeben, mit einem Teil des Mehls zu einem dicken Brei verarbeiten
75 g kalte Butter oder Margarine	in Stücke schneiden, auf den Brei geben
50 g abgezogene, gemahlene Mandeln	darüber streuen, mit Mehl bedecken von der Mitte aus alle Zutaten schnell zu einem glatten Teig verkneten, sollte er kleben, ihn eine Zeitlang kalt stellen den Teig dünn ausrollen, Herzen ausstechen, auf ein Backblech legen, in den vorgeheizten Backofen schieben
Strom:	175 – 200
Gas:	3 – 4
Backzeit:	Etwa 10 Minuten
	für den Guß
125 g Puderzucker	sieben, mit
1 Eiweiß 5 Tropfen Backöl Zitrone einigen Tropfen Wasser	zu einer dickflüssigen Masse verrühren die erkalteten Plätzchen mit dem Guß bestreichen, nach Belieben mit
Buntzucker	bestreuen.

Pflaumen- oder Zwetschenkuchen mit Quarkfüllung

	Für den Teig
150 g Weizenmehl	mit
1½ g (½ gestrichener Teel.) Backpulver	mischen, auf die Tischplatte sieben, in die Mitte eine Vertiefung eindrücken
65 g Zucker	
1 Päckchen Vanillin-Zucker	
1 Ei	hineingeben, mit einem Teil des Mehls zu einem dicken Brei verarbeiten
65 g kalte Butter oder Margarine	in Stücke schneiden, auf den Brei geben, mit Mehl bedecken, von der Mitte aus alle Zutaten schnell zu einem glatten Teig verkneten, sollte er kleben, ihn eine Zeitlang kalt stellen den Teig auf der Hälfte eines gefetteten Backblechs ausrollen, mehrmals mit einer Gabel einstechen, in den vorgeheizten Backofen schieben
Strom:	200 – 225
Gas:	3 – 4
Backzeit:	Etwa 15 Minuten
	für die Füllung
50 g Butter oder Margarine	geschmeidig rühren, nach und nach
50 g Zucker	
1 Päckchen Vanillin-Zucker	
2 Tropfen Backöl Zitrone	
1 Ei	
250 g Speisequark	unterrühren
10 g Speisestärke	mit
2 Eßl. kalter Milch	anrühren, unter die Quarkmasse rühren, gleichmäßig auf den vorgebackenen Boden streichen
750 g Pflaumen (Zwetschen)	waschen, gut abtropfen lassen, einzeln mit einem Tuch abreiben, entsteinen, die Hälften oben etwas einschneiden, mit der Innenseite nach oben auf die Quarkcreme legen, in den vorgeheizten Backofen schieben
Strom:	200 – 225
Gas:	3 – 4
Backzeit:	Etwa 30 Minuten den Kuchen sofort nach dem Backen mit
25 g zerlassener Butter	bestreichen, erkalten lassen
25 g Zucker	mit
gemahlenem Zimt	mischen, darüber streuen, nach Belieben
einige abgezogene, gehobelte, gebräunte Mandeln	gleichmäßig darauf verteilen.

Berliner Apfeltorte

Für den Teig

300 g Weizenmehl mit
6 g (2 gestrichene Teel.) Backpulver Backin mischen, auf die Tischplatte sieben, in die Mitte eine Vertiefung eindrücken
100 g Zucker
1 Päckchen Vanillin-Zucker
Salz
1 Ei hineingeben, mit einem Teil des Mehls zu einem dicken Brei verarbeiten
150 g kalte Butter oder Margarine in Stücke schneiden, auf den Brei geben, mit Mehl bedecken, von der Mitte aus alle Zutaten schnell zu einem glatten Teig verkneten, sollte er kleben, ihn eine Zeitlang kalt stellen
etwa die Hälfte des Teiges auf dem Boden einer gefetteten Springform (Durchmesser etwa 28 cm) ausrollen, mehrmals mit einer Gabel einstechen, in den vorgeheizten Backofen schieben
Strom: 200 – 225
Gas: 3 – 4
Backzeit: Etwa 15 Minuten

für die Füllung

1 kg Äpfel schälen, vierteln, entkernen, in Stücke schneiden, mit
75 – 100 g Zucker
1 Päckchen Vanillin-Zucker
1 gestrichenen Teel. gemahlenem Zimt
250 ml (¼ l) Weißwein unter Rühren gar dünsten lassen
40 g Speisestärke mit
4 Eßl. kaltem Wasser anrühren, die Apfelmasse damit binden
die Füllung kalt stellen, mit
Zucker abschmecken
⅔ des restlichen Teiges zu einer Platte in Größe der Springform (Durchmesser etwa 28 cm) ausrollen
den übrigen Teig zu einer Rolle formen, sie als Rand auf den Boden legen, so an die Form drücken, daß der Rand etwa 3 cm hoch wird
die Füllung auf dem Tortenboden verteilen, die Teigplatte darauf legen, in 12 Stücke einteilen, die Form in den Backofen schieben
Strom: 200 – 225 (vorgeheizt)
Gas 3 – 4 (nicht vorgeheizt)
Backzeit: Etwa 20 Minuten
1 Eigelb mit
1 Eßl. kalter Milch verschlagen, die Torte damit bestreichen

für die Makronenmasse

1 Eiweiß steif schlagen, es muß so fest sein, daß ein Messerschnitt sichtbar bleibt darunter nach und nach
50 g Zucker schlagen
50 g abgezogene, gemahlene Mandeln unterheben
die Masse in einen Spritzbeutel mit Lochtülle füllen, auf die Tortenstücke spritzen, die Form in den vorgeheizten Backofen schieben
Strom: 200 – 225
Gas: 3 – 4
Backzeit: Etwa 10 Minuten.

Streuselplätzchen mit Pfiff

Für den Teig

250 g Weizenmehl mit
3 g (1 gestrichener Teel.) Backpulver Backin mischen, auf die Tischplatte sieben, in die Mitte eine Vertiefung eindrücken
100 g Zucker
1 Päckchen Vanillin-Zucker hinzugeben
175 g kalte Butter oder Margarine in Stücke schneiden, mit
75 g abgezogenen, gemahlenen Mandeln darauf geben, mit Mehl bedecken, von der Mitte aus alle Zutaten schnell zu einem glatten Teig verkneten, sollte er kleben, ihn eine Zeitlang kalt stellen
den Teig etwa 2 mm dick ausrollen, mit einer gezackten Form (Durchmesser etwa 6 cm) ausstechen, auf ein Backblech legen

für die Streusel

250 g Weizenmehl in eine Schüssel sieben, mit
125 g Zucker
1 Päckchen Vanillin-Zucker
1 gehäuften Messerspitze gemahlenem Zimt mischen
125 g Margarine in Flöckchen dazugeben, alle Zutaten zu Streuseln verarbeiten
die Streusel gleichmäßig auf den Teigplätzchen verteilen

für den Belag

450 g entsteinte Sauerkirschen (aus dem Glas) abtropfen lassen, auf jedes Plätzchen in die Mitte eine Kirsche drücken, in den vorgeheizten Backofen schieben
Strom: 175 – 200
Gas: 3 – 4
Backzeit: Etwa 15 Minuten.

Spitzbuben

375 g Weizenmehl	mit
3 g (1 gestrichener Teel.) Backpulver Backin	mischen, auf die Tischplatte sieben, in die Mitte eine Vertiefung eindrücken
200 g Zucker	
1 Päckchen Vanillin-Zucker	hineingeben
250 g kalte Butter oder Margarine	in Stücke schneiden, mit
125 g gemahlenen Mandeln (nicht abgezogen)	darauf geben, mit Mehl bedecken, von der Mitte aus alle Zutaten schnell zu einem glatten Teig verkneten, sollte er kleben, ihn eine Zeitlang kalt stellen den Teig dünn ausrollen, mit einer runden Form (Durchmesser etwa 4 cm) ausstechen, auf ein gefettetes Backblech legen, in den vorgeheizten Backofen schieben
Strom:	175 – 200
Gas:	3 – 4
Backzeit:	Etwa 10 Minuten die gebackenen Plätzchen erkalten lassen, in 2 Hälften teilen die Hälfte der Plätzchen auf der Unterseite mit
125 g Johannisbeergelee	bestreichen, die übrigen darauf legen, gut andrücken.

Aprikosenkränzchen

	Für den Teig
150 g Weizenmehl	auf die Tischplatte sieben, in die Mitte eine Vertiefung eindrücken
1 Päckchen Vanillin-Zucker	
Salz	
150 g Speisequark	
150 g kalte, in Stücke geschnittene Butter oder Margarine	hineingeben das Fett mit Mehl bedecken, von der Mitte aus alle Zutaten schnell zu einem glatten Teig verkneten, sollte er zu weich sein, evtl. noch etwas Mehl unterkneten, ihn eine Stunde im Kühlschrank ruhen lassen
	für die Füllung
250 g Aprikosen (aus der Dose)	abtropfen lassen jeweils die Hälfte des Teiges zu einem Rechteck von 40 × 20 cm ausrollen, der Länge nach in gut 1 cm breite Streifen schneiden, je 2 Teigstreifen umeinanderschlingen, zu einer Schnecke zusammenrollen (die Enden etwas einschlagen), die Mitte etwas flachdrücken, je 1 Aprikosenhälfte darauf legen, die Kränzchen auf ein gefettetes Backblech setzen, in den vorgeheizten Backofen schieben
Strom:	200 – 225
Gas:	3 – 4
Backzeit:	Etwa 25 Minuten
	für den Guß
75 g Puderzucker	sieben, mit
etwa 1 Eßl. Zitronensaft	verrühren, so daß eine dickflüssige Masse entsteht, die noch heißen Kränzchen damit bestreichen.

Wiener Herzen

	Für den Teig
300 g Weizenmehl	auf die Tischplatte sieben, in die Mitte eine Vertiefung eindrücken
100 g gesiebten Puderzucker	
2 Päckchen Vanillin-Zucker	
2 Eigelb	
etwas Salz	
abgeriebene Schale von 1 Zitrone (unbehandelt)	hineingeben, mit einem Teil des Mehls zu einem dicken Brei verarbeiten
200 g kalte Butter	in Stücke schneiden, auf den Brei geben, mit Mehl bedecken, von der Mitte aus alle Zutaten schnell zu einem glatten Teig verkneten
	den Teig dünn ausrollen, Herzen ausstechen, auf ein Backblech legen, in den vorgeheizten Backofen schieben
Strom:	175 – 200
Gas:	3 – 4
Backzeit:	8 – 10 Minuten
	die Hälfte der erkalteten Plätzchen auf der Unterseite mit
2 Eßl. Aprikosen-Konfitüre	bestreichen, die übrigen mit der Unterseite darauf setzen

für den Guß

1 Eßl. Aprikosen-Konfitüre durch ein Sieb streichen, mit
1 Eßl. Orangenlikör in einem kleinen Topf verrühren, kurz aufkochen lassen, die Plätzchen damit bestreichen

zum Verzieren nach Belieben

50 g Puderzucker sieben, mit
1 Teel. Rum
etwas Eiweiß zu einem dickflüssigen Guß verrühren, die Plätzchen damit verzieren.

Kirsch-Mandelkuchen

Für den Teig

150 g Weizenmehl mit
1½ g (½ gestrichener Teel.) Backpulver Backin mischen, auf die Tischplatte sieben, in die Mitte eine Vertiefung eindrücken
50 g Zucker
1 Päckchen Vanillin-Zucker
1 Eiweiß hineingeben, mit einem Teil des Mehls zu einem dicken Brei verarbeiten
100 g kalte Butter in Stücke schneiden, auf den Brei geben, mit Mehl bedecken, von der Mitte aus alle Zutaten schnell zu einem glatten Teig verkneten
⅔ des Teiges auf dem Boden einer gefetteten Springform (∅ etwa 28 cm) ausrollen
den Rest des Teiges zu einer Rolle formen, sie als Rand auf den Boden legen, so an die Form drücken, daß der Rand 1 – 2 cm hoch wird
den Teigboden mehrmals mit einer Gabel einstechen, mit
1 gehäuften Eßl. Semmelmehl bestreuen

für den Belag

500 g entsteinte Sauerkirschen (aus dem Glas) gut abtropfen lassen, auf dem Teigboden verteilen
1 Eigelb mit
75 g Zucker
1 Päckchen Vanillin-Zucker
3 Eßl. Sahne
15 g Speisestärke verrühren
100 g abgezogene, gehobelte Mandeln unterrühren, die Masse auf die Kirschen verteilen

Strom: 175 – 200 (vorgeheizt)
Gas: 2 – 3 (nicht vorgeheizt)
Backzeit: Etwa 45 Minuten.

Linzer Stangerln

Für den Teig

300 g Weizenmehl mit
3 g (1 gestrichener Teel.) Backpulver Backin mischen, auf die Tischplatte sieben, in die Mitte eine Vertiefung eindrücken
125 g Zucker
1 Päckchen Vanillin-Zucker
1 Ei
2 Eßl. Wasser
2 Teel. Kakao
1 Teel. gemahlenen Zimt
Salz
abgeriebene Schale von 1 Zitrone (unbehandelt) hineingeben, mit einem Teil des Mehls zu einem dicken Brei verarbeiten
125 g kalte Butter oder Margarine in Stücke schneiden, mit
125 g abgezogenen, gemahlenen Mandeln auf den Brei geben, mit Mehl bedecken, von der Mitte aus alle Zutaten schnell zu einem glatten Teig verkneten, sollte er kleben, ihn eine Zeitlang kalt stellen
den Teig etwa 1 cm dick zu einem Viereck ausrollen, in etwa 1 cm breite und 5 cm lange Streifen schneiden, auf ein gefettetes Backbleck legen

Strom: 175 – 200
Gas: 5 Minuten vorheizen 3 – 4, backen 3 – 4
Backzeit: Etwa 20 Minuten

für den Guß

75 g Puderzucker mit
1 schwach gehäuften Eßl. Kakao mischen, sieben, mit
½ Eßl. heißem Wasser verrühren, so daß eine dickflüssige Masse entsteht
10 g Kokosfett erhitzen, nach und nach unterrühren
das erkaltete Gebäck mit dem Guß bestreichen.

Rhabarbertörtchen

	Für den Teig
150 g Weizenmehl	mit
1½ g (½ gestr. Teel.) Backpulver Backin	mischen, auf die Tischplatte sieben, in die Mitte eine Vertiefung eindrücken
75 g Zucker	
1 Päckchen Vanillin-Zucker	
1 Ei	hineingeben, mit einem Teil des Mehls zu einem dicken Brei verarbeiten
75 g kalte Butter	in Stücke schneiden, auf den Brei geben, mit Mehl bedecken, von der Mitte aus alle Zutaten schnell zu einem glatten Teig verkneten, sollte er kleben, ihn eine Zeitlang kalt stellen den Teig etwa 3 mm dick ausrollen, mit einer runden Form (Durchmesser etwa 10 cm) ausstechen, auf ein gefettetes Backblech legen, mehrmals mit einer Gabel einstechen, in den vorgeheizten Backofen schieben
Strom:	175 – 200
Gas:	3 – 4
Backzeit:	10 – 15 Minuten
	zum Bestreichen
30 g Kuvertüre	in einem kleinen Topf im Wasserbad zu einer geschmeidigen Masse verrühren, die erkalteten Plätzchen am Rand etwa 1 cm breit damit bestreichen
	für den Belag
750 g Rhabarber	waschen, abtrocknen, in etwa 2 cm lange Stücke schneiden (nicht abziehen), mit
150 g Zucker	bestreuen, sobald der Rhabarber Saft gezogen hat, ihn zum Kochen bringen, bei schwacher Hitze weich dünsten (er darf nicht zerfallen), etwas abkühlen und abtropfen lassen 250 ml (¼ l) von dem Saft abmessen
	für den Guß
1 Päckchen Tortenguß, rot	
250 ml (¼ l) Rhabarbersaft	
Zucker	nach der Vorschrift zubereiten den Rhabarber in die Mitte der Plätzchen geben, den Guß darüber verteilen
	zum Verzieren
250 ml (¼ l) Schlagsahne	½ Minute schlagen
1 Päckchen Vanillin-Zucker	mit
1 Päckchen Sahnesteif	mischen, einstreuen, die Sahne steif schlagen, in einen Spritzbeutel mit gezackter Tülle füllen, um den Rhabarber einen 2 cm hohen Ring spritzen, so daß der Kuvertürerand noch zu sehen ist.

Terrassen

(Abb. nebenstehend)

300 g Weizenmehl	mit
6 g (2 gestrichene Teel.) Backpulver	mischen, auf die Tischplatte sieben, in die Mitte eine Vertiefung eindrücken
100 g Zucker	
1 Päckchen Vanillin-Zucker	
1 Ei	hineingeben, mit einem Teil des Mehls zu einem dicken Brei verarbeiten
150 g kalte Butter oder Margarine	in Stücke schneiden, auf den Brei geben, mit Mehl bedecken, von der Mitte aus alle Zutaten schnell zu einem glatten Teig verkneten, sollte er kleben, ihn eine Zeitlang kalt stellen den Teig dünn ausrollen, Plätzchen von gleicher Form, aber in drei verschiedenen Größen (die gleiche Anzahl von jeder Größe) ausstechen, auf ein Backblech legen, in den vorgeheizten Backofen schieben
Strom:	175 – 200
Gas:	3 – 4
Backzeit:	8 – 10 Minuten von je drei Plätzchen verschiedener Größe die beiden kleinen auf der Unterseite mit
Gelee oder Konfitüre (durch ein Sieb gestrichen)	bestreichen, terrassenförmig auf das größte setzen die Plätzchen mit
Puderzucker	bestäuben, mit einem Konfitüretüpfchen garnieren.

Nuß- oder Kokosecken

	Für den Teig
150 g Weizenmehl	mit
1½ g (½ gestrichener Teel.) Backpulver Backin	mischen, auf die Tischplatte sieben, in die Mitte eine Vertiefung eindrücken
65 g Zucker	
1 Päckchen Vanillin-Zucker	
1 Ei	hineingeben, mit einem Teil des Mehls zu einem dicken Brei verarbeiten
65 g kalte Margarine	in Stücke schneiden, auf den Brei geben, mit Mehl bedecken, von der Mitte aus alle Zutaten schnell zu einem glatten Teig verkneten, sollte er kleben, ihn eine Zeitlang kalt stellen den Teig zu einem Rechteck von etwa 32 × 24 cm auf einem gefetteten Backblech ausrollen, mit
2 Eßl. Aprikosen-Konfifüre	bestreichen

für den Belag

100 g Butter oder Margarine	mit
100 g Zucker	
1 Päckchen Vanillin-Zucker	
2 Eßl. Wasser	langsam erwärmen, zerlassen
100 g gemahlene Haselnußkerne	
100 g gehackte Haselnußkerne oder 200 g Kokosraspeln	unterrühren, kurz aufkochen lassen, etwas abkühlen lassen, gleichmäßig auf dem Teig verteilen, vor den Teig ein mehrfach umgeknicktes Stück Alufolie legen, in den vorgeheizten Backofen schieben
Strom:	175 – 200
Gas:	3 – 4
Backzeit:	20 – 30 Minuten
	das Gebäck etwas abkühlen lassen, in Vierecke von 8 × 8 cm schneiden, diese so in Hälften teilen, daß Dreiecke entstehen

für den Guß

50 g Kuvertüre	in einem kleinen Topf im Wasserbad bei schwacher Hitze zu einer geschmeidigen Masse verrühren, die beiden spitzen Ecken des Gebäcks damit bestreichen.

Kokostaler

250 g Weizenmehl	mit
1½ g (½ gestrichener Teel.) Backpulver Backin	mischen, auf die Tischplatte sieben, in die Mitte eine Vertiefung eindrücken
250 g Zucker 1 Päckchen Vanillin-Zucker 5 Tropfen Backöl Bittermandel 1 Ei	hineingeben, mit einem Teil des Mehls zu einem dicken Brei verarbeiten
250 g kalte Butter oder Margarine	in Stücke schneiden, auf den Brei geben
250 g Kokosraspeln	darüber streuen, mit Mehl bedecken, von der Mitte aus alle Zutaten schnell zu einem glatten Teig verkneten, sollte er kleben, ihn eine Zeitlang kalt stellen den Teig dünn ausrollen, mit einer runden Form (Durchmesser etwa 4 cm) ausstechen, auf ein Backblech legen, in den vorgeheizten Backofen schieben
Strom:	175 – 200
Gas:	3 – 4
Backzeit:	Etwa 10 Minuten.

Mandelplätzchen

300 g Weizenmehl	mit
1 Messerspitze Backpulver Backin	mischen, auf die Tischplatte sieben, in die Mitte eine Vertiefung eindrücken
100 g Zucker 1 Päckchen Vanillin-Zucker 2 Eßl. Rum	hineingeben, mit einem Teil des Mehls zu einem dicken Brei verarbeiten
200 g kalte Butter oder Margarine	in Stücke schneiden, mit
50 g geriebener Schokolade 100 g abgezogenen, gemahlenen Mandeln	auf den Brei geben, mit Mehl bedecken, von der Mitte aus alle Zutaten schnell zu einem glatten Teig verkneten, sollte er kleben, ihn eine Zeitlang kalt stellen den Teig etwa 3 mm dick ausrollen, mit einer runden, gezackten Form (Durchmesser etwa 4 cm) ausstechen, auf ein gefettetes Backblech legen, mit
Dosenmilch	bestreichen, mit
etwa 75 g abgezogenen, gehackten Mandeln	bestreuen, in den vorgeheizten Backofen schieben
Strom:	175 – 200
Gas:	3 – 4
Backzeit:	10 – 15 Minuten.

Apfel-Marzipankuchen

	Für den Teig
150 g Weizenmehl 1½ g (½ gestrichener Teel.) Backpulver Backin	mischen, auf die Tischplatte sieben, in die Mitte eine Vertiefung eindrücken
75 g Zucker 1 Messerspitze gemahlene Nelken ½ gestrichenen Teel. gemahlenen Zimt 1 Eigelb	hineingeben, mit einem Teil des Mehls zu einem dicken Brei verarbeiten
100 g kalte Butter	in Stücke schneiden, mit
75 g abgezogenen, gemahlenen Mandeln	auf den Brei geben, mit Mehl bedecken, von der Mitte aus alle Zutaten schnell zu einem glatten Teig verkneten, sollte er kleben, ihn eine Zeitlang kalt stellen ⅔ des Teiges auf dem Boden einer gefetteten Springform (Durchmesser etwa 28 cm) ausrollen den Rest des Teiges zu einer Rolle formen, sie als Rand auf den Boden legen, so an die Form drücken, daß der Rand gut 2 cm hoch wird
	für den Belag
200 g Marzipan-Rohmasse 125 g Butter oder Margarine	mit einem elektrischen Handrührgerät mit Rührbesen zu einer geschmeidigen Masse verrühren, nach und nach
75 g gesiebten Puderzucker 2 Eier 1 Eiweiß	hinzugeben
100 g Weizenmehl	mit
3 g (1 gestrichener Teel.) Backpulver Backin	mischen, sieben, eßlöffelweise unterrühren
500 g Äpfel (z. B. Cox-Orange, Boskop oder Gravensteiner)	schälen, vierteln, entkernen, einen Apfel in Spalten, die übrigen in kleine Stücke schneiden, die Apfelstücke unter die Marzipanmasse heben die Marzipan-Apfel-Masse gleichmäßig auf den Teigboden füllen, glattstreichen, mit den Apfelspalten belegen
Strom:	175 – 200 (vorgeheizt)
Gas:	2 – 3 (nicht vorgeheizt)
Backzeit:	Etwa 45 Minuten den kalten Kuchen mit
etwas flüssiger Butter	bestreichen.

Sahnebrezeln

375 g Weizenmehl	auf die Tischplatte sieben, in die Mitte eine Vertiefung eindrücken
1 schwach gehäuften Teel. Zucker	
2 Päckchen Vanillin-Zucker	
125 ml (⅛ l)	
dicke saure Sahne	hineingeben, mit einem Teil des Mehls zu einem dicken Brei verarbeiten
250 g kalte Butter	in Stücke schneiden, auf den Brei geben, mit Mehl bedecken, von der Mitte aus alle Zutaten schnell zu einem glatten Teig verkneten, sollte er kleben, ihn eine Zeitlang kalt stellen
	den Teig etwa ½ cm dick ausrollen, in Streifen von gut ½ × 22 cm schneiden, diese zu Brezeln schlingen, auf der oberen Seite mit
Dosenmilch	bestreichen
100 g Hagelzucker	
50 g abgezogene, gehackte Mandeln	mischen, die Brezeln hineindrücken, mit der unteren Seite auf ein Backblech legen, im vorgeheizten Backofen goldgelb backen
Strom:	200 – 225
Gas:	4 – 5
Backzeit:	Etwa 10 Minuten.

Prager Plätzchen

	Für den Teig
375 g Weizenmehl	mit
3 g (1 gestrichener Teel.) Backpulver	
Backin	mischen, auf die Tischplatte sieben, in die Mitte eine Vertiefung eindrücken
50 g Zucker	
1 Päckchen Vanillin-Zucker	
3 Eigelb	hineingeben, mit einem Teil des Mehls zu einem dicken Brei verarbeiten
250 g kalte Butter	
oder Margarine	in Stücke schneiden, auf den Brei geben, mit Mehl bedecken, von der Mitte aus alle Zutaten schnell zu einem glatten Teig verkneten, sollte er kleben, ihn eine Zeitlang kalt stellen den Teig dünn ausrollen, mit einer runden Form (Durchmesser etwa 4 cm) ausstechen, auf ein Backblech legen
	für den Belag
3 Eiweiß	steif schlagen, es muß so fest sein, daß ein Messerschnitt sichtbar bleibt
200 g Puderzucker	sieben, nach und nach unterschlagen die Masse in einen Spritzbeutel mit Lochtülle füllen, als Tuffs auf die Teigplätzchen spritzen, mit
75 g abgezogenen, gehackten Mandeln	bestreuen
175 g Korinthen	verlesen, in jedes Plätzchen einige hineindrücken, in den vorgeheizten Backofen schieben
Strom:	175 – 200
Gas:	3 – 4
Backzeit:	10 – 15 Minuten.

Birnentorte mit Rotweincreme

	Für den Teig
250 g Weizenmehl	auf die Tischplatte sieben, in die Mitte eine Vertiefung eindrücken
75 g Zucker 1 Päckchen Vanillin-Zucker	hineingeben
150 g kalte Butter oder Margarine	in Stücke schneiden, darauf geben, mit Mehl bedecken, von der Mitte aus alle Zutaten zu einem glatten Teig verkneten, sollte er kleben, ihn eine Zeitlang kalt stellen gut ⅔ des Teiges auf dem Boden einer gefetteten Springform (Durchmesser etwa 28 cm) ausrollen unter den Rest des Teiges
1 gestrichenen Eßl. Weizenmehl	kneten, zu einer Rolle formen, sie als Rand auf den Boden legen, so an die Form drücken, daß der Rand knapp 3 cm hoch wird, den Teigboden mehrmals mit einer Gabel einstechen, in den vorgeheizten Backofen schieben
Strom:	200 – 225
Gas:	3 – 4
Backzeit:	Etwa 20 Minuten den Boden sofort nach dem Backen vom Boden der Springform lösen
	für den Belag
etwa 500 g Birnen (aus der Dose)	abtropfen lassen, in Scheiben schneiden, auf den Tortenboden legen
1 Päckchen Rotwein-Creme 5 Eßl. lauwarmes Wasser	nach der Vorschrift auf dem Päckchen schlagen
250 ml (¼ l) Schlagsahne	½ Minute schlagen
25 g Zucker 1 Päckchen Sahnesteif	mischen, einstreuen, die Sahne steif schlagen die Hälfte in einen Spritzbeutel füllen, die restliche Schlagsahne gleichmäßig unter die Rotweinmasse rühren, auf die Birnen geben, glattstreichen die Torte mit der Schlagsahne aus dem Spritzbeutel verzieren, mit
geraspelter Schokolade	garnieren.

Glückspilze

(Abb. nebenstehend)

	Für den Teig
400 g Weizenmehl	mit
1½ g (½ gestrichener Teel.) Backpulver Backin	mischen, auf die Tischplatte sieben, in die Mitte eine Vertiefung eindrücken
75 g Zucker 1 Päckchen Vanillin-Zucker Salz 2 Eier	hineingeben, mit einem Teil des Mehls zu einem dicken Brei verarbeiten
150 g kalte Butter oder Margarine	in Stücke schneiden, auf den Brei geben, mit Mehl bedecken, von der Mitte aus alle Zutaten schnell zu einem glatten Teig verkneten, sollte er kleben, ihn eine Zeitlang kalt stellen den Teig etwa 3 mm dick ausrollen, mit einer runden, gezackten Form (Durchmesser etwa 5 cm) ausstechen, auf ein Backblech legen, mit
Dosenmilch	bestreichen, mit
etwa 200 g roten und 100 g grünen Belegkirschen 100 g abgezogenen, halbierten Mandeln	in Form von Pilzen garnieren, in den vorgeheizten Backofen schieben
Strom:	175 – 200
Gas:	3 – 4
Backzeit:	10 – 12 Minuten
	zum Verzieren
50 g Puderzucker	sieben, mit
etwas Wasser	verrühren, so daß eine spritzfähige Masse entsteht, mit Hilfe eines Pergamentpapiertütchens als Tupfen auf die erkalteten „Pilzköpfe“ spritzen.
Tip zum Verschenken:	Glückspilze sind ein originelles Mitbringsel zum Geburtstag oder zum Neujahrstag. Dazu das Gebäck in Zellophantüten oder -papier verpacken und mit rotem oder grünem Geschenkband verschließen.

Kosakentaler

	Für den Teig
300 g Weizenmehl	mit
1½ g (½ gestrichener Teel.) Backpulver Backin	mischen, auf die Tischplatte sieben, in die Mitte eine Vertiefung eindrücken
100 g Zucker 1 Päckchen Vanillin-Zucker 3 Eßl. Milch	hineingeben, mit einem Teil des Mehls

zu einem dicken Brei verarbeiten

150 g kalte Butter oder Margarine in Stücke schneiden, auf den Brei geben, mit Mehl bedecken, von der Mitte aus alle Zutaten schnell zu einem glatten Teig verkneten, sollte er kleben, ihn eine Zeitlang kalt stellen

den Teig dünn ausrollen, mit einer runden Form (Durchmesser etwa 4 cm) ausstechen, auf ein gefettetes Backblech legen, in den vorgeheizten Backofen schieben

Strom: 175 – 200

Gas: 3 – 4

Backzeit: 8 – 10 Minuten

für die Füllung

150 g Nuß-Nougat-masse in einem kleinen Topf im Wasserbad bei schwacher Hitze glattrühren

die Hälfte der erkalteten Plätzchen auf der Unterseite mit der Masse bestreichen, die übrigen mit der Unterseite darauf legen, gut andrücken, etwas herausgedrückte Masse am Rand verstreichen

die Plätzchen durch

50 g gemahlene Haselnußkerne rollen.

Kulleraugen

250 g Weizenmehl	mit
3 g (1 gestrichener Teel.) Backpulver	mischen, auf die Tischplatte sieben, in die Mitte eine Vertiefung eindrücken
100 g Zucker 1 Päckchen Vanillin-Zucker Salz 3 Eigelb	hineingeben, mit einem Teil des Mehls zu einem dicken Brei verarbeiten
150 g kalte Margarine	in Stücke schneiden, auf den Brei geben, mit Mehl bedecken, von der Mitte aus alle Zutaten schnell zu einem glatten Teig verkneten, sollte er kleben, ihn eine Zeitlang kalt stellen aus dem Teig daumendicke Rollen formen, in so große Stücke schneiden, daß sich daraus knapp walnußgroße Kugeln formen lassen jede Kugel zuerst mit der oberen Seite in
etwas Eiweiß	tauchen, dann in
etwa 50 g abgezogene, gehackte Mandeln	drücken, mit der Teigseite auf ein Backblech legen, mit einem Holzlöffelstiel in jede Kugel eine Vertiefung drücken, mit
etwas rotem Gelee	füllen, in den vorgeheizten Backofen schieben
Strom:	175 – 200
Gas:	3 – 4
Backzeit:	Etwa 15 Minuten.

Doppelt gefüllte Mürbchen

	Für den Teig
325 g Weizenmehl	mit
3 g (1 gestrichener Teel.) Backpulver Backin	mischen, auf die Tischplatte sieben, in die Mitte eine Vertiefung eindrücken
100 g Zucker 1 Päckchen Vanillin-Zucker 1 Ei	hineingeben, mit einem Teil des Mehls zu einem dicken Brei verarbeiten
200 g kalte Butter	in Stücke schneiden, darauf geben, mit Mehl bedecken, von der Mitte aus alle Zutaten schnell zu einem glatten Teig verkneten, sollte er kleben, ihn eine Zeitlang kalt stellen den Teig dünn ausrollen, mit einer runden, gezackten Form (Durchmesser etwa 4 cm) Plätzchen ausstechen, die Hälfte davon noch einmal ausstechen (Durchmesser etwa 1 cm), so daß Ringe entstehen, Plätzchen und Ringe auf ein Backblech legen, in den vorgeheizten Backofen schieben
Strom:	175 – 200
Gas:	3 – 4
Backzeit:	8 – 10 Minuten die erkalteten Plätzchen auf der Unterseite mit
Ananas-Konfitüre (durch ein Sieb gestrichen)	bestreichen, die Ringe mit der Unterseite darauf legen
	für die Füllung
75 g zartbittere Schokolade	in Stücke brechen, mit
etwas Kokosfett	in einem kleinen Topf im Wasserbad bei schwacher Hitze zu einer geschmeidigen Masse verrühren, die Plätzchen in der Mitte damit füllen.

Haselnußkranz

	Für den Teig
300 g Weizenmehl	mit
6 g (2 gestrichene Teel.) Backpulver Backin	mischen, auf die Tischplatte sieben, in die Mitte eine Vertiefung eindrücken
100 g Zucker 1 Päckchen Vanillin-Zucker 1 Ei 2 Eßl. Milch oder Wasser	hineingeben, mit einem Teil des Mehls zu einem dicken Brei verarbeiten
125 g kalte Butter	in Stücke schneiden, auf den Brei geben, mit Mehl bedecken, von der Mitte aus alle Zutaten schnell zu einem glatten Teig verkneten, sollte er kleben, ihn eine Zeitlang kalt stellen
	für die Füllung
200 g gemahlene Haselnußkerne	mit
100 g Zucker 4 – 5 Tropfen Backöl Bittermandel ½ Eigelb 1 Eiweiß 3 – 4 Eßl. Wasser	verrühren, so daß eine geschmeidige Masse entsteht den Teig zu einem Rechteck von etwa 35 × 45 cm ausrollen, die Nußmasse darauf streichen, den Teig von der längeren Seite her aufrollen, als Kranz auf ein gefettetes Backblech legen
½ Eigelb	mit
1 Eßl. Milch	verschlagen, den Kranz damit bestreichen, sternförmig einschneiden, in den vorgeheizten Backofen schieben
Strom:	175 – 200
Gas:	3 – 4
Backzeit:	Etwa 45 Minuten.

Weiße Baiser-Plätzchen

Für den Teig

125 g Weizenmehl auf die Tischplatte sieben, in die Mitte eine Vertiefung eindrücken

2 Eigelb
50 g Zucker
1 Päckchen Vanillin-Zucker hineingeben, mit einem Teil des Mehls zu einem dicken Brei verarbeiten

65 g kalte Butter oder Margarine in Stücke schneiden, auf den Brei geben, mit Mehl bedecken, von der Mitte aus alle Zutaten schnell zu einem glatten Teig verkneten, sollte er kleben, ihn eine Zeitlang kalt stellen
den Teig dünn ausrollen, mit einer runden Form (Durchmesser 3 – 4 cm) ausstechen, auf ein gefettetes Backblech legen

Strom: 175 – 200
Gas: 3 – 4
Backzeit: 8 – 10 Minuten

für die Baisermasse

3 Eiweiß mit
150 g Zucker verrühren, im Wasserbad so lange schlagen, bis der Eischnee schnittfest ist

die Baisermasse in einen Spritzbeutel mit gezackter Tülle füllen, auf die vorgebackenen Plätzchen spritzen
die Plätzchen mit

halbierten kandierten Kirschen
kandierter Orangenschale
Orangeat garnieren, das Backblech in den vorgeheizten Backofen schieben

Strom: 100 – 125
Gas: Etwa 1
Backzeit: 40 – 45 Minuten.

Weißwein-Apfeltörtchen

Für den Teig

150 g Weizenmehl	mit
1½ g (½ gestrichener Teel.) Backpulver Backin	mischen, auf die Tischplatte sieben, in die Mitte eine Vertiefung eindrücken
65 g Zucker 1 Päckchen Vanillin-Zucker 1 Ei	hineingeben, mit einem Teil des Mehls zu einem dicken Brei verarbeiten
65 g kalte Butter oder Margarine	in Stücke schneiden, darauf geben, mit Mehl bedecken, von der Mitte aus alle Zutaten schnell zu einem glatten Teig verkneten, sollte er kleben, ihn eine Zeitlang kalt stellen den Teig dünn ausrollen, mit einer runden Form (Durchmesser etwa 10 cm) ausstechen, auf ein gefettetes Backblech legen, in den vorgeheizten Backofen schieben
Strom:	175 – 200
Gas:	3 – 4
Backzeit:	10 – 15 Minuten

für den Belag

6 kleine Äpfel	schälen, halbieren, entkernen
125 ml (⅛ l) Wasser	mit
125 ml (⅛ l) Weißwein 50 g Zucker 1 Päckchen Vanillin-Zucker etwas Stangenzimt	zum Kochen bringen, die Apfelhälften hineingeben, gar dünsten lassen (nicht zu weich), abtropfen und erkalten lassen von dem Kochwasser 250 ml (¼ l) abmessen
1 Päckchen Weißweincreme	nach der Vorschrift auf der Packung (aber ohne Wasser) zubereiten, gleichmäßig auf die erkalteten Törtchen verteilen auf jedes Törtchen eine Apfelhälfte legen
1 Päckchen Tortenguß, klar	mit dem Apfelkochwasser nach der Vorschrift auf dem Päckchen zubereiten, über die Äpfel verteilen den Rand der Törtchen mit
50 g abgezogenen, gehobelten, gebräunten Mandeln	bestreuen.

Nougatkaros

Für den Teig

250 g Weizenmehl	mit
1½ g (½ gestrichener Teel.) Backpulver Backin	mischen, auf die Tischplatte sieben, in die Mitte eine Vertiefung eindrücken
75 g Zucker 1 Päckchen Vanillin-Zucker 1 Ei	hineingeben, mit einem Teil des Mehls zu einem dicken Brei verarbeiten
200 g kalte Butter oder Margarine	in Stücke schneiden, mit
150 g gemahlenen, leicht gerösteten Haselnußkernen	auf den Brei geben, mit Mehl bedecken, von der Mitte aus alle Zutaten schnell zu einem glatten Teig

verkneten, sollte er kleben, ihn eine Zeitlang kalt stellen
den Teig dünn ausrollen, in Quadrate von etwa 3 × 3 cm schneiden oder rädern, auf ein Backblech legen, in den vorgeheizten Backofen schieben

Strom: 175 – 200
Gas: 3 – 4
'Backzeit: 8 – 10 Minuten

für die Füllung

200 g Nuß-Nougatmasse in einem kleinen Topf im Wasserbad bei schwacher Hitze geschmeidig rühren
die Hälfte der erkalteten Plätzchen auf der Unterseite damit bestreichen, die übrigen mit der Unterseite darauf legen

zum Garnieren

50 – 75 g Kuvertüre in einem kleinen Topf im Wasserbad bei schwacher Hitze zu einer geschmeidigen Masse verrühren
die Plätzchen jeweils mit einer Ecke hineintauchen.

Weinknacker

200 g Weizenmehl
3 g (1 gestrichener Teel.) Backpulver Backin mischen, auf die Tischplatte sieben, in die Mitte eine Vertiefung eindrücken

100 g Zucker
1 Päckchen Vanillin-Zucker
Salz
½ Fläschchen Rum-Aroma
1 Eiweiß hineingeben, mit einem Teil des Mehls zu einem dicken Brei verarbeiten

125 g kalte Butter oder Margarine in Stücke schneiden, auf den Brei geben, mit Mehl bedecken, von der Mitte aus alle Zutaten schnell zu einem glatten Teig verkneten, sollte der Teig kleben, ihn eine Zeitlang kalt stellen
den Teig auf einem gefetteten Backblech (etwa 32 × 46 cm) ausrollen

1 Eigelb mit
1 Teel. Milch verquirlen, den Teig damit bestreichen, mit

100 g abgezogenen, gehobelten Mandeln bestreuen (leicht andrücken), in den vorgeheizten Backofen schieben

Strom: 175 – 200
Gas: 3 – 4
Backzeit: 15 – 20 Minuten
sofort nach dem Backen das Gebäck in Streifen von etwa 3 × 6 cm schneiden, vom Backblech nehmen.

Pflaumen- oder Zwetschenkuchen mit Vanillecreme

Für den Teig

150 g Weizenmehl mit
1½ g (½ gestrichener Teel.) Backpulver mischen, auf die Tischplatte sieben, in die Mitte eine Vertiefung eindrücken

65 g Zucker
1 Päckchen Vanillin-Zucker
1 Ei hineingeben, mit einem Teil des Mehls zu einem dicken Brei verarbeiten

65 g kalte Butter in Stücke schneiden, auf den Brei geben, mit Mehl bedecken, von der Mitte aus alle Zutaten schnell zu einem glatten Teig verkneten, sollte er kleben, ihn eine Zeitlang kalt stellen
⅔ des Teiges auf dem Boden einer gefetteten Springform (Durchmesser etwa 28 cm) ausrollen
unter den Rest des Teiges

1 gestrichenen Eßl. Weizenmehl kneten, zu einer Rolle formen, sie als Rand auf den Boden legen, so an die Form drücken, daß ein etwa 3 cm hoher Rand entsteht
den Teigboden mehrmals mit einer Gabel einstechen, in den vorgeheizten Backofen schieben

Strom: 200 – 225
Gas: 3 – 4
Backzeit: Etwa 15 Minuten

für die Füllung aus

1 Päckchen Pudding-Pulver Vanille-Geschmack
40 g Zucker
500 ml (½ l) Milch
2 Eiern nach der Vorschrift auf dem Päckchen einen Pudding (Creme) zubereiten, gleichmäßig auf den vorgebackenen Boden streichen

750 g Pflaumen (Zwetschen) waschen, gut abtropfen lassen, einzeln mit einem Tuch abreiben, entsteinen, die Hälften oben etwas einschneiden, mit der Innenseite nach oben, kranzförmig auf die Vanillecreme legen, in den vorgeheizten Backofen schieben

Strom: 200 – 225
Gas: 3 – 4
Backzeit: Etwa 30 Minuten
den Kuchen sofort nach dem Backen mit

25 g zerlassener Butter bestreichen, erkalten lassen

1 gut gehäuften Eßl. Zucker mit
Vanillin-Zucker mischen, darüber streuen.

Mandelsternchen

250 g Weizenmehl auf die Tischplatte sieben, in die Mitte eine Vertiefung eindrücken
150 g Zucker
2 Päckchen Vanillin-Zucker
Salz
1 Messerspitze gemahlenen Zimt
2 Eigelb hineingeben, mit einem Teil des Mehls zu einem dicken Brei verarbeiten
200 g kalte Butter oder Margarine in Stücke schneiden, mit
70 g abgezogenen, gemahlenen Mandeln auf den Brei geben, mit Mehl bedecken, von der Mitte aus alle Zutaten schnell zu einem glatten Teig verkneten, sollte der Teig kleben, ihn eine Zeitlang kalt stellen
den Teig in kleinen Portionen etwa 3 mm dick ausrollen, kleine Sterne ausstechen, auf ein Backblech legen
1 Eigelb
1 Eßl. Milch verquirlen, die Teigplätzchen damit bestreichen
75 g abgezogene Mandeln halbieren, jedes Teigplätzchen mit einer Mandelhälfte belegen, in den vorgeheizten Backofen schieben
Strom: 175 – 200
Gas: 3 – 4
Backzeit: Etwa 10 Minuten.

Gefüllte Plätzchen

Für den Teig
250 g Weizenmehl
1½ g (½ gestrichener Teel.) Backpulver Backin mischen, auf die Tischplatte sieben, in die Mitte eine Vertiefung eindrücken
75 g Zucker
1 Päckchen Vanillin-Zucker
Salz
1 Ei hineingeben, mit einem Teil des Mehls zu einem dicken Brei verarbeiten
125 g kalte Butter oder Margarine in Stücke schneiden, auf den Brei geben, mit Mehl bedecken, von der Mitte aus alle Zutaten schnell zu einem glatten Teig verkneten, sollte er kleben, ihn eine Zeitlang kalt stellen
den Teig messerrückendick ausrollen, mit einer ovalen Form ausstechen, auf ein gefettetes Backblech legen, im vorgeheizten Backofen goldgelb backen
Strom: 175 – 200
Gas: 3 – 4
Backzeit: 7 – 10 Minuten

für die Füllung
50 g Kokosfett zerlassen, mit
35 g gesiebtem Puderzucker
1 Päckchen Vanillin-Zucker
75 g geriebener Schokolade
50 g abgezogenen, gemahlenen Mandeln
½ Fläschchen Rum-Aroma
1 Ei verrühren
die Hälfte der Plätzchen auf der Unterseite mit der Füllung bestreichen, die andere Hälfte mit der Unterseite darauf legen

für den Guß
150 g Puderzucker mit
1 gehäuften Eßl. Kakao mischen, sieben, mit
2 – 3 Eßl. heißem Wasser glattrühren, so daß eine dickflüssige Masse entsteht
die gefüllten Plätzchen zur Hälfte mit dem Guß überziehen.

Florentiner Törtchen

16 – 18 Stück (Abb. nebenstehend)

Für den Teig
150 g Weizenmehl auf die Tischplatte sieben, in die Mitte eine Vertiefung eindrücken
50 g Zucker
1 Päckchen Vanillin-Zucker
1 Ei hineingeben, mit einem Teil des Mehls zu einem dicken Brei verarbeiten
75 g kalte Butter oder Margarine in Stücke schneiden, auf den Brei geben, mit Mehl bedecken, von der Mitte aus alle Zutaten schnell zu einem glatten Teig verkneten, sollte er kleben, ihn eine Zeitlang kalt stellen
den Teig etwa 3 mm dick ausrollen, runde Plätzchen (Durchmesser etwa 8 cm) ausstechen, auf ein gefettetes Backblech legen, im vorgeheizten Backofen hellgelb vorbacken
Strom: 200 – 225
Gas: 3 – 4
Backzeit: 5 – 7 Minuten

für den Belag
50 g Butter oder Margarine mit
100 g Zucker
1 Päckchen Vanillin-Zucker
2 Eßl. Honig so lange erhitzen, bis die Masse leicht gebräunt ist

125 ml (⅛ l) Sahne hinzufügen, rühren, bis der Zucker gelöst ist

100 g abgezogene, gehobelte Mandeln
100 g in Scheiben geschnittene Haselnußkerne
25 g in Stücke geschnittene Belegkirschen dazugeben, so lange unter Rühren kochen lassen, bis die Masse gebunden ist

5 Tropfen Rum-Aroma unterrühren
die Masse mit 2 Teelöffeln auf die vorgebackenen Plätzchen verteilen, in den vorgeheizten Backofen schieben

Strom: 200 – 225
Gas: 3 – 4
Backzeit: 10 – 12 Minuten

für den Guß

75 g dunkle Kuvertüre in einem kleinen Topf im Wasserbad bei schwacher Hitze zu einer geschmeidigen Masse verrühren, die erkalteten Törtchen auf der Unterseite damit bestreichen.

Kirschrosetten

300 g Weizenmehl	auf die Tischplatte sieben, in die Mitte eine Vertiefung eindrücken
100 g gesiebten Puderzucker	
2 Päckchen Vanillin-Zucker	
2 Eigelb	
Salz	
abgeriebene Schale von 1 Zitrone (unbehandelt)	hineingeben, mit einem Teil des Mehls zu einem dicken Brei verarbeiten
200 g kalte Butter oder Margarine	in Stücke schneiden, auf den Brei geben, mit Mehl bedecken, von der Mitte aus alle Zutaten schnell zu einem glatten Teig verkneten, sollte er kleben, ihn eine Zeitlang kalt stellen den Teig etwa 3 mm dick ausrollen, mit einer rosettenartigen Form ausstechen, auf ein Backblech legen, mit
Dosenmilch	bestreichen
Belegkirschen	halbieren, jeweils eine Hälfte in die Mitte legen, in den vorgeheizten Backofen schieben
Strom:	175 – 200
Gas:	3 – 4
Backzeit:	Etwa 10 Minuten.

Konfettitaler

200 g Weizenmehl	
50 g Speisestärke	
3 g (1 gestrichener Teel.) Backpulver Backin	mischen, auf die Tischplatte sieben, in die Mitte eine Vertiefung eindrücken
125 g Zucker	
1 Päckchen Vanillin-Zucker	
1 Ei	hineingeben, mit einem Teil des Mehls zu einem dicken Brei verarbeiten
125 g kalte Butter oder Margarine	in Stücke schneiden, mit
125 g kleingeschnittenen, kandierten Früchten	auf den Brei geben, mit Mehl bedecken, von der Mitte aus alle Zutaten schnell zu einem glatten Teig verkneten aus dem Teig etwa 2½ cm dicke Rollen formen, kalt stellen, bis sie hart geworden sind die Rollen in gut ½ cm dicke Scheiben schneiden, auf ein Backblech legen, in den vorgeheizten Backofen schieben
Strom:	175 – 200
Gas:	3 – 4
Backzeit:	Etwa 10 Minuten.

Sahneplätzchen

(Abb. nebenstehend)

	Für den Teig
250 g Weizenmehl	mit
1 Messerspitze Backpulver Backin	mischen, auf die Tischplatte sieben, in die Mitte eine Vertiefung eindrücken
100 g Zucker	
1 Päckchen Vanillin-Zucker	
1 Eigelb	hineingeben, mit einem Teil des Mehls zu einem dicken Brei verarbeiten
175 g kalte Butter	in Stücke schneiden, auf den Brei geben, mit Mehl bedecken, von der Mitte aus alle Zutaten schnell zu einem glatten Teig verkneten, sollte er kleben, ihn eine Zeitlang kalt stellen den Teig etwa 3 mm dick ausrollen, mit einer runden Form (Durchmesser etwa 6 cm) ausstechen, auf ein Backblech legen
1 Eiweiß	mit
1 Teel. Wasser	verquirlen, die Hälfte der Teigplätzchen dünn damit bestreichen, mit
Hagelzucker	bestreuen
Strom:	175 – 200
Gas:	5 Minuten vorheizen 3 – 4, backen 3 – 4
Backzeit:	Etwa 10 Minuten
	für die Füllung
250 ml (¼ l) Sahne	½ Minute schlagen
1 Päckchen Sahnesteif	mit
etwa 20 g Zucker	
Vanillin-Zucker	mischen, einstreuen, steif schlagen den Rand der nicht mit Hagelzucker bestreuten Plätzchen mit Schlagsahne bespritzen, in die Mitte
Sauerkirschkompott	füllen, darauf je ein mit Hagelzucker bestreutes Pätzchen legen.

Granatsplitter

	Für den Teig
150 g Weizenmehl	mit
3 g (1 gestrichener Teel.) Backpulver	mischen, auf die Tischplatte sieben, in die Mitte eine Vertiefung eindrücken
50 g Zucker	
1 Päckchen Vanillin-Zucker	
1 Fläschchen Rum-Aroma	
2 Eßl. Milch	hineingeben, mit einem Teil des Mehls zu einem dicken Brei verarbeiten
50 g kalte Butter	in Stücke schneiden, auf den Brei geben, mit Mehl bedecken, von der Mitte aus alle Zutaten schnell zu einem glatten Teig verkneten, sollte er kleben, ihn eine Zeitlang kalt stellen den Teig dünn ausrollen, mit einer

runden Form (Durchmesser etwa 4 cm) etwa 45 Plätzchen ausstechen, den Teigrest zu Plätzchen ausrädern, alle Teigplätzchen auf ein gefettetes Backblech legen, in den vorgeheizten Backofen schieben

Strom: 175 – 200
Gas: 3 – 4
Backzeit: Etwa 10 Minuten

für den Belag

125 g Kokosfett zerlassen, abkühlen lassen

65 g Puderzucker
25 g Back-Kakao
1 Päckchen Vanillin-Zucker in eine Rührschüssel sieben

1 Fläschchen Rum-Aroma
1 Ei hinzufügen, nach und nach das Kokosfett unterrühren

die ausgeräderten Plätzchen in kleine Stücke brechen, mit

75 g abgezogenen, gestiftelten Mandeln unter die Kakaomasse rühren

die Masse bergförmig auf die runden Plätzchen streichen

etwa 150 g Kuvertüre in einem kleinen Topf im Wasserbad bei schwacher Hitze zu einer geschmeidigen Masse verrühren, die Granatsplitter mit der Oberseite eintauchen, kalt stellen, damit Belag und Guß fest werden.

Nuß-Marzipantaler

Für den Teig

150 g Weizenmehl	mit
1½ g (½ gestrichener Teel.) Backpulver Backin	mischen, auf die Tischplatte sieben, in die Mitte eine Vertiefung eindrücken
75 g Zucker 1 Päckchen Vanillin-Zucker 2 Eßl. Wasser	hineingeben, mit einem Teil des Mehls zu einem dicken Brei verarbeiten
125 g kalte Butter oder Margarine	in Stücke schneiden, auf den Brei geben, mit
150 g gemahlenen Haselnußkernen	bedecken, von der Mitte aus alle Zutaten schnell zu einem glatten Teig verkneten, sollte er kleben, ihn eine Zeitlang kalt stellen den Teig etwa 2 mm dick ausrollen, mit einer runden Form (Durchmesser etwa 4 cm) ausstechen, auf ein Backblech legen, in den vorgeheizten Backofen schieben
Strom:	175 – 200
Gas:	3 – 4
Backzeit:	8 – 10 Minuten

für den Belag

200 g Marzipan-Rohmasse	mit
100 g gesiebtem Puderzucker	gut verkneten, dünn auf
gesiebtem Puderzucker	ausrollen, Plätzchen in der Größe der Teigplätzchen ausstechen, die Teigplätzchen nach dem Erkalten dünn mit
Johannisbeergelee	bestreichen, die Marzipan-Plätzchen darauf setzen

für den Guß

75 g Puderzucker	sieben, mit
2 Eßl. Rum oder Zitronensaft	zu einer dünnflüssigen Masse verrühren die Oberfläche der Plätzchen dünn mit dem Guß bestreichen, mit
feingehackten Haselnußkernen, Pistazienkernen oder kandierten Kirschenhälften	garnieren.

Marzipanwürfel

Für den Teig

150 g Weizenmehl	mit
1½ g (½ gestrichener Teel.) Backpulver Backin	mischen, auf die Tischplatte sieben, in die Mitte eine Vertiefung eindrücken
65 g Zucker 1 Päckchen Vanillin-Zucker 1 Ei	(die Hälfte des Eiweißes zurücklassen) hineingeben, mit einem Teil des Mehls zu einem dicken Brei verarbeiten
65 g kalte Butter oder Margarine	in Stücke schneiden, auf den Brei geben, mit Mehl bedecken, von der Mitte aus alle Zutaten schnell zu einem glatten Teig verkneten, sollte er kleben, ihn eine Zeitlang kalt stellen den Teig in der Größe von 25 × 25 cm auf einem Backblech ausrollen, mehrmals mit einer Gabel einstechen, in den vorgeheizten Backofen schieben, nur hellgelb backen
Strom:	175 – 200
Gas:	3 – 4
Backzeit:	10 – 15 Minuten
etwa 100 g Aprikosen-Konfitüre	durch ein Sieb streichen, die gut ausgekühlte Gebäckplatte damit bestreichen

für den Belag

100 g Puderzucker	sieben, mit
200 g Marzipan-Rohmasse	verkneten, auf
gesiebtem Puderzucker	in der Größe von 25 × 25 cm ausrollen die Marzipanplatte auf die Gebäckplatte legen, gut andrücken mit einem Messerrücken oder kleinen Förmchen Verzierungen eindrücken die obere Seite mit dem zurückgelassenen Eiweiß leicht bestreichen, das Backblech auf die oberste Schiene in den vorgeheizten Backofen schieben, leicht überbacken
Strom:	250
Gas:	8
Backzeit:	Etwa 5 Minuten das Gebäck erkalten lassen, in Würfel schneiden

für den Guß

etwa 200 g dunkle Kuvertüre	in einem kleinen Topf im Wasserbad bei schwacher Hitze zu einer geschmeidigen Masse verrühren, die Marzipanwürfel bis zur Hälfte hineintauchen.

Mokka-Törtchen

20 Törtchen

	Für den Teig
250 g Weizenmehl	mit
50 g Speisestärke	
20 g Kakao	
3 g (1 gestrichener Teel.) Backpulver	mischen, auf die Tischplatte sieben, in die Mitte eine Vertiefung eindrücken
75 g Zucker	
1 Ei	
1 Eßl. Milch	hineingeben, mit einem Teil des Mehls zu einem dicken Brei verarbeiten
150 g kalte Butter	in Stücke schneiden, auf den Brei geben, mit Mehl bedecken, von der Mitte aus alle Zutaten schnell zu einem glatten Teig verkneten, sollte er kleben, ihn eine Zeitlang kalt stellen den Teig dünn ausrollen, mit einer runden Form etwa 40 Plätzchen (Durchmesser etwa 8 cm) ausstechen, auf ein Backblech legen
Strom:	175 – 200
Gas:	5 Minuten vorheizen 3 – 4, backen 3 – 4
Backzeit:	10 – 15 Minuten
	für den Guß
75 g Puderzucker	mit
20 g Kakao	mischen, sieben, mit
1 – 2 Eßl. heißem Wasser	glattrühren, so daß eine dickflüssige Masse entsteht
30 g Butter	zerlassen, unterrühren, die Hälfte der erkalteten Plätzchen auf der Oberseite damit bestreichen
	für die Füllung
	von
250 ml (¼ l) kalter Milch	3 Eßl. abnehmen
½ Päckchen Pudding-Pulver Vanille-Geschmack	
50 g Zucker	damit anrühren, die übrige Milch zum Kochen bringen, in die von der Kochstelle genommene Milch langsam das angerührte Pudding-Pulver geben, einmal kurz aufkochen lassen
1 gut gehäuften Teel. Instant-Kaffee	unterrühren, während des Erkaltens ab und zu durchrühren
100 g Butter	geschmeidig rühren, den Pudding eßlöffelweise darunter geben die nicht bestrichenen Plätzchen auf der Unterseite spiralförmig mit der Mokkacreme bespritzen, die übrigen darauf legen.

Quark-Ölteig

Der Quark-Ölteig

Notwendige Vorarbeiten

Mehl und Backin mischen und sieben.
Mischen und Sieben lockern das Mehl auf und verteilen das Backin gleichmäßig im Mehl. Das Gebäck wird dadurch besser gelockert.

Für Quark-Ölteige Backbleche und -formen fetten.
Dazu am besten streichfähige Butter oder Margarine verwenden und sie gut und gleichmäßig mit einem Pinsel verteilen.

Die Verarbeitung des Teiges

Den Quark mit Milch, je nach Rezept Ei, Speiseöl, Zucker, Vanillin-Zucker und Salz verrühren. Danach gut die Hälfte des mit Backin gemischten und gesiebten Mehls dazugeben und unterrühren. Den Rest des Mehls unterkneten.

Die einzelnen Arbeitsgänge

„Den Quark mit Milch, je nach Rezept Ei, Öl, Zucker, Vanillin-Zucker und Salz verrühren. . . “

Die Zutaten in der angegebenen Reihenfolge in die Rührschüssel geben. Dabei das Ei über einer Tasse aufschlagen und prüfen, ob es gut ist.
Das Öl ist bei dieser Teigart von ausschlaggebender Bedeutung und sollte nicht durch ein festes Fett ersetzt werden. Jedes Speiseöl, das neutral im Geschmack ist, kann verwendet werden. Zum Rühren am besten einen durchlochten Löffel nehmen, ihn möglichst tief anfassen, senkrecht zum Boden der Schüssel halten und nach links herum führen (entgegengesetzt dem Uhrzeigersinn), so lange, bis eine gebundene Masse entstanden ist.

„. . . Danach gut die Hälfte des mit Backin gemischten und gesiebten Mehls dazugeben und unterrühren. . . “

Das Mehl-Backin-Gemisch nur so lange unterrühren, bis kein Mehl mehr zu sehen ist.

„. . . Den Rest des Mehls unterkneten. . . “

Das restliche Mehl-Backin-Gemisch auf die Tischplatte geben und darauf den Teigbrei legen, ihn mit Mehl bedecken und von der Mitte aus alle Zutaten schnell zu einem glatten Teig verkneten.
Aus diesem Teig lassen sich die verschiedensten Gebäcke zubereiten. Er kann nach Belieben ausgerollt, geformt, gefüllt oder belegt werden. Für Kleingebäck den Teig gut ½ cm dick ausrollen, ihn in Vierecke teilen und diese in der Mitte mit etwas Konfitüre belegen. Die Teigstücke zu Dreiecken, Taschen usw. zusammenschlagen, mit Milch bestreichen und auf einem gefetteten Backblech backen.

Das Backen von Quark-Ölteig

Alle Quark-Ölteige werden nach den Angaben unter den Rezepten gebacken. Wenn der Teig gebacken ist, wird das Gebäck sofort aus der Form gelöst oder vom Backblech genommen und zum Auskühlen auf einen Kuchenrost gelegt. Gebäcke aus Quark-Ölteig sollten möglichst frisch gegessen werden.

Rosenkuchen

	Für den Teig
200 g Speisequark	mit
6 Eßl. Milch	
1 Ei	
125 ml (⅛ l) Speiseöl	
100 g Zucker	
1 Päckchen Vanillin-Zucker	
Salz	verrühren
400 g Weizenmehl	mit
1 Päckchen und 6 g (2 gestrichene Teel.) Backpulver Backin	mischen, sieben, die Hälfte davon unterrühren, den Rest des Mehls unterkneten, den Teig zu einem Rechteck von etwa 50 x 40 cm ausrollen, mit
75 g weicher Butter oder Margarine	bestreichen
	für die Füllung
75 g Korinthen	
75 g Rosinen	verlesen, mit
50 g Zucker	
1 Päckchen Vanillin-Zucker	
100 g abgezogenen, gehackten Mandeln	mischen, auf den Teig streuen, von der längeren Seite her aufrollen, die Rolle in 15 Stücke schneiden, diese in eine gefettete Springform (Rand nicht fetten, Durchmesser etwa 28 cm) setzen, mit
Dosenmilch	bestreichen
Strom:	175 – 200 (vorgeheizt)
Gas:	3 – 4 (nicht vorgeheizt)
Backzeit:	35 – 55 Minuten.

Apfeltaschen

	Für den Teig
150 g Speisequark	mit
6 Eßl. Milch	
6 Eßl. Speiseöl	
75 g Zucker	
1 Päckchen Vanillin-Zucker	
Salz	verrühren
300 g Weizenmehl	mit
1 Päckchen Backpulver Backin	mischen, sieben, die Hälfte davon unterrühren, den Rest des Mehls unterkneten
	für die Füllung
500 – 750 g Äpfel	schälen, vierteln, vom Kerngehäuse befreien, in Stücke schneiden, mit
50 g verlesenen Rosinen	
50 – 75 g Zucker	unter Rühren leicht dünsten, erkalten lassen, mit
3 – 4 Tropfen Backöl Zitrone	abschmecken den Teig dünn ausrollen, runde Platten (Durchmesser etwa 10 cm) ausstechen die eine Hälfte jeder Teigplatte mit etwas Apfelfüllung belegen, den Rand der Teigplatte mit
Milch	bestreichen, die andere Teighälfte darüber klappen, die Taschen an den Rändern mit dem Backölfläschchen gut andrücken, auf ein gefettetes Backblech legen, in den vorgeheizten Backofen schieben
Strom:	175 – 200
Gas:	3 – 4
Backzeit:	Etwa 15 Minuten
	für den Guß
100 g Puderzucker	sieben, mit so viel
heißem Wasser	glattrühren, daß eine dickflüssige Masse entsteht, die Apfeltaschen sofort nach dem Backen damit bestreichen.

Bunter Zuckerkuchen

	Für den Teig
150 g Speisequark	mit
6 Eßl. Milch	
6 Eßl. Speiseöl	
75 g Zucker	
1 Päckchen Vanillin-Zucker	
Salz	verrühren
300 g Weizenmehl	mit
1 Päckchen Backpulver Backin	mischen, sieben, gut die Hälfte unterrühren, den Rest des Mehls unterkneten den Teig auf einem gefetteten Backblech etwa ½ cm dick ausrollen, mit
300 g verlesenen Rosinen	bestreuen, mit der Teigrolle leicht eindrücken
	für den Belag
125 g zerlassene Butter	etwas abkühlen lassen, mit
1 Ei	verschlagen, gleichmäßig über die Rosinen verteilen, alles mit
100 g Hagelzucker oder grobem Zucker	
75 g abgezogenen, gehobelten Mandeln	bestreuen
Strom:	175 – 200 (vorgeheizt)
Gas:	5 Minuten vorheizen 3 – 4, backen 3 – 4
Backzeit:	Etwa 25 Minuten das Gebäck in Stücke von gewünschter Größe schneiden, möglichst frisch essen.

Johannisbeer-Quarkkuchen mit Baiser

	Für den Teig
150 g Speisequark	mit
6 Eßl. Milch	
6 Eßl. Speiseöl	
75 g Zucker	
1 Päckchen Vanillin-Zucker	
Salz	verrühren
300 g Weizenmehl	mit
1 Päckchen Backpulver Backin	mischen, sieben, die Hälfte davon unterrühren, den Rest des Mehls unterkneten
	den Teig knapp ½ cm dick auf einem gefetteten Backblech ausrollen
	für den Belag
750 g Johannisbeer-trauben	waschen, gut abtropfen lassen, entstielen
750 g Speisequark	mit
200 g Zucker	
1 Päckchen Vanillin-Zucker	
3 Eiern	
2 Eigelb	
50 g zerlassener Butter	

50 g Speisestärke	verrühren die Johannisbeeren unter die Quarkmasse heben, auf dem Teig verteilen, glattstreichen, vor den Teig einen mehrfach umgeknickten Streifen Alufolie legen, in den vorgeheizten Backofen schieben
Strom:	175 – 200
Gas:	3 – 4
Backzeit:	Etwa 25 Minuten
	für die Baisermasse
2 Eiweiß	steif schlagen, es muß so fest sein, daß ein Messerschnitt sichtbar bleibt, nach und nach
100 g Zucker	eßlöffelweise unterschlagen, den Eischnee auf die Quarkmasse streichen
20 g abgezogene, gehobelte Mandeln	darüber streuen
Strom:	200 – 225
Gas:	4 – 5
Backzeit:	Etwa 5 Minuten.

Schnecken-Kuchen

	Für den Teig
300 g Weizenmehl	mit
1 Päckchen Backpulver Backin	mischen, in eine Rührschüssel sieben
150 g Speisequark 6 Eßl. Milch 6 Eßl. Speiseöl 75 g Zucker Salz	hinzufügen die Zutaten mit einem Handrührgerät mit Knethaken auf höchster Stufe etwa 1 Minute verarbeiten, anschließend auf der Tischplatte zu einer Rolle formen den Teig zu einem Rechteck (55 x 35 cm) ausrollen
	für die Füllung
200 g Marzipan-Rohmasse 75 g gesiebten Puderzucker 30 g weiche Butter 4 Eßl. Aprikot-Brandy	mit dem Handrührgerät mit Rührbesen zu einer geschmeidigen Masse verrühren, auf die Teigplatte streichen, mit
70 g gehackten Walnußkernen 70 g kleingeschnittenen, getrockneten Aprikosen	bestreuen, leicht andrücken, die Teigplatte in Streifen (5 x 35 cm) schneiden oder rädern, den ersten Streifen spiralförmig aufrollen, senkrecht auf den gefetteten Boden einer Springform (Durchmesser etwa 26 cm) stellen, die übrigen Streifen quer in Hälften schneiden, mit den Stücken die Spirale fortsetzen, den Springformring darum legen, schließen
Strom:	175 – 200 (vorgeheizt)
Gas:	3 – 4 (nicht vorgeheizt)
Backzeit:	Etwa 50 Minuten
	zum Aprikotieren
2 gehäufte Eßl. Aprikosen-Konfitüre	durch ein Sieb streichen, mit
2 Eßl. Wasser	unter Rühren aufkochen lassen das Gebäck sofort nach dem Backen aus der Form lösen, mit der Aprikosen-Konfitüre bestreichen.

Marzipan-Rosenkuchen

(Abb. S. 104/105)

	Für die Füllung
200 g abgezogene, gemahlene Mandeln	mit
150 g gesiebtem Puderzucker 3 Tropfen Backöl Bittermandel 1 Eiweiß 4 – 5 Eßl. Wasser	unter ständigem Rühren so lange erwärmen, bis eine gleichmäßige Masse entstanden ist, etwas abkühlen lassen
	für den Teig
200 g Speisequark	mit
6 Eßl. Milch 1 Ei 8 Eßl. (125 ml) Speiseöl 100 g Zucker 1 Päckchen Vanillin-Zucker Salz	verrühren
400 g Weizenmehl	mit
1 Päckchen und 6 g (2 gestr. Teel) Backpulver Backin	mischen, sieben, die Hälfte davon unterrühren, den Rest des Mehls unterkneten den Teig zu einem Rechteck von etwa 50 x 40 cm ausrollen die Füllung auf dem Teig verteilen
100 g Rosinen 50 g Korinthen	verlesen, über die Mandelmasse streuen den Teig von der längeren Seite her aufrollen die Rolle in 16 Stücke schneiden, diese in eine gefettete Springform (Durchmesser etwa 28 cm) legen
1 Eigelb	mit
1 Eßl. Milch	verschlagen, den Teig damit bestreichen
Strom:	175 – 200 (vorgeheizt)
Gas:	3 – 4 (nicht vorgeheizt)
Backzeit:	50 – 65 Minuten.

Raspelkuchen

	Für den Belag
150 g Butter	zerlassen, nach und nach
200 g Zucker	
1 Päckchen Vanillin-Zucker	
2 Eßl. Milch	unterrühren
200 g Kokosraspel	unterrühren, abkühlen lassen
	für den Teig
150 g Speisequark	mit
6 Eßl. Milch	
6 Eßl. Speiseöl	
75 g Zucker	
1 Päckchen Vanillin-Zucker	
Salz	verrühren
300 g Weizenmehl	mit
1 Päckchen Backpulver Backin	mischen, sieben, die Hälfte davon unterrühren, den Rest des Mehls unterkneten den Teig knapp ½ cm dick auf einem gefetteten Backblech ausrollen, mit
Milch	bestreichen die Kokosmasse gleichmäßig auf dem Teig verteilen, vor den Teig ein mehrfach umgeknicktes Stück Alufolie legen
Strom:	175 – 200 (vorgeheizt)
Gas:	5 Minuten vorheizen 3 – 4, backen 3 – 4
Backzeit:	Etwa 20 Minuten.

Mandelbrot

	Für den Teig
125 g Speisequark	mit
2 Eßl. Milch	
1 Ei	
5 Eßl. Speiseöl	
60 g Zucker	
1 Päckchen Vanillin-Zucker	
Salz	verrühren
300 g Weizenmehl	mit
1 Päckchen Backpulver Backin	mischen, sieben, die Hälfte davon unterrühren, den Rest des Mehls unterkneten
	für die Füllung
175 g abgezogene, gemahlene Mandeln	durch die Mandelmühle geben, mit
100 g gesiebtem Puderzucker	vermengen, noch zweimal durch die Mühle geben
1 Teel. Rosenwasser	
2 Tropfen Backöl Bittermandel	unterrühren, die Masse mit den Händen so verarbeiten, daß sie krümelt, sollten die Krümel kleben, sie eine Zeitlang kalt stellen den Teig zu einem Rechteck von etwa 30 x 50 cm ausrollen (die kurze Rechteckseite muß der Länge der Kastenform entsprechen), dünn mit
Dosenmilch	bestreichen, mit der Mandelmasse,
50 g gehackten Haselnußkernen	bestreuen, alles etwas andrücken den Teig von der kürzeren Seite her aufrollen, in die gefettete Kastenform (30 x 11 cm) füllen, die Rolle in einer Zickzacklinie etwa ½ cm tief einschneiden
Strom:	175 – 200 (vorgeheizt)
Gas:	2 – 3 (nicht vorgeheizt)
Backzeit:	Etwa 45 Minuten.

Bienenstich

	Für den Teig
100 g Speisequark	mit
4 Eßl. Milch	
4 Eßl. Speiseöl	
50 g Zucker	
1 Päckchen Vanillin-Zucker	
Salz	verrühren
200 g Weizenmehl	mit
12 g (4 gestrichene Teel.) Backpulver Backin	mischen, sieben, die Hälfte davon unterrühren, den Rest des Mehls unterkneten den Teig auf einem gefetteten Springformboden (Durchmesser etwa 28 cm) ausrollen
	für den Belag
50 – 75 g Butter	mit
100 g Zucker	
1 Päckchen Vanillin-Zucker	
1 Eßl. Milch	zerlassen
100 g abgezogene, gehobelte Mandeln	unterrühren, kalt stellen, die gut abgekühlte Masse (sollte sie zu fest sein, noch etwas Milch hinzugeben) gleichmäßig auf dem Teig verteilen
Strom:	175 – 200 (vorgeheizt)
Gas:	3 – 4 (nicht vorgeheizt)
Backzeit:	Etwa 20 Minuten
	für die Füllung eine Torten-Creme nach Vorschrift auf der Packung zubereiten aus
1 Packung Torten-Creme-Pulver Vanille-Geschmack	
300 ml Milch	
100 g Butter	
	den gut ausgekühlten Bienenstich durchschneiden, den unteren Boden mit der Creme bestreichen, den oberen darauf legen.

Heidelbeerkuchen

	Für den Belag
1 kg Heidelbeeren	verlesen, waschen, gut abtropfen lassen
	für den Teig
100 g Speisequark	mit
1 Eßl. Milch	
Salz, 1 Ei	
4 Eßl. Speiseöl	
50 g Zucker	
1 Päckchen Vanillin-Zucker	verrühren
200 g Weizenmehl	mit
12 g (4 gestrichene Teel.) Backpulver	mischen, sieben, die Hälfte davon unterrühren, den Rest des Mehls unterkneten
	den Teig auf dem Boden einer gefetteten Springform (Durchmesser etwa 28 cm) ausrollen, am Rand etwas hochdrücken, die Heidelbeeren gleichmäßig auf dem Teig verteilen
	für den Guß
50 g Butter	geschmeidig rühren, nach und nach
100 g Zucker	
250 g Speisequark	
1 Ei	
1 Päckchen Soßen-Pulver Vanille-Geschmack	
5 Eßl. kalte Milch	unterrühren
	den Guß über die Heidelbeeren verteilen
Strom:	175 – 200 (vorgeheizt)
Gas:	2 – 3 (nicht vorgeheizt)
Backzeit:	60 – 70 Minuten.

Osternestchen

150 g Speisequark	mit
Salz, 6 Eßl. Milch	
6 Eßl. Speiseöl	
75 g Zucker	
1 Päckchen Vanillin-Zucker	verrühren
300 g Weizenmehl	mit
1 Päckchen Backpulver Backin	mischen, sieben, zur Hälfte eßlöffelweise unterrühren, den Rest unterkneten
	aus dem Teig fingerdicke, etwa 20 cm lange Rollen formen, je 2 Rollen umeinanderschlingen, als Kränzchen auf ein gefettetes Backblech legen, mit
Dosenmilch	bestreichen
Strom:	175 – 200, ***Gas:*** 3 – 4
Backzeit:	Etwa 15 Minuten
	in jedes der noch warmen Osternestchen ein gefärbtes Ei stellen.

Thüringer Mohnkuchen

Für den Teig
150 g Speisequark mit
6 Eßl. Milch
6 Eßl. Speiseöl
75 g Zucker
1 Päckchen Vanillin-Zucker
Salz verrühren
300 g Weizenmehl mit
1 Päckchen Backpulver Backin mischen, sieben, die Hälfte davon unterrühren, den Rest des Mehls unterkneten
den Teig auf einem gefetteten Backblech ausrollen

für den Belag
250 g gemahlenen Mohn mit heißem Wasser übergießen, gut abtropfen lassen
50 g Rosinen verlesen
1 Päckchen Pudding-Pulver Vanille-Geschmack mit
50 g Grieß
200 g Zucker mischen, mit 8 Eßl. von
750 ml (¾ l) kalter Milch anrühren, die übrige Milch zum Kochen bringen, das Pudding-Pulver unter Rühren in die von der Kochstelle genommene Milch geben, kurz aufkochen lassen
den Mohn, die Rosinen,
2 – 3 Tropfen Backöl Zitrone unterrühren, die Hälfte davon auf den Teig streichen, unter den Rest
2 Eigelb rühren
2 Eiweiß steif schlagen, unterheben, auf die Mohnmasse streichen
Strom: 175 – 200 (vorgeheizt)
Gas: 5 Minuten vorheizen 3 – 4, backen 3 – 4
Backzeit: 25 – 30 Minuten.

Eierschecke

Für den Teig
250 g Weizenmehl mit
9 g (3 gestrichene Teel.) Backpulver mischen, in eine Rührschüssel sieben
125 g Speisequark
4 Eßl. Milch
4 Eßl. Speiseöl
60 g Zucker
1 Päckchen Vanillin-Zucker
Salz hinzufügen
die Zutaten mit einem Handrührgerät mit Knethaken auf höchster Stufe etwa 1 Minute verarbeiten, anschließend auf der Tischplatte zu einer Rolle formen
den Teig auf einem gefetteten Backblech ausrollen, vor den Teig einen mehrfach umgeknickten Streifen Alufolie legen

für den Quark-Belag
500 g Speisequark mit
30 g weicher Butter
80 g Zucker
1 Ei
2 Tropfen Backöl Bittermandel
2 Eßl. Milch
1 Päckchen Käsekuchen-Hilfe gut verrühren
40 g Rosinen verlesen, unterrühren
die Masse gleichmäßig auf den Teig streichen

für die Eier-Creme
aus
1 Päckchen Soßen-Pulver Vanille-Geschmack
30 g Zucker
250 ml (¼ l) Milch nach Vorschrift auf dem Päckchen (aber nur mit ¼ l Milch) einen Pudding zubereiten, unter Rühren erkalten lassen
100 g Butter geschmeidig rühren, nach und nach
75 g gesiebten Puderzucker
3 Eigelb unterrühren, den kalten Pudding unterrühren
3 Eiweiß steif schlagen, vorsichtig unter die Creme rühren
die Creme auf den Quark-Belag streichen
Strom: 175 – 200 (vorgeheizt)
Gas: 5 Minuten vorheizen 3 – 4, backen 3 – 4
Backzeit: Etwa 30 Minuten.

Clubteilchen

150 g Speisequark mit
6 Eßl. Milch
6 Eßl. Speiseöl
75 g Zucker
1 Päckchen Vanillin-Zucker
Salz verrühren
300 g Weizenmehl mit
1 Päckchen Backpulver Backin mischen, sieben, die Hälfte davon unter den Quark rühren, den Rest des Mehls unterkneten
den Teig etwa ½ cm dick ausrollen, Vierecke ausrädern, in der Mitte mit
Konfitüre belegen, zu Dreiecken, Taschen, Hahnenkämmen oder Windmühlen zusammenschlagen, mit
Dosenmilch bestreichen, auf ein gefettetes Backblech legen, in den vorgeheizten Backofen schieben
Strom: 175 – 200
Gas: 3 – 4
Backzeit: Etwa 15 Minuten.

Butter- oder Zuckerkuchen

	Für den Teig
150 g Speisequark	mit
6 Eßl. Milch	
Salz, 6 Eßl. Speiseöl	
75 g Zucker	
1 Päckchen Vanillin-Zucker	verrühren
300 g Weizenmehl	mit
1 Päckchen Backpulver Backin	mischen, sieben, die Hälfte unterrühren, den Rest unterkneten
75 g Rosinen	verlesen, unter den Teig kneten, ihn auf einem gefetteten Backblech ausrollen
	für den Belag
100 – 125 g Butter	in Flöckchen gleichmäßig auf den Teig legen oder zerlassen darauf streichen
75 g Zucker	mit
1 Päckchen Vanillin-Zucker	mischen, darüber streuen
50 g abgezogene, gehobelte Mandeln	gleichmäßig darüber verteilen, einen mehrfach umgeknickten Streifen Alufolie vor den Teig legen
Strom:	175 – 200 (vorgeheizt)
Gas:	5 Minuten vorheizen 3 – 4, backen 3 – 4
Backzeit:	Etwa 20 Minuten.

Sauerkirschteilchen

	Für den Belag
450 g Sauerkirschen (aus dem Glas)	abtropfen lassen
	für den Teig
150 g Speisequark	mit
6 Eßl. Milch	
6 Eßl. Speiseöl	
75 g Zucker	
1 Päckchen Vanillin-Zucker	
Salz	verrühren
300 g Weizenmehl	mit
1 Päckchen Backpulver Backin	mischen, sieben, gut zur Hälfte unterrühren, den Rest des Mehls unterkneten den Teig ausrollen, in Quadrate (etwa 12 x 12 cm) schneiden, auf ein gefettetes Backblech legen auf jedes Teigstück in die Mitte die Sauerkirschen verteilen, die Teigecken zur Mitte hin zusammenlegen, mit
Dosenmilch	bestreichen
1 Messerspitze gemahlenen Zimt	mit
1 gestrichenen Eßl. Zucker	mischen, die Teilchen damit und mit
1 gehäuften Eßl. abgezogenen, gestiftelten Mandeln	bestreuen, in den vorgeheizten Backofen schieben
Strom:	175 – 200
Gas:	3 – 4
Backzeit:	Etwa 20 Minuten.

Haselnuß-Apfel-Kuchen

	Für den Teig
150 g Weizenmehl	mit
9 g (3 gestrichene Teel.) Backpulver	mischen, in eine Rührschüssel sieben
75 g Speisequark	
3 Eßl. Milch	
3 Eßl. Speiseöl	
50 g Zucker	
1 Päckchen Vanillin-Zucker, Salz	hinzufügen die Zutaten mit einem Handrührgerät mit Knethaken auf höchster Stufe etwa 1 Minute verarbeiten, anschließend auf der Tischplatte zu einer Rolle formen den Teig auf dem gefetteten Boden einer Springform (Durchmesser etwa 28 cm) ausrollen, den Teig am Rand etwa 2 cm hochdrücken
	für den Belag
2 Eigelb	mit
3 Eßl. Schlagsahne	
40 g Zucker	
1 gehäuften Messerspitze gemahlenem Zimt	
100 g gemahlenen Haselnußkernen	verrühren
2 Eiweiß	steif schlagen, vorsichtig unterrühren die Masse gleichmäßig auf den Teigboden streichen
500 g kleine Äpfel	schälen, mit einem Apfelausstecher das Kerngehäuse entfernen, die Äpfel in Scheiben schneiden, mit jeweils einer Seite in
Zimt-Zucker-Gemisch	drücken, mit der anderen Seite auf die Haselnußmasse legen, in die Mitte jeder Apfelscheibe etwas von
2 Eßl. Preiselbeeren (aus dem Glas)	füllen
Strom:	Etwa 175 (vorgeheizt)
Gas:	2 – 3 (nicht vorgeheizt)
Backzeit:	Etwa 35 Minuten
	zum Aprikotieren
1 gehäuften Eßl. Aprikosen-Konfitüre	durch ein Sieb streichen, mit
1 Eßl. Wasser	unter Rühren aufkochen lassen sofort nach dem Backen das Gebäck damit bestreichen.

Linzer Bällchen

200 g Speisequark	mit
6 Eßl. Milch	
1 Ei	
125 ml (⅛ l) Speiseöl	
100 g Zucker	
1 Päckchen Vanillin-Zucker	
Salz	verrühren
400 g Weizenmehl	mit
1 Päckchen und 6 g (2 gestrichene Teel.) Backpulver Backin	mischen, sieben, gut die Hälfte eßlöffelweise unterrühren, den Rest unterkneten, den Teig etwa ½ cm dick ausrollen auf der einen Teighälfte mit einem Metallring (Durchmesser 8 – 9 cm) Kreise leicht andeuten, den Rand dieser Kreise dünn mit
Milch	bestreichen, in die Mitte
etwas Konfitüre	legen, die leere Teighälfte darüber klappen, den Teig ausstechen, die Teigränder gut zusammendrücken die Bällchen sofort schwimmend in siedendem
Ausbackfett	auf beiden Seiten hellbraun backen, mit einem Schaumlöffel herausnehmen, zum Abtropfen auf einen Kuchenrost legen, mit
Puderzucker	bestäuben.

Apfelkuchen mit Pudding

	Für den Teig
150 g Speisequark	mit
6 Eßl. Milch	
6 Eßl. Speiseöl	
75 g Zucker	
1 Päckchen Vanillin-Zucker	
Salz	verrühren
300 g Weizenmehl	mit
1 Päckchen Backpulver Backin	mischen, sieben, die Hälfte davon unterrühren, den Rest des Mehls unterkneten den Teig auf einem gefetteten Backblech ausrollen
	für den Belag
1 Päckchen Pudding-Pulver Vanille-Geschmack	
20 g Speisestärke	
75 g Zucker	mit 6 Eßl. von
375 ml (⅜ l) kalter Milch	anrühren, die übrige Milch zum Kochen bringen, von der Kochstelle nehmen, das Pudding-Pulver unter Rühren hineingeben, kurz aufkochen lassen, den Pudding während des Erkaltens ab und zu umrühren
125 ml (⅛ l) Sahne	
1 Eigelb	unter den etwas abgekühlten Pudding rühren
1 Eiweiß	steif schlagen, es muß so fest sein, daß ein Messerschnitt sichtbar bleibt, unter den Pudding heben, die Masse gleichmäßig auf dem Teig verteilen
1¼ kg Äpfel	schälen, vierteln, entkernen, in Spalten schneiden, schuppenförmig auf den Pudding legen vor den Teig ein mehrfach umgeknicktes Stück Alufolie legen, in den vorgeheizten Backofen schieben
Strom:	175 – 200
Gas:	3 – 4
Backzeit:	Etwa 35 Minuten
	zum Aprikotieren
2 Eßl. Aprikosen-konfitüre	durch ein Sieb streichen, mit
1 Eßl. Wasser	
1 – 2 Eßl. Apricot Brandy	verrühren, kurz aufkochen lassen, sofort nach dem Backen den Kuchen damit bestreichen.

Brandteig

Der Brandteig

Notwendige Vorarbeiten

Mehl und Speisestärke sieben.
Das Sieben lockert Mehl und Speisestärke auf.
Brandteig auf einem leicht gefetteten, mit Mehl bestäubten Backblech backen.

a) Etwas Mehl auf eine Seite des Bleches sieben.
b) Damit das Mehl gleichmäßig und in nicht zu dicker Schicht auf dem Backblech liegt, das Backblech mit der nicht bemehlten Seitenkante auf den Tisch schlagen und das überflüssige Mehl entfernen.

Die Verarbeitung des Teiges

Wasser und Fett, am besten in einem Stieltopf, zum Kochen bringen. Dann den Topf von der Kochstelle nehmen, das mit Speisestärke gemischte und gesiebte Mehl auf einmal hineinschütten, zu einem glatten Kloß rühren und diesen unter Rühren etwa 1 Minute erhitzen. Den heißen Kloß sofort in eine Schüssel geben und nach und nach die Eier unterrühren. Weitere Eizugabe erübrigt sich, wenn der Teig stark glänzt und so vom Löffel abreißt, daß lange Spitzen hängenbleiben. Danach das Backin in den erkalteten Teig geben.

Die einzelnen Arbeitsgänge

„... Wasser und Fett, am besten in einem Stieltopf, zum Kochen bringen. Dann den Topf von der Kochstelle nehmen, das mit Gustin gemischte und gesiebte Mehl auf einmal hineinschütten ..."

Wichtig dabei ist, daß das Mehl-Gustin-Gemisch beim Kochen nicht klumpt. Deswegen das kochende Wasser von der Kochstelle nehmen und das mit Gustin gesiebte Mehl auf einmal hineingeben, es niemals langsam einstreuen.

„... es zu einem glatten Kloß rühren ..."

Sobald Mehl und Gustin in das heiße Wasser gegeben werden, kräftig rühren, bis ein glatter Kloß entstanden ist.

„... und diesen unter Rühren noch etwa 1 Minute erhitzen ..."

Durch dieses Erhitzen (Abbrennen) wird der Teig fester. Ein Zeichen für genügend langes Abbrennen des Teiges ist eine dünne Haut am Boden des Topfes. Das Abbrennen geschieht bei starker Hitze.

„... Den heißen Kloß sofort in eine Schüssel geben ..."

In eine Schüssel geben, damit er schneller abkühlt.

„... und nach und nach die Eier unterrühren ..."

Die Eier werden in den heißen Teig gegeben. Jedes Ei wird über einer Tasse aufgeschlagen und geprüft, ob es gut ist. Ein Ei nach dem anderen in den Teig rühren, weil sie sich dann besser unterarbeiten lassen.

„... Weitere Eizugabe erübrigt sich, wenn der Teig stark glänzt und so vom Löffel abreißt, daß lange Spitzen hängenbleiben ..."

Da die Größe der Eier verschieden ist, nach der Zugabe des vorletzten Eies die Teigbeschaffenheit prüfen. Sollte der Teig schon stark glänzen und so vom Löffel abreißen, daß lange Spitzen hängenbleiben, darf kein Ei mehr zugegeben werden, denn zu flüssiger Teig ergibt breitgelaufenes Gebäck. Andernfalls das letzte Ei verquirlen und davon nur so viel wie notwendig in den Teig geben.

„. . . Danach das Backin in den erkalteten Teig geben."

Backin darf niemals vor dem Backen mit warmen Zutaten zusammengebracht werden, da seine Triebkraft dann vorzeitig ausgelöst würde und verlorenginge. Deswegen wird das Backin bei Brandteig nicht mit dem Mehl gemischt, sondern zuletzt unter den Teig gerührt.
Sollen von dem Teig z. B. Windbeutel gebacken werden, ihn dann mit 2 Teelöffeln in Häufchen auf ein vorbereitetes Backblech setzen oder ihn mit einem Spritzbeutel aufspritzen. Soll der Teig in Fett ausgebacken werden, dann wird er mit 2 Teelöffeln abgestochen oder in Form von Kränzchen auf gefettete Papierstückchen gespritzt und in das heiße Fett gegeben.

Das Backen von Brandteigen

Alle Brandteige werden nach den Angaben unter den Rezepten gebacken. Erst gegen Ende der Backzeit darf der Ofen vorsichtig geöffnet werden, um nach dem Gebäck zu sehen, da es sonst leicht zusammenfällt.
Wird der Teig in Fett ausgebacken, es vorher genügend erhitzen, damit das Gebäck nicht zuviel Fett aufnehmen kann. Das Ausbackfett hat den richtigen Hitzegrad, wenn sich um einen in das Fett gehaltenen Holzlöffel Bläschen bilden.

Eberswalder Spritzkuchen

(Abb. S. 116/117)

	Für den Teig
250 ml (¼ l) Wasser	mit
50 g Butter	am besten in einem Stieltopf zum Kochen bringen
150 g Weizenmehl	mit
30 g Speisestärke	mischen, sieben, auf einmal in die von der Kochstelle genommene Flüssigkeit schütten, zu einem glatten Kloß rühren, unter Rühren etwa 1 Minute erhitzen, den heißen Kloß sofort in eine Rührschüssel geben, nach und nach
25 g Zucker	
1 Päckchen Vanillin-Zucker	
4 – 6 Eier	unterrühren, weitere Eizugabe erübrigt sich, wenn der Teig stark glänzt und so vom Löffel abreißt, daß lange Spitzen hängenbleiben
3 g (1 gestr. Teel.) Backpulver Backin	in den erkalteten Teig rühren, den Teig in einen Spritzbeutel (weite Tülle) füllen, auf gefettete Pergamentpapiere (etwa 10 x 10 cm groß) in Form von Kränzen spritzen durch Eintauchen der Papiere in siedendes
Ausbackfett	die Kränzchen lösen, schwimmend auf beiden Seiten hellbraun backen, mit einem Schaumlöffel herausnehmen, auf einem Kuchenrost abtropfen lassen
	für den Guß
200 g Puderzucker	sieben, mit
2 Eßl. Zitronensaft	
etwa 2 Eßl. heißem Wasser	glattrühren, so daß eine dickflüssige Masse entsteht das Gebäck damit überziehen.

Flockentorte

	Für den Knetteig
100 g Weizenmehl	auf die Tischplatte sieben, in die Mitte eine Vertiefung eindrücken
25 g Zucker	
1 Päckchen Vanillin-Zucker	hineingeben
75 g kalte Butter oder Margarine	in Stücke schneiden, darauf geben, mit Mehl bedecken, von der Mitte aus alle Zutaten schnell zu einem glatten Teig verkneten, sollte er kleben, ihn eine Zeitlang kalt stellen
	den Teig auf dem Boden einer gefetteten Springform (Durchmesser etwa 28 cm) ausrollen, mehrmals mit einer Gabel einstechen, mit Springformrand im vorgeheizten Backofen backen
Strom:	200 – 225
Gas:	3 – 4
Backzeit:	Etwa 15 Minuten
	sofort nach dem Backen den Boden vom Springformboden lösen, aber ihn erst, wenn er erkaltet ist, auf eine Tortenplatte legen
	für den Brandteig
125 ml (⅛ l) Wasser	mit
25 g Butter	am besten in einem Stieltopf zum Kochen bringen
75 g Weizenmehl	mit
15 g Speisestärke	mischen, sieben, auf einmal in die von der Kochstelle genommene Flüssigkeit schütten, zu einem glatten Kloß rühren, unter Rühren etwa 1 Minute erhitzen
	den heißen Kloß sofort in eine Schüssel geben, nach und nach
2 – 3 Eier	unterrühren, weitere Eizugabe erübrigt sich, wenn der Teig stark glänzt und so vom Löffel abreißt, daß lange Spitzen hängenbleiben
1½ g (½ gestrichener Teel.) Backpulver Backin	in den erkalteten Teig rühren
	aus dem Teig 3 Böden backen, dazu jeweils ⅓ des Teiges auf einen gefetteten, mit Weizenmehl bestäubten Springformboden (Durchmesser etwa 28 cm) streichen (darauf achten, daß die Teiglage am Rand nicht zu dünn ist, damit der Boden nicht zu dunkel wird)
	jeden Boden ohne Springformrand im vorgeheizten Backofen backen, bis er hellbraun ist
Strom:	200 – 225
Gas:	4 – 5
Backzeit:	20 – 25 Minuten
	das Gebäck nach dem Backen sofort vom Springformboden lösen, auf einem Kuchenrost erkalten lassen (wichtig, da der Dampf entweichen muß)
	für die Füllung
500 g entsteinte Sauerkirschen (aus dem Glas)	abtropfen lassen, von dem Saft 250 ml (¼ l) abmessen (evtl. mit Wasser ergänzen)
	mit 4 Eßl. von dem Saft
30 g Speisestärke	anrühren, den übrigen Saft zum Kochen bringen, in den von der Kochstelle genommenen Saft die angerührte Speisestärke rühren, einmal kurz aufkochen lassen, die Kirschen darunter geben, evtl. mit
Zucker	abschmecken, die Masse kalt stellen
500 ml (½ l) Schlagsahne	½ Minute schlagen
25 g gesiebten Puderzucker	mit
2 Päckchen Sahnesteif	
1 Päckchen Vanillin-Zucker	mischen, einstreuen, die Sahne steif schlagen
	den Knetteigboden dünn mit
rotem Johannisbeergelee	bestreichen, mit einem Brandteigboden bedecken, diesen zunächst mit der Kirschcreme, dann mit etwa ⅓ der Schlagsahne bestreichen, darauf den zweiten Brandteigboden legen, mit der restlichen Sahne bestreichen, den dritten Boden zerbröckeln, auf der Sahne verteilen, mit
Puderzucker	bestäuben.

Fettkrapfen

250 ml (¼ l) Wasser	mit
75 g Margarine	am besten in einem Stieltopf zum Kochen bringen
200 g Weizenmehl	mit
25 g Speisestärke	mischen, sieben, auf einmal in die von der Kochstelle genommene Flüssigkeit schütten, zu einem glatten Kloß rühren, unter Rühren etwa 1 Minute erhitzen
	den heißen Kloß sofort in eine Rührschüssel geben, nach und nach
5 – 6 Eier	unterrühren, weitere Eizugabe erübrigt sich, wenn der Teig stark glänzt und so vom Löffel abreißt, daß lange Spitzen hängenbleiben
3 g (1 gestrichener Teel.) Backpulver	in den erkalteten Teig rühren
65 g Rosinen	verlesen, unterrühren
Ausbackfett	erhitzen, mit einem in das heiße Fett getauchten Teelöffel Teigbällchen abstechen, schwimmend in dem siedenden Fett hellbraun backen, mit einem Schaumlöffel herausnehmen, auf einem Kuchenrost abtropfen lassen, mit
Puderzucker	bestäuben.

Windbeutel

	Für den Teig
250 ml (¼ l) Wasser	mit
50 g Butter	am besten in einem Stieltopf zum Kochen bringen
150 g Weizenmehl	
30 g Speisestärke	mischen, sieben, auf einmal in die von der Kochstelle genommene Flüssigkeit schütten, zu einem glatten Kloß rühren, unter Rühren etwa 1 Minute erhitzen den heißen Kloß sofort in eine Rührschüssel geben, nach und nach
4 – 6 Eier	unterrühren, weitere Eizugabe erübrigt sich, wenn der Teig stark glänzt und so vom Löffel abreißt, daß lange Spitzen hängenbleiben
3 g (1 gestrichener Teel.) Backpulver	in den erkalteten Teig rühren, mit 2 Löffeln oder mit einem Spritzbeutel mandarinengroße Teighäufchen auf ein gefettetes, mit Weizenmehl bestäubtes Backblech setzen oder spritzen, in den vorgeheizten Backofen schieben
Strom:	200 – 225
Gas:	4 – 5
Backzeit:	25 – 30 Minuten während der ersten 15 Minuten Backzeit die Backofentür nicht öffnen, da das Gebäck sonst zusammenfällt

	sofort nach dem Backen von jedem Windbeutel einen Deckel abschneiden
	für die Füllung
500 g Sauerkirschen	waschen, entstielen, entsteinen, mit
50 g Zucker	mischen, einige Zeit zum Saftziehen stehenlassen, nur eben zum Kochen bringen wenn Saft und Kirschen kalt sind, von dem Saft 125 ml (⅛ l) abmessen (evtl. mit Wasser ergänzen), mit
20 g Speisestärke	anrühren, unter Rühren zum Kochen bringen, die Kirschen unterrühren, die Füllung kalt stellen, mit
Zucker	abschmecken
500 ml (½ l) Schlagsahne	½ Minute schlagen
25 g Puderzucker	sieben, mit
1 Päckchen Vanillin-Zucker	
2 Päckchen Sahnesteif	mischen, einstreuen, die Sahne steif schlagen in jeden Windbeutel etwas von den erkalteten Kirschen geben, darauf die Schlagsahne spritzen auf jeden Windbeutel den abgeschnittenen Deckel legen, mit
Puderzucker	bestäuben.

Schwänchen

	Für den Teig
250 ml (¼ l) Wasser	mit
50 g Butter	am besten in einem Stieltopf zum Kochen bringen
150 g Weizenmehl	mit
25 g Speisestärke	mischen, sieben, auf einmal in die von der Kochstelle genommene Flüssigkeit schütten, zu einem glatten Kloß rühren, diesen unter Rühren noch etwa 1 Minute erhitzen den heißen Kloß in eine Schüssel geben, nach und nach
4 – 5 Eier	hinzufügen, weitere Eizugabe erübrigt sich, wenn der Teig stark glänzt und so vom Löffel fällt, daß lange Spitzen hängenbleiben
3 g (1 gestrichener Teel.) Backpulver Backin	in den erkalteten Teig rühren gut walnußgroße Teighäufchen auf ein gefettetes, mit Mehl bestäubtes Backblech setzen (etwa 2 Eßl. Teig zurücklassen), in den vorgeheizten Backofen schieben
Strom:	200 – 225
Gas:	4 – 5
Backzeit:	Etwa 30 Minuten während der ersten 15 Minuten Backzeit die Backofentür nicht öffnen, da das Gebäck sonst zusammenfällt sofort nach dem Backen von jedem Windbeutel einen Deckel abschneiden die 2 Eßl. Teig in ein Pergamentpapiertütchen füllen, auf ein gefettetes, mit Weizenmehl bestäubtes Backblech so viele Zweien (Ziffer 2) spritzen, wie Windbeutel vorhanden sind, in den vorgeheizten Backofen schieben
Strom:	200 – 225
Gas:	4 – 5
Backzeit:	Etwa 15 Minuten
	für die Füllung
2 gestrichene Teel. Gelatine gemahlen, weiß	mit
3 Eßl. kaltem Wasser	in einem kleinen Topf anrühren, 10 Minuten zum Quellen stehenlassen, unter Rühren erwärmen, bis sie gelöst ist
500 ml (½ l) Schlagsahne	fast steif schlagen, die lauwarme Gelatinelösung darunter schlagen, die Sahne vollkommen steif schlagen
25 g Zucker	
1 Päckchen Vanillin-Zucker	unter die steifgeschlagene Sahne geben, die Windbeutel damit füllen bevor die Zweien als Hälse in die Sahne gesteckt werden, von dem unteren Teil jeder Zwei ein kleines Stück abbrechen die Deckel der Windbeutel halbieren, als Flügel in die Sahne stecken das abgebrochene Stück der Zwei als Schwänzchen in die Sahne stecken die Schwänchen mit
Puderzucker	bestäuben.

Preiselbeer-Kranz

	Für den Teig
125 ml (⅛ l) Wasser	
30 g Margarine oder Butter	am besten in einem Stieltopf zum Kochen bringen
100 g Weizenmehl	mit
20 g Speisestärke Gustin	mischen, sieben, auf einmal in die von der Kochstelle genommene Flüssigkeit schütten, zu einem glatten Kloß rühren, unter Rühren etwa 1 Minute erhitzen, den heißen Kloß sofort in eine Rührschüssel geben, nach und nach
2 – 3 Eier	mit einem Handrührgerät mit Knethaken auf höchster Stufe unterarbeiten, weitere Eizugabe erübrigt sich, wenn der Teig stark glänzt und so von einem Löffel abreißt, daß lange Spitzen hängenbleiben
1½ g (½ gestrichener Teel.) Backpulver Backin	in den erkalteten Teig arbeiten auf einem gefetteten, mit Weizenmehl bestäubten Backblech einen Kreis (Durchmesser etwa 22 cm) markieren den Teig in einen Spritzbeutel (gezackte Tülle) füllen, aus ⅔ des Teiges im Kreisinneren einen Kranz spritzen, den restlichen Teig spiralförmig darauf spritzen
Strom:	200 – 225 (vorgeheizt)
Gas:	5 Minuten vorheizen 4 – 5, backen 4 – 5
Backzeit:	20 – 25 Minuten während der ersten 15 Minuten Backzeit die Backofentür nicht öffnen, da das Gebäck sonst zusammenfällt sofort nach dem Backen von dem Kranz einen Deckel abschneiden
	für die Füllung
200 g Preiselbeeren (aus dem Glas)	gut abtropfen lassen
40 g Zartbitter-Schokolade	reiben
400 ml Schlagsahne	½ Minute schlagen
20 g Zucker	mit
1 Päckchen Vanillin-Zucker	
2 Päckchen Sahnesteif	mischen, einstreuen, die Sahne steif schlagen, Preiselbeeren und Schokolade vorsichtig unterrühren die Preiselbeer-Sahne auf die untere Kranzhälfte verteilen, den Deckel darauf legen, mit
Puderzucker	bestäuben.

Sahneringe

	Für den Teig
125 ml (1/8 l) Wasser	mit
25 g Butter	am besten in einem Stieltopf zum Kochen bringen
75 g Weizenmehl	mit
20 g Speisestärke	mischen, sieben, auf einmal in die von der Kochstelle genommene Flüssigkeit schütten, zu einem glatten Kloß rühren, unter Rühren etwa 1 Minute erhitzen den heißen Kloß sofort in eine Rührschüssel geben, nach und nach
2 – 3 Eier	unterrühren, weitere Eizugabe erübrigt sich, wenn der Teig stark glänzt und so vom Löffel fällt, daß lange Spitzen hängenbleiben
1 1/2 g (1/2 gestrichener Teel.) Backpulver Backin	in den erkalteten Teig rühren den Teig in einen Spritzbeutel (weite Tülle) füllen, in Form von Ringen (Durchmesser etwa 7 cm) auf ein gefettetes, mit Weizenmehl bestäubtes Backblech spritzen, in den vorgeheizten Backofen schieben
Strom:	200 – 225
Gas:	4 – 5
Backzeit:	25 – 30 Minuten

	während der ersten 15 Minuten Backzeit die Backofentür nicht öffnen, da das Gebäck sonst zusammenfällt sofort nach dem Backen die Ringe aufschneiden
	für die Füllung
175 g Mandarinenspalten (aus der Dose)	abtropfen lassen
250 ml (1/4 l) Schlagsahne	1/2 Minute schlagen
25 g Zucker	mit
1 Päckchen Vanillin-Zucker	
1 Päckchen Sahnesteif	mischen, einstreuen, die Sahne steif schlagen
3 Eßl. Mandarinensaft	vorsichtig unterziehen die Unterteile der Ringe mit Sahne bespritzen, die Mandarinenspalten darauf verteilen, die Oberteile der Ringe darauf legen, leicht mit
Puderzucker	bestäuben.

FRANCE

Hefeteig

Der Hefeteig

Notwendige Vorarbeiten

Das Backen mit Dr. Oetker Hefe erfordert keine besonderen Vorarbeiten. Die Hefe wird sofort aus dem Päckchen ins Mehl gestreut und mit dem Mehl sorgfältig vermischt (Ausnahme: Bei zutatenreichen Teigen, z. B. für Stollen, muß die Hefe angerührt werden).
Backbleche und -formen im allgemeinen fetten, am zweckmäßigsten mit streichfähiger Butter oder Margarine, und, je nach Rezept, mit Semmelmehl ausstreuen.

Verarbeitung des Teiges

⅔ des Mehls in eine Rührschüssel sieben und die Hefe gleichmäßig unterrühren. Alle übrigen im Rezept angegebenen Zutaten – auch die sonst zum Anrühren zusätzlich benötigte Flüssigkeit – hinzufügen, mit dem Mehl-Hefe-Gemisch verrühren und dann den Teig so lange schlagen, bis er Blasen wirft. Das restliche Mehl darunter kneten. Sollte der Teig kleben, noch etwas Mehl hinzugeben (aber nicht zu viel, Teig muß weich bleiben). Den Teig an einem warmen Ort so lange stehenlassen, bis er etwa doppelt so hoch ist.
Den Teig, je nach Rezept, weiter verarbeiten (ausrollen, formen, flechten usw.) und in jedem Fall vor dem Backen nochmals gehen lassen.

Die einzelnen Arbeitsgänge

„⅔ des Mehls in eine Rührschüssel sieben und die Hefe gleichmäßig unterrühren…“

Die Hefe ist in einem Spezialverfahren haltbar gemacht und hat außerdem den zeitsparenden Vorteil, daß sie nicht angerührt oder im „Vorteig“ angesetzt werden muß (Ausnahme: Bei zutatenreichen Teigen, z. B. für Stollen muß die Hefe angerührt werden).

„… In die Mitte eine Vertiefung eindrücken und alle übrigen im Rezept angegebenen Zutaten – auch die sonst zum Anrühren zusätzlich benötigte Flüssigkeit – hinzufügen…“ Nur in Gegenwart von Wärme entfaltet Hefe ihre volle Triebkraft – vor allem die Flüssigkeit (Milch oder Wasser) sollte etwa 37 Grad haben. Zweckmäßigerweise wird die Flüssigkeit während des Rührens nach und nach hinzugegeben; so teilt sich die Wärme dem Teig gleichmäßig mit.

„…und dann den Teig mit dem Rührlöffel so lange schlagen, bis er Blasen wirft…“

Das Schlagen des Hefeteiges bewirkt eine besonders gute Verbindung aller Zutaten untereinander unter Einschlagen von Luft. Die Hefe wandelt dabei Zucker und Mehl (Stärke), also Kohlenhydrate in Kohlensäure und Alkohol um und bewirkt dadurch die Lockerung des Teiges. Am schnellsten kann sie Zucker verarbeiten, während sie Mehl (Stärke) vorher abbauen muß.

„…Dann das restliche Mehl unterkneten. Sollte der Teig kleben, noch etwas Mehl hinzugeben (aber nicht zu viel, Teig muß weich bleiben)…“

Das Kneten geschieht am besten auf einer Tischplatte.
„…Den Teig zugedeckt an einem warmen Ort so lange stehenlassen, bis er etwa doppelt so hoch ist…“

Hefeteige dürfen nicht sofort nach der Zubereitung gebacken werden, sondern müssen vorher genügend aufgegangen sein. Sie darum an einen warmen Ort stellen. Der Gas- oder der Elektroherd sind besonders geeignet.
Gas: Bei stärkster Stufe drei Minuten vorheizen. Die Flamme ausdrehen, die Schüssel mit dem Hefeteig hineinstellen und so lange darin lassen, bis der Teig sich verdoppelt hat.
Strom: 30 – 50 einschalten, die Schüssel mit dem Hefeteig hineinstellen, die Backofentür mit einem Holzlöffel geöffnet halten und den Hefeteig so lange darin lassen, bis der Teig sich verdoppelt hat.

„…Den Teig, je nach Rezept, weiter verarbeiten (ausrollen, formen, flechten) und in jedem Fall vor dem Backen nochmals gehen lassen.“

Im Gegensatz zu dem bis jetzt beschriebenen gekneteten Hefeteig können auch gerührte Hefeteige zubereitet werden. Die Voraussetzungen zum Gelingen sind die gleichen. Für Napfkuchen den Teig in eine mit Butter oder Margarine gefettete und mit Semmelmehl ausgestreute Form füllen, ihn gehen lassen. Ihn dann backen, wie alle Hefeteige, bei den unter den Rezepten angegebenen Einstellungen.

Hefeschnecken

(Abb. S. 124/125)

Für den Teig

500 g Weizenmehl in eine Schüssel sieben, mit
1 Päckchen Trocken-Hefe sorgfältig vermischen
50 g Zucker
1 Päckchen Vanillin-Zucker
Salz
100 g zerlassene, lauwarme Butter
2 Eier
125 ml (⅛ l) lauwarme Milch hinzufügen, alles mit einem elektrischen Handrührgerät mit Knethaken zuerst auf der niedrigsten, dann auf der höchsten Stufe in etwa 5 Minuten zu einem Teig verarbeiten, an einem warmen Ort so lange stehenlassen, bis er etwa doppelt so hoch ist, ihn dann auf der höchsten Stufe nochmals gut durchkneten
den Teig zu einem Rechteck von etwa 45 x 35 cm ausrollen, mit
30 g weicher Butter bestreichen

für die Füllung

50 g Korinthen
50 g Rosinen verlesen, mit
50 g Zucker
1 Päckchen Vanillin-Zucker
50 g abgezogenen, gehackten Mandeln mischen, auf den Teig streuen, von der kürzeren Seite her aufrollen, mit einem scharfen Messer etwa 1½ cm breite Stücke abschneiden, auf ein gefettetes Backblech legen, leicht flachdrücken
den Teig nochmals so lange an einem warmen Ort stehenlassen, bis er etwa doppelt so hoch ist, erst dann in den vorgeheizten Backofen schieben

Strom: 175 – 200
Gas: 3 – 4
Backzeit: 15 – 20 Minuten

für den Guß

175 g Puderzucker sieben, mit
etwa 2 Eßl. Zitronensaft glattrühren, so daß eine dickflüssige Masse entsteht
die Schnecken sofort nach dem Backen damit bestreichen.

Gedeckter Apfelkuchen

Für den Teig

500 g Weizenmehl in eine Schüssel sieben, mit
1 Päckchen Trocken-Hefe sorgfältig vermischen
75 g Zucker
1 Päckchen Vanillin-Zucker
Salz
75 g zerlassene, lauwarme Butter oder Margarine
1 Ei
250 ml (¼ l) lauwarme Milch hinzufügen, alles mit einem elektrischen Handrührgerät mit Knethaken zuerst auf der niedrigsten, dann auf der höchsten Stufe in etwa 5 Minuten zu einem Teig verarbeiten
den Teig an einem warmen Ort so lange stehenlassen, bis er etwa doppelt so hoch ist

für die Füllung

2 kg Äpfel (z. B. Boskop) schälen, vierteln, entkernen, in Stücke schneiden, mit
75 g verlesenen Rosinen
75 g Zucker
1 Päckchen Vanillin-Zucker
1 gestrichenen Teel. gemahlenem Zimt unter Rühren gar dünsten, erkalten lassen
den Hefeteig dann auf höchster Stufe nochmals gut durchkneten, ⅔ des Teiges auf einem gefetteten Backblech ausrollen, an den Rändern etwas hochdrücken
die Füllung auf dem Teig verteilen, glattstreichen, den restlichen Teig in der Größe des Backblechs ausrollen, auf die Füllung legen, an den Seiten gut andrücken, die Teigplatte mit einer Gabel mehrmals einstechen, den Teig nochmals an einem warmen Ort so lange stehenlassen, bis er etwa doppelt so hoch ist, erst dann in den vorgeheizten Backofen schieben

Strom: 200 – 225
Gas: 4 – 5
Backzeit: 15 – 20 Minuten

für den Guß

125 g Puderzucker sieben, mit
etwa 2 Eßl. Zitronensaft glattrühren, so daß eine dickflüssige Masse entsteht
den erkalteten Kuchen damit bestreichen.

Gefüllter, aufgeschnittener Kranz

	Für den Teig
500 g Weizenmehl	in eine Schüssel sieben, mit
1 Päckchen Trocken-Hefe	sorgfältig vermischen
100 g Zucker Salz 1 Ei 125 g zerlassene, lauwarme Butter oder Margarine knapp 200 ml (⅕ l) lauwarme Milch	hinzufügen, alles mit einem elektrischen Handrührgerät mit Knethaken zuerst auf der niedrigsten, dann auf der höchsten Stufe in etwa 5 Minuten zu einem Teig verarbeiten den Teig an einem warmen Ort so lange stehenlassen, bis er etwa doppelt so hoch ist, ihn dann auf der höchsten Stufe nochmals gut durchkneten, zu einem Rechteck von 40 x 50 cm ausrollen, mit
50 g weicher Butter oder Margarine	bestreichen, in der Mitte der Länge nach durchschneiden
	für die Füllung
75 g Korinthen 125 g Rosinen	verlesen, mit
50 g gewürfeltem Zitronat (Sukkade) 50 g abgezogenen, gehackten Mandeln 50 g Zucker 1 Päckchen Vanillin-Zucker	mischen, so auf die Teigstücke streuen, daß an der durchgeschnittenen Seite je 2 cm frei bleiben, jede Teighälfte von der längeren Seite her von außen nach innen aufrollen, die Rollen umeinanderschlingen, als Kranz auf ein gefettetes Backblech legen, mit
Dosenmilch	bestreichen, die aufliegenden Rollen mit einem in Wasser getauchten Messer etwa 1 cm tief einschneiden den Kranz nochmals so lange an einem warmen Ort stehenlassen, bis er etwa um die Hälfte höher ist, erst dann in den vorgeheizten Backofen schieben
Strom:	175 – 200
Gas:	3 – 4
Backzeit:	25 – 35 Minuten
	für den Guß
50 g Puderzucker	sieben, mit
etwa 1 Eßl. heißem Wasser	glattrühren, so daß eine dickflüssige Masse entsteht den Kranz sofort nach dem Backen damit bestreichen.

Rosinenbrot

(Abb. nebenstehend)

750 g Weizenmehl	in eine Schüssel sieben, mit
1½ Päckchen Trocken-Hefe	sorgfältig vermischen
225 g Zucker 1 Päckchen Vanillin-Zucker 9 Tropfen Backöl Zitrone 300 g zerlassene, lauwarme Butter Salz, 4 Eier 300 ml lauwarme Milch	hinzufügen, alles mit einem elektrischen Handrührgerät mit Knethaken zuerst auf der niedrigsten, dann auf der höchsten Stufe in etwa 5 Minuten zu einem Teig verarbeiten den Teig an einem warmen Ort so lange stehenlassen, bis er etwa doppelt so hoch ist, ihn dann auf der höchsten Stufe nochmals gut durchkneten
200 g Rosinen	verlesen, unterheben, den Teig in eine gefettete, mit
Semmelmehl	ausgestreute Kastenform (35 x 15 cm) füllen den Teig nochmals so lange an einem warmen Ort stehenlassen, bis er etwa um ⅔ höher ist, erst dann in den Backofen schieben
Strom:	175 – 200 (vorgeheizt)
Gas:	2 – 3 (nicht vorgeheizt)
Backzeit:	Etwa 1 Stunde.

Hörnchen mit Aprikosen

	Für den Teig
375 g Weizenmehl	in eine Rührschüssel sieben, mit
1 Päckchen Dauer-Backhefe	sorgfältig vermischen
20 g Zucker 1 Päckchen Vanillin-Zucker ½ Teel. Salz 200 ml (⅕ l) lauwarme Milch 50 g zerlassene, abgekühlte Margarine	hinzufügen die Zutaten mit einem Handrührgerät mit Knethaken zunächst auf niedrigster, dann auf höchster Stufe in etwa 5 Minuten zu einem Teig verarbeiten, sollte er kleben, noch etwas Mehl hinzufügen (aber nicht zu viel, Teig muß weich bleiben) den Teig so lange an einem warmen Ort stehenlassen, bis er sich sichtbar vergrößert hat, ihn dann auf höchster Stufe nochmals gut durchkneten

den Teig zu einem Rechteck (50 x 30 cm) ausrollen, in Vierecke (10 x 10 cm) schneiden

für die Füllung

15 gedünstete Aprikosenhälften halbieren, jeweils 2 Aprikosenstücke auf jedes Teigstück geben, die Teigvierecke von einer Spitze ausgehend aufrollen, als Hörnchen auf ein gefettetes Backblech legen, nochmals so lange an einem warmen Ort gehen lassen, bis sie sich sichtbar vergrößert haben, die Hörnchen mit Wasser bestreichen, mit

100 g geraspeltem Emmentaler Käse bestreuen

Strom: 200 – 225 (vorgeheizt)

Gas: 5 Minuten vorheizen 4 – 5, backen 4 – 5

Backzeit: 10 – 15 Minuten.

Korinthenbrötchen

250 g Weizenmehl in eine Schüssel sieben, mit

½ Päckchen Trocken-Hefe sorgfältig vermischen

25 g Zucker
1 Päckchen Vanillin-Zucker
Salz
50 g zerlassene, lauwarme Butter oder Margarine
1 Ei
4 Eßl. lauwarme Milch hinzufügen, alles mit einem elektrischen Handrührgerät mit Knethaken zuerst auf der niedrigsten, dann auf der höchsten Stufe in etwa 5 Minuten zu einem Teig verarbeiten

75 g verlesene Korinthen unterkneten

den Teig an einem warmen Ort so lange stehenlassen, bis er etwa doppelt so hoch ist, ihn dann auf höchster Stufe nochmals gut durchkneten, zu einer 30 cm langen Rolle formen, etwa 2 cm dicke Scheiben davon abschneiden, zu Brötchen formen, auf ein gefettetes Backblech legen, an einem warmen Ort nochmals so lange stehenlassen, bis sie etwa doppelt so hoch sind

die Brötchen mit

Dosenmilch bestreichen, in den vorgeheizten Backofen schieben

Strom: 200 – 225

Gas: 4 – 5

Backzeit: Etwa 15 Minuten.

Käsekuchen, einmal anders

Für den Teig

375 g Weizenmehl in eine Rührschüssel sieben, mit
1 Päckchen Dauer-Backhefe sorgfältig vermischen
75 g Zucker
Salz
1 Ei
200 ml (⅕ l) lauwarme Schlagsahne
75 g zerlassene, abgekühlte Margarine hinzufügen
die Zutaten mit einem Handrührgerät mit Knethaken zunächst auf niedrigster, dann auf höchster Stufe in etwa 5 Minuten zu einem Teig verarbeiten, sollte er kleben, noch etwas Mehl hinzufügen (aber nicht zu viel, Teig muß weich bleiben)
den Teig so lange an einem warmen Ort stehenlassen, bis er sich sichtbar vergrößert hat

für die Füllung

250 g Pfirsiche (aus der Dose) abtropfen lassen
300 g Doppelrahm-Frischkäse mit
75 g Zucker
1 Päckchen Vanillin-Zucker
1 Eigelb
3 Eßl. Pfirsichsaft gut verrühren
die Pfirsiche in kleine Würfel schneiden
1 Eiweiß steif schlagen
beide Zutaten unter die Käsecreme rühren
den gegangenen Teig auf höchster Stufe nochmals gut durchkneten
knapp die Hälfte des Teiges auf 2/3 eines gefetteten Backblechs (etwa 35 x 30 cm) ausrollen, am Rand etwas hochdrücken, die Füllung gleichmäßig darauf streichen, dabei an der offenen Seite des Blechs etwa 2 cm Teig frei lassen, die überstehenden Teigränder auf die Füllung schlagen
den Rest des Teiges als Decke ausrollen, auf die Füllung legen, die Ränder gut andrücken
den Teig nochmals so lange an einem warmen Ort gehen lassen, bis er sich sichtbar vergrößert hat, ihn erst dann in den Backofen schieben

Strom: 200 – 225 (vorgeheizt)
Gas: 5 Minuten vorheizen 3 – 4, backen 3 – 4
Backzeit: Etwa 25 Minuten

das Gebäck sofort nach dem Backen mit
20 g zerlassener Butter bestreichen, mit
20 g Zucker bestreuen.

Bienenstich

Für den Teig

300 g Weizenmehl in eine Schüssel sieben, mit
½ Päckchen Trocken-Hefe sorgfältig vermischen
40 g Zucker
1 Päckchen Vanillin-Zucker
Salz
40 g zerlassene, lauwarme Margarine
125 ml (⅛ l) lauwarme Milch hinzufügen, alles mit einem elektrischen Handrührgerät mit Knethaken zuerst auf der niedrigsten, dann auf der höchsten Stufe in etwa 5 Minuten zu einem Teig verarbeiten
den Teig an einem warmen Ort so lange stehenlassen, bis er etwa doppelt so hoch ist, ihn dann auf höchster Stufe nochmals gut durchkneten, auf dem gefetteten Boden einer Springform (Durchmesser etwa 28 cm) ausrollen

für den Belag

75 g Butter
100 g Zucker
1 Päckchen Vanillin-Zucker zerlassen, einmal aufkochen lassen
100 g abgezogene, gehobelte Mandeln
1 Eßl. Milch unterrühren, etwas abkühlen lassen, gleichmäßig auf dem Teig verteilen, den Teig nochmals so lange an einem warmen Ort stehenlassen, bis er etwa doppelt so hoch ist, ihn dann in den Backofen schieben

Strom: 200 – 225 (vorgeheizt)
Gas: 4 – 5 (nicht vorgeheizt)
Backzeit: Etwa 20 Minuten

das Gebäck erkalten lassen

für die Füllung aus

1 Packung Torten-Creme-Pulver Vanille-Geschmack
300 ml Milch
100 – 200 g Butter nach Vorschrift auf der Packung eine Creme zubereiten
das gut ausgekühlte Gebäck einmal durchschneiden, den unteren Boden mit der Creme bestreichen, den oberen Boden darauf legen.

Berliner

500 g Weizenmehl	in eine Schüssel sieben, mit
1 Päckchen Trocken-Hefe	sorgfältig vermischen
30 g Zucker *1 Päckchen Vanillin-Zucker* *3 Tropfen Backöl Bittermandel* *1 gestrichenen Teel. Salz* *100 g zerlassene, lauwarme Butter oder Margarine* *2 Eier* *1 Eigelb* *125 ml (⅛ l) lauwarme Milch*	hinzufügen, alles mit einem elektrischen Handrührgerät mit Knethaken zuerst auf der niedrigsten, dann auf der höchsten Stufe in etwa 5 Minuten zu einem Teig verarbeiten, sollte er kleben, noch etwas Mehl hinzufügen (aber nicht zu viel, Teig muß weich bleiben) den Teig an einem warmen Ort so lange stehenlassen, bis er etwa doppelt so hoch ist, ihn dann auf der höchsten Stufe nochmals gut durchkneten den Teig etwa ½ cm dick ausrollen, auf der einen Teighälfte mit einem Metallring (Durchmesser 5 – 7 cm) Kreise leicht andeuten, den Rand dieser Kreise dünn mit
Eiweiß	bestreichen, in die Mitte
Konfitüre	legen, die leere Teighälfte darüber klappen, den Teig ausstechen, die Teigränder gut zusammendrücken die Teigbällchen auf ein mit
Weizenmehl	bestäubtes Backbrett legen, nochmals an einem warmen Ort so lange stehenlassen, bis sie etwa doppelt so hoch sind die Bällchen schwimmend in siedendem
Ausbackfett (Speiseöl, Schweineschmalz oder Kokosfett)	auf beiden Seiten backen, mit einem Schaumlöffel herausnehmen, auf einem Kuchenrost abtropfen lassen, in
Zucker	wälzen.

Pflaumen-, Apfel-, Butter- oder Streuselkuchen

	Für den Teig
500 g Weizenmehl	in eine Schüssel sieben, mit
1 Päckchen Trocken-Hefe	sorgfältig vermischen
75 g Zucker	
1 Päckchen Vanillin-Zucker	
Salz	
75 g zerlassene, lauwarme Butter	
250 ml (¼ l) lauwarme Milch	hinzufügen, alles mit einem elektrischen Handrührgerät mit Knethaken zuerst auf der niedrigsten, dann auf der höchsten Stufe in etwa 5 Minuten zu einem Teig verarbeiten
	den Teig an einem warmen Ort so lange stehenlassen, bis er etwa doppelt so hoch ist, ihn dann auf der höchsten Stufe nochmals gut durchkneten, auf einem gefetteten Backblech ausrollen, vor den Teig ein mehrfach umgeknicktes Stück Alufolie legen

für den Pflaumenkuchen

3 kg Pflaumen waschen, gut abtropfen lassen, einzeln mit einem Tuch abreiben, entsteinen, mit der Innenseite nach oben auf den Teig legen

den Teig nochmals so lange an einem warmen Ort stehenlassen, bis er etwa doppelt so hoch ist, ihn erst dann in den vorgeheizten Backofen schieben

Strom: 200 – 225
Gas: 4 – 5
Backzeit: 20 – 30 Minuten

den etwas ausgekühlten Kuchen mit ***Zucker*** bestreuen

für den Apfelkuchen

1 – 1½ kg Äpfel schälen, vierteln, entkernen, in dicke Scheiben schneiden, gleichmäßig auf den Teig legen

den Teig nochmals so lange an einem warmen Ort stehenlassen, bis er etwa doppelt so hoch ist, erst dann in den vorgeheizten Backofen schieben

Strom: 200 – 225
Gas: 4 – 5
Backzeit: 20 – 30 Minuten

den etwas ausgekühlten Kuchen mit ***Zucker*** bestreuen

für den Butterkuchen

100 – 125 g Butter in Flöckchen gleichmäßig auf den Teig setzen oder zerlassen darauf streichen

75 g Zucker mit
1 Päckchen Vanillin-Zucker mischen, darüber streuen

50 g abgezogene, gehobelte Mandeln gleichmäßig darüber verteilen, den Teig nochmals so lange an einem warmen Ort stehenlassen, bis er etwa doppelt so hoch ist, ihn erst dann in den vorgeheizten Backofen schieben

Strom: 200 – 225
Gas: 4 – 5
Backzeit: Etwa 15 Minuten

Veränderung:
250 ml (¼ l) Schlagsahne steif schlagen und sofort nach dem Backen gleichmäßig auf den Butterkuchen streichen

für den Streuselkuchen

300 g Weizenmehl in eine Schüssel sieben, mit
150 g Zucker
1 Päckchen Vanillin-Zucker mischen

150 – 200 g Butter oder Margarine in Flöckchen dazugeben, alle Zutaten mit dem Handrührgerät mit Knethaken zu Streuseln verarbeiten, gleichmäßig auf dem Teig verteilen

den Teig nochmals so lange an einem warmen Ort stehenlassen, bis er etwa doppelt so hoch ist, erst dann in den vorgeheizten Backofen schieben

Strom: 200 – 225
Gas: 4 – 5
Backzeit: 15 – 25 Minuten.

Hefezopf „Dreierlei"

500 g Weizenmehl in eine Rührschüssel sieben, mit
1 Päckchen Dauer-Backhefe sorgfältig vermischen

80 g Zucker
1 Päckchen Vanillin-Zucker
½ Teel. Salz
1 Becher (150 g) Crème fraîche
150 ml lauwarme Milch
75 g zerlassene, abgekühlte Margarine hinzufügen

die Zutaten mit einem Handrührgerät mit Knethaken zunächst auf niedrigster, dann auf höchster Stufe in etwa 5 Minuten zu einem Teig verarbeiten, sollte er kleben, noch etwas Mehl hinzufügen (aber nicht zu viel, Teig muß weich bleiben)

den Teig so lange an einem warmen Ort stehenlassen, bis er sich sichtbar vergrößert hat

4 kleine Ananasscheiben (aus der Dose) gut abtropfen lassen, in sehr kleine Stücke schneiden

100 g Rosinen verlesen

70 g nicht abgezogene Mandeln in Scheiben schneiden

den gegangenen Teig auf höchster Stufe nochmals gut durchkneten

den Teig in 3 gleich große Stücke teilen, unter das erste Teigstück die Ananasstücke kneten (evtl. noch etwas Mehl unterkneten), unter das zweite Teigstück die Rosinen, unter das dritte Teigstück die Mandeln kneten

die 3 Teigstücke etwas länglich formen, als Zopf auf ein gefettetes Backblech legen, nochmals so lange an einem warmen Ort gehen lassen, bis er sich sichtbar vergrößert hat, den Teig mit Wasser bestreichen

Strom: 175 – 200 (vorgeheizt)
Gas: 5 Minuten vorheizen 3 – 4, backen 3 – 4
Backzeit: Etwa 35 Minuten

den Zopf sofort nach dem Backen nochmals mit Wasser bestreichen.

Apfelkuchen auf dem Blech

(Abb. nebenstehend)

	Für den Teig
500 g Weizenmehl	in eine Schüssel sieben, mit
1 Päckchen Trocken-Hefe	sorgfältig vermischen
75 g Zucker	
1 Päckchen Vanillin-Zucker	
Salz	
75 g zerlassene, lauwarme Butter oder Margarine	
250 ml (¼ l) lauwarme Milch	hinzufügen, alles mit einem elektrischen Handrührgerät mit Knethaken zuerst auf der niedrigsten, dann auf der höchsten Stufe in etwa 5 Minuten zu einem Teig verarbeiten den Teig an einem warmen Ort so lange stehenlassen, bis er etwa doppelt so hoch ist, ihn dann auf der höchsten Stufe nochmals gut durchkneten, auf einem gefetteten Backblech ausrollen, vor den Teig ein mehrfach umgeknicktes Stück Alufolie legen
	für den Belag
1 – 1½ kg Äpfel	schälen, vierteln, entkernen, in Scheiben schneiden, gleichmäßig auf den Teig legen, leicht andrücken
etwa 150 g verlesene Korinthen	darüber verteilen, den Teig nochmals so lange an einem warmen Ort stehenlassen, bis er etwa doppelt so hoch ist, erst dann in den vorgeheizten Backofen schieben
Strom:	200 – 225
Gas:	4 – 5
Backzeit:	20 – 30 Minuten
	zum Aprikotieren
2 – 3 Eßl. Aprikosen-Konfitüre	durch ein Sieb streichen, mit
etwa 1 Eßl. Wasser	verrühren, einmal aufkochen lassen den noch warmen Kuchen damit bestreichen.

Mohnrolle

	Für den Teig ⅔ von
375 g Weizenmehl	in eine Schüssel sieben, mit
1 Päckchen Trocken-Hefe	sorgfältig vermischen
75 g Zucker	
1 Päckchen Vanillin-Zucker	
Salz	

75 g zerlassene, lauwarme Butter oder Margarine	
1 Ei	
knapp 200 ml (⅕ l) lauwarme Milch	hinzufügen, mit dem Mehl verrühren, so lange schlagen, bis der Teig Blasen wirft das restliche Mehl darunter kneten den Teig an einem warmen Ort so lange stehenlassen, bis er etwa doppelt so hoch ist
	für die Füllung
250 g gemahlenen Mohn	mit
150 g zerlassener Butter oder Margarine	
150 g Zucker	
2 Eiern	
25 g abgezogenen, gemahlenen Mandeln	
100 g gewürfeltem Zitronat (Sukkade)	
75 g verlesenen Rosinen	
2 Tropfen Backöl Bittermandel	zu einer geschmeidigen Masse verrühren den Teig zu einem Rechteck von 35 x 40 cm ausrollen, die Füllung gleichmäßig darauf verstreichen (an den Seiten je 2 cm frei lassen), die Ränder an den beiden kürzeren Seiten etwas einschlagen, den Teig von der längeren Seite her fest aufrollen die Rolle auf ein gefettetes Backblech legen, an einem warmen Ort nochmals so lange stehenlassen, bis sie sich sowohl in der Breite als auch in der Höhe etwa um die Hälfte vergrößert hat die Rolle der Länge nach etwa ½ cm tief einschneiden, mit
Dosenmilch	bestreichen, in den vorgeheizten Backofen schieben
Strom:	150 – 175
Gas:	2 – 3
Backzeit:	Etwa 40 Minuten
	für den Guß
75 g Puderzucker	sieben, mit
1½ – 2 Eßl. Zitronensaft	glattrühren, so daß eine dickflüssige Masse entsteht das Gebäck sofort nach dem Backen damit bestreichen, mit
abgezogenen, gehobelten Mandeln	bestreuen.

Hefezopf mit Mandeln und Gewürzen

500 g Weizenmehl	in eine Schüssel sieben, mit
1 Päckchen Trocken-Hefe	sorgfältig vermischen
75 g Zucker	
1 gestrichenen Teel. Salz	
½ Fläschchen Rum-Aroma	
3 Tropfen Backöl Zitrone	
3 Tropfen Backöl Bittermandel	
1 Messerspitze gemahlenen Kardamom	
1 Messerspitze gemahlene Muskatblüte	
200 g zerlassene, lauwarme Butter	
2 Eier	
1 Eiweiß	
6 Eßl. lauwarme Milch	hinzufügen, alles mit einem

elektrischen Handrührgerät mit Knethaken zuerst auf der niedrigsten, dann auf der höchsten Stufe in etwa 5 Minuten zu einem Teig verarbeiten

125 g Rosinen
125 g Korinthen verlesen
50 g abgezogene, gemahlene Mandeln
50 g gewürfeltes Zitronat (Sukkade)

alle Zutaten mit dem Handrührgerät unter den Teig kneten
den Teig an einem warmen Ort so lange stehenlassen, bis er etwa doppelt so hoch ist, ihn dann auf der höchsten Stufe nochmals gut durchkneten
aus ⅔ des Teiges 3 etwa 40 cm lange Rollen formen, als Zopf auf ein gefettetes Backblech legen, mit einem Rollholz der Länge nach eine Vertiefung eindrücken

1 Eigelb mit
1 Eßl. Milch verschlagen, die Vertiefung mit etwas davon bestreichen
von dem Rest des Teiges 3 etwa 35 cm lange Rollen formen, daraus einen Zopf flechten, auf den größeren legen, ebenfalls mit Eigelb bestreichen
den Zopf nochmals so lange an einem warmen Ort stehenlassen, bis er sich sowohl in der Breite wie in der Höhe etwa um die Hälfte vergrößert hat, ihn erst dann in den vorgeheizten Backofen schieben

Strom: 175 – 200, ***Gas:*** 3 – 4
Backzeit: Etwa 35 Minuten.

Hefezopf

500 g Weizenmehl in eine Schüssel sieben, mit
1 Päckchen Trocken-Hefe sorgfältig vermischen
50 g Zucker
1 Päckchen Vanillin-Zucker
Salz, 2 Eier
1 Eiweiß
250 ml (¼ l) lauwarme Schlagsahne hinzufügen, alles mit einem elektrischen Handrührgerät mit Knethaken zuerst auf der niedrigsten, dann auf der höchsten Stufe in etwa 5 Minuten zu einem Teig verarbeiten, an einem warmen Ort so lange stehenlassen, bis er etwa doppelt so hoch ist

150 g verlesene Rosinen unterkneten
aus ⅔ des Teiges 3 etwa 40 cm lange Rollen formen, als Zopf auf ein gefettetes Backblech legen, mit einem Rollholz der Länge nach eine Vertiefung eindrücken

1 Eigelb mit
1 Eßl. Milch verschlagen, die Vertiefung mit etwas davon bestreichen
von dem Rest des Teiges 3 etwa 35 cm lange Rollen formen, daraus einen Zopf flechten, auf den größeren legen den Zopf nochmals an einem warmen Ort so lange stehenlassen, bis er sich in Breite und Höhe etwa um die Hälfte vergrößert hat, mit Eigelbmilch bestreichen, in den vorgeheizten Backofen schieben

Strom: 175 – 200, ***Gas:*** 3 – 4
Backzeit: Etwa 35 Minuten.

Hannoverscher Apfel-Kuchen

Für den Teig

1 Packung Grundteigmischung Hefeteig
150 ml (1 Tasse) lauwarmes Wasser
1 Ei nach Vorschrift auf der Packung zubereiten, gehen lassen

für die Füllung

1 ½ kg Äpfel schälen, vierteln, entkernen, in Stücke schneiden, mit
50 g verlesenen Rosinen
40 g Zucker
1 gestrichenen Teel. gemahlenem Zimt
30 g Butter unter Rühren leicht dünsten, abkühlen lassen

den gegangenen Teig nochmals gut durchkneten
gut die Hälfte des Teiges auf 2/3 eines gefetteten Backblechs ausrollen, am Rand etwas hochdrücken
die erkaltete Füllung gleichmäßig auf dem Teig verteilen, dabei an der offenen Seite des Blechs etwa 2 cm Teig frei lassen, die überstehenden Teigränder auf die Füllung schlagen
den Rest des Teiges als Decke ausrollen, auf die Füllung legen, die Ränder gut andrücken, die Decke mit

40 g weiche Butter bestreichen

zum Bestreuen

50 g Zucker mit
1 Päckchen Vanillin-Zucker
50 g abgezogenen, gehobelten Mandeln mischen, gleichmäßig auf dem Teig verteilen, ihn nochmals so lange an einem warmen Ort gehen lassen, bis er sich sichtbar vergrößert hat, erst dann in den Backofen schieben

Strom: 200 – 225 (vorgeheizt)
Gas: 5 Minuten vorheizen 3 – 4, backen 3 – 4
Backzeit: 20 – 30 Minuten.

Hefe-Boller

	Für den Teig
500 g Weizenmehl	in eine Rührschüssel sieben, mit
1 Päckchen Dauer-Backhefe	sorgfältig vermischen
80 g Zucker	
1 Päckchen Vanillin-Zucker	
½ Teel. gemahlener Zimt	
Salz, 1 Ei	
250 ml (¼ l) lauwarme Milch	
100 g zerlassene, abgekühlte Margarine	hinzufügen die Zutaten mit einem Handrührgerät mit Knethaken zunächst auf niedrigster, dann auf höchster Stufe in etwa 5 Minuten zu einem Teig verarbeiten, sollte er kleben, noch etwas Mehl hinzufügen (aber nicht zu viel, Teig muß weich bleiben) den Teig so lange an einem warmen Ort stehenlassen, bis er sich sichtbar vergrößert hat *für die Füllung*
1 Päckchen Soßen-Pulver Vanille-Geschmack	
40 g Zucker	
1 Eigelb	mit 3 Eßl. von
125 ml (⅛ l) Milch	anrühren, die restliche Milch mit
125 ml (⅛ l) Schlagsahne	zum Kochen bringen, daß Soßen-Pulver unter Rühren in die von der Kochstelle genommene Flüssigkeit geben, kurz aufkochen lassen, unter Rühren abkühlen lassen den gegangenen Teig nochmals auf höchster Stufe gut durchkneten, etwa ½ cm dick ausrollen, mit einer runden Form (Durchmesser etwa 8 cm) 32 Platten ausstechen auf die Hälfte der Teigplatten in die Mitte jeweils etwas von der Pudding-Creme geben, die Teigränder mit
Eiweiß	bestreichen, die übrigen Teigplatten darauf legen, die Teigränder gut andrücken die Teigstücke auf gefettete Backbleche legen, nochmals so lange an einem warmen Ort gehen lassen, bis sie sich sichtbar vergrößert haben, sie erst dann in den Backofen schieben
Strom:	200 – 225 (vorgeheizt)
Gas:	5 Minuten vorheizen 4 – 5, backen 4 – 5
Backzeit:	Etwa 15 Minuten das Gebäck sofort nach dem Backen vom Backblech lösen, die Oberseite mit
75 g zerlassener Butter	bestreichen, in
100 g Zucker	wenden.

Mandelbrot

500 g Weizenmehl	in eine Schüssel sieben, mit
1 Päckchen Trocken-Hefe	sorgfältig vermischen
50 g Zucker	
1 Päckchen Vanillin-Zucker	
Salz	
100 g zerlassene, lauwarme Butter oder Margarine	
2 Eier	
125 ml (⅛ l) lauwarme Milch	hinzufügen, alles mit einem elektrischen Handrührgerät mit Knethaken zuerst auf der niedrigsten, dann auf der höchsten Stufe in etwa 5 Minuten zu einem Teig verarbeiten den Teig an einem warmen Ort so lange stehenlassen, bis er etwa doppelt so hoch ist
125 g verlesene Rosinen	
100 g verlesene Korinthen	
50 g feingewürfeltes Zitronat (Sukkade)	
50 g abgezogene, gehackte Mandeln	unterkneten den Teig zu einer Kugel formen, auf ein gefettetes Backblech legen, an einem warmen Ort nochmals so lange stehenlassen, bis er etwa doppelt so hoch ist das Brot mit
Dosenmilch	bestreichen, mit
1 Eßl. Hagelzucker	
1 Eßl. abgezogenen, gehackten Mandeln	bestreuen, in den vorgeheizten Backofen schieben
Strom:	175 – 200
Gas:	3 – 4
Backzeit:	Etwa 50 Minuten.

Plunderkranz

(Abb. nebenstehend)

	Für den Teig
275 g Weizenmehl	in eine Schüssel sieben, mit
1 Päckchen Trocken-Hefe	sorgfältig vermischen
50 g Zucker	
1 Päckchen Vanillin-Zucker	
50 g zerlassene, lauwarme Butter	
1 Ei	
125 ml (⅛ l) lauwarme Milch	hinzufügen, alles mit einem elektrischen Handrührgerät mit Knethaken

zuerst auf der niedrigsten, dann auf der höchsten Stufe in etwa 5 Minuten zu einem Teig verarbeiten, auf der gut mit

Weizenmehl bestäubten Tischplatte zu einem Rechteck von 50 x 40 cm ausrollen die Hälfte von

125 g weicher Butter darauf streichen, von der Teigplatte den linken Teil der langen Seite zu ⅔ und den rechten Teil zu ⅓ so zusammenlegen, daß beide Kanten aneinanderstoßen

dann den Teig von der längeren Seite zur Hälfte übereinanderschlagen, 15 Minuten im Kühlschrank ruhen lassen, den Vorgang unter Verarbeitung der restlichen Butter wiederholen, den Teig nochmals 15 Minuten in den Kühlschrank stellen, danach zu einem Rechteck von 40 x 50 cm ausrollen

für die Füllung

200 g Marzipan-Rohmasse
50 g Butter mit einem elektrischen Handrührgerät mit Rührbesen verrühren

1 Eßl. Rum hinzufügen, die Masse auf die Teigplatte streichen

125 g Rosinen
50 g Korinthen verlesen, mit
50 g abgezogenen, gehackten Mandeln auf die Marzipanmasse geben, die Teigplatte längs durchschneiden, beide Teighälften von der längeren Seite her aufrollen, umeinanderschlingen, als Kranz auf ein gefettetes Backblech legen, etwa ½ Stunde bei Zimmertemperatur gehen lassen, in den vorgeheizten Backofen schieben

Strom: 175 – 200
Gas: 3 – 4
Backzeit: 35 – 40 Minuten

zum Aprikotieren

1 Eßl. Aprikosen-Konfitüre durch ein Sieb streichen, mit
1 Eßl. Wasser verrühren, kurz aufkochen lassen, den Kranz sofort nach dem Backen damit bestreichen, etwas abkühlen lassen

für den Guß

50 g Puderzucker sieben, mit
1 – 2 Eßl. Rum verrühren, so daß eine dünnflüssige Masse entsteht, den Plunderkranz damit überziehen, sofort mit

abgezogenen, gehobelten gebräunten Mandeln bestreuen.

Blätterteig

Der Blätterteig

Die Vorbereitung und die Herstellung von Blätterteig ist außerordentlich zeitaufwendig und kompliziert. Daher wird empfohlen, Blätterteig aus der Tiefkühltruhe für die Herstellung von Blätterteig-Gebäck zu verwenden.

Blätterteig-Nußhörnchen

(Abb. S. 140/141)

	Für den Teig
1 Packung (300 g) tiefgekühlten Blätterteig	bei Zimmertemperatur auftauen lassen (nicht noch einmal durchkneten)
	für die Füllung
50 g Haselnußkerne	mahlen, mit
25 g Zucker	
2 Tropfen Backöl Bittermandel	
2 Eßl. Wasser	zu einer geschmeidigen Masse verrühren den Teig zu einer Platte von 70 x 14 cm ausrollen, Dreiecke daraus rädern oder schneiden (die breite Dreieckseite muß 10 cm lang sein) die Ränder der Dreiecke mit
Dosenmilch	bestreichen, die breite Seite jeweils mit etwas von der Füllung belegen, von dieser Seite her die Teigstücke zu Hörnchen aufrollen, auf ein mit kaltem Wasser abgespültes Backblech legen, nochmals dünn mit Dosenmilch bestreichen, in den vorgeheizten Backofen schieben
Strom:	200 – 225
Gas:	4 – 5
Backzeit:	Etwa 15 Minuten
	für den Guß
50 – 75 g Puderzucker	sieben, mit
etwa 1 Eßl. heißem Wasser	zu einer dickflüssigen Masse verrühren die noch warmen Hörnchen mit dem Guß bestreichen.

Erdbeer-Schnitten

	Für den Teig
1 Packung (300 g) tiefgekühlten Blätterteig	bei Zimmertemperatur auftauen lassen (nicht durchkneten)
	für die Füllung aus
1 Päckchen Pudding-Pulver Vanille-Geschmack	
40 g Zucker	
125 ml (⅛ l) Milch	
250 ml (¼ l) Schlagsahne	nach Vorschrift auf dem Päckchen (mit den hier angegebenen Zutaten) einen Pudding zubereiten, kalt stellen, ab und zu durchrühren
	für den Belag
750 g Erdbeeren	waschen, gut abtropfen lassen, entstielen, halbieren, mit
50 g Zucker	bestreuen, zum Saftziehen stehenlassen den Teig zunächst zu einem Rechteck (34 x 30 cm) ausrollen, dann zwei Rechtecke (30 x 14 cm) daraus schneiden, auf ein mit kaltem Wasser abgespültes Backblech legen aus dem restlichen Teig schmale Streifen schneiden, umeinanderschlingen, auf die mit
Kondensmilch	bestrichenen Teigkanten legen, mit Kondensmilch bestreichen die Teigplatten mehrmals mit einer Gabel einstechen, während des Backens evtl. nochmals einstechen
Strom:	200 – 225 (vorgeheizt)
Gas:	5 Minuten vorheizen 4 – 5, backen 4 – 5
Backzeit:	15 – 20 Minuten sofort nach dem Backen das Gebäck vom Backblech lösen, auf einem Kuchenrost erkalten lassen, mit dem Pudding bestreichen die Erdbeeren gut abtropfen lassen, schuppenförmig auf den Pudding legen
	für den Guß aus
1 Päckchen Tortenguß	
30 g Zucker	
250 ml (¼ l) Erdbeersaft (mit Wasser aufgefüllt)	nach Vorschrift auf dem Päckchen zubereiten, über die Erdbeeren verteilen die Längsseiten mit
15 g abgezogenen, gehackten Mandeln	bestreuen.

Streuselplätzchen

	Für den Teig
1 Packung (300 g) tiefgekühlten Blätterteig	bei Zimmertemperatur auftauen lassen (nicht noch einmal durchkneten) den Teig dünn ausrollen, mit einer runden Form (Durchmesser etwa 6 cm) ausstechen, auf ein mit kaltem Wasser abgespültes Backblech legen, mit
Dosenmilch	bestreichen
	für die Streusel
150 g Weizenmehl	in eine Rührschüssel sieben, mit
75 g Zucker	
1 Päckchen Vanillin-Zucker	
gemahlenem Zimt	
50 g kleingeschnittenen roten Belegkirschen	mischen
100 g Butter	in Flöckchen dazugeben, alle Zutaten mit 2 Gabeln zu Streuseln vermengen, die Teigplätzchen damit bedecken
Strom:	200 – 225
Gas:	5 Minuten vorheizen 3 – 4, backen 3 – 4
Backzeit:	15 – 20 Minuten.

Schuhsohlen, gefüllt

1 Packung (300 g) tiefgekühlten Blätterteig	bei Zimmertemperatur auftauen lassen den Teig dünn ausrollen, mit einer runden Form (Durchmesser etwa 6 cm) ausstechen jede Teigplatte von beiden Seiten so auf
Zucker	ausrollen, daß ovale Teigstücke entstehen, auf ein mit kaltem Wasser abgespültes Backblech legen
Strom:	200 – 225 (vorgeheizt)
Gas:	5 Minuten vorheizen 4 – 5, backen 4 – 5
Backzeit:	Etwa 10 Minuten
	für die Füllung
250 ml (¼ l) Schlagsahne	½ Minute schlagen
1 Päckchen Vanillin-Zucker	mit
1 Päckchen Sahnesteif	mischen, einstreuen, die Sahne steif schlagen, mit
Kirschwasser	abschmecken die Hälfte der Schuhsohlen auf der Unterseite mit der Sahne bespritzen, die übrigen mit der Unterseite darauf legen.

Aprikosenteilchen

	Für den Teig
1 Packung (300 g) tiefgekühlten Blätterteig	bei Zimmertemperatur auftauen lassen (nicht noch einmal durchkneten)
	für die Füllung
6 Aprikosen	waschen, halbieren, entsteinen, mit
50 – 75 g (2 – 3 gut gehäufte Eßl.) Zucker	
1 Päckchen Vanillin-Zucker	
2 Eßl. Wasser	weich dünsten lassen

die Aprikosen zum Abtropfen auf ein Sieb geben (nach Belieben enthäuten), erkalten lassen

den Teig zu einem Rechteck von 27 x 36 cm ausrollen, mit einem Kuchenrädchen in Vierecke von 9 x 9 cm teilen

die Teigstücke in der Mitte jeweils mit einer Aprikosenhälfte belegen, zu beliebigen Formen (Dreiecken, Kuverts usw.) zusammenschlagen, auf ein mit kaltem Wasser abgespültes Backblech legen

die Teilchen dünn mit

Milch bestreichen, in den vorgeheizten Backofen schieben
Strom: 200 – 225
Gas: 4 – 5
Backzeit: 15 – 20 Minuten

für den Guß
50 – 75 g (2 – 3 gut gehäufte Eßl.) Puderzucker sieben, mit so viel
heißem Wasser oder Zitronensaft verrühren, daß eine dickflüssige Masse entsteht
die noch warmen Teilchen damit bestreichen.

Vanillecreme-Torte

Für den Teig
1 Packung (300 g) tiefgekühlten Blätterteig bei Zimmertemperatur auftauen lassen (nicht noch einmal durchkneten)
jede Teigplatte auf einem Springformboden (Durchmesser etwa 28 cm) ausrollen, mehrmals mit einer Gabel einstechen, ohne Springformrand im vorgeheizten Backofen backen (1 Tasse kaltes Wasser mit in den Backofen stellen)
Strom: 200 – 225
Gas: 4 – 5
Backzeit: Je Boden 10 – 15 Minuten
sofort nach dem Backen die Böden vom Springformboden lösen, auf einem Kuchenrost erkalten lassen

für die Füllung
3 gestrichene Teel. Gelatine gemahlen, weiß mit
2 Eßl. kaltem Wasser in einem kleinen Topf anrühren, 10 Minuten zum Quellen stehenlassen
1 Päckchen Pudding-Pulver Vanille-Geschmack mit
500 ml (½ l) kalter Milch
1 Ei
75 g Zucker verrühren, unter ständigem Rühren zum Kochen bringen, aufkochen lassen, von der Kochstelle nehmen, die gequollene Gelatine unterrühren, so lange rühren, bis sie gelöst ist
die Creme unter öfterem Umrühren erkalten lassen

für den Guß
1 gehäuften Teel. Aprikosen-Konfitüre durch ein Sieb streichen, mit
1 Teel. heißem Wasser verrühren, einen Blätterteigboden damit bestreichen, kurz einziehen lassen
30 g Puderzucker sieben, mit
1 Eßl. Kirschwasser verrühren, darüber streichen
sobald die Creme anfängt dicklich zu werden,
3 – 4 Eßl. Kirschwasser unterrühren
375 ml (⅜ l) Schlagsahne ½ Minute schlagen
1 Teel. Zucker mit
etwas Vanillin-Zucker
1 Päckchen Sahnesteif mischen, einstreuen, die Sahne steif schlagen
⅓ der Sahne in einen Spritzbeutel mit gezackter Tülle füllen, die restliche Sahne unter die Vanillecreme heben
die Hälfte davon auf den zweiten Blätterteigboden streichen, mit dem dritten Boden bedecken, mit der anderen Hälfte der Creme bestreichen, den mit Guß bestrichenen Boden vorsichtig in 12 gleichmäßige Stücke schneiden, auf die Creme legen, mit der Sahne aus dem Spritzbeutel verzieren, mit
Schokoladenraspel bestreuen, einige Stunden kühl stellen
(die Blätterteigböden können 1 – 2 Tage vor dem Verzehr gebacken und, in Alufolie verpackt, aufbewahrt werden).

Marschall-Törtchen

Für den Teig
1 Packung (300 g) tiefgekühlten Blätterteig bei Zimmertemperatur auftauen lassen (nicht noch einmal durchkneten), dünn ausrollen, mit einer runden Form (Durchmesser etwa 5 cm) ausstechen, die Teigplätzchen auf ein mit kaltem Wasser abgespültes Backblech legen, dünn mit
Aprikosen-Konfitüre bestreichen

für den Belag
3 Eiweiß fast steif schlagen, nach und nach eßlöffelweise
150 g Zucker unterschlagen, das Eiweiß vollkommen steif schlagen
2 Tropfen Backöl Bittermandel
150 g abgezogene, gemahlene Mandeln vorsichtig unterheben (nicht rühren)
die Masse mit 2 Teelöffeln auf die Plätzchen verteilen, in den vorgeheizten Backofen schieben
Strom: 200 – 225
Gas: 3 – 4
Backzeit: Etwa 20 Minuten.

Biskuitteig

Der Biskuitteig

Notwendige Vorarbeiten

Haselnußkerne oder Mandeln nach der Anweisung unter Rührteig vorbereiten.

Für Biskuitteige den Boden der Backbleche und -formen mit Papier belegen (Abs. a – c).
Es ist empfehlenswert, Formen und Bleche mit Back-Trennpapier oder Pergamentpapier auszulegen.

a) Das Papier für eine Springform so herstellen: Die Form umdrehen (Boden nach oben) und das Papier darauf legen. Mit einem Messer das am Rand überstehende Papier abstreifen.
b) Das Ausfetten der Form.
Den Boden an etwa 4 Stellen mit streichfähiger Butter oder Margarine einfetten – am besten mit einem Pinsel. Den Rand nicht fetten.
c) Das Papier auf den Boden legen und gut andrücken.

Die Verarbeitung des Teiges

Eigelb und Wasser mit einem Schneebesen schaumig schlagen und nach und nach ⅔ des Zuckers mit dem Vanillin-Zucker dazugeben. Danach so lange schlagen, bis eine cremeartige Masse entstanden ist. Unter die Eigelbcreme die Gewürze rühren. Das Eiweiß zu steifem Schnee schlagen. Der Schnee muß so fest sein, daß ein Messerschnitt sichtbar bleibt. Dann unter ständigem Schlagen nach und nach den Rest des Zuckers dazugeben. Den Schnee auf die Eigelbcreme geben. Darüber das mit Gustin und Backin gemischte Mehl sieben. Alles vorsichtig unter die Eigelbcreme ziehen (nicht rühren) und den Teig in die mit Papier ausgelegte Form (Backblech) füllen.

Die einzelnen Arbeitsgänge

„Eigelb…"

Jedes Ei über einer Tasse aufschlagen und prüfen, ob es gut ist. Damit sich das Eiweiß zu recht steifem Schnee schlagen läßt, muß es sehr scharf vom Eigelb getrennt werden. Das Eiweiß erst unmittelbar vor der Weiterverarbeitung schlagen.

„…und Wasser mit einem Schneebesen schaumig schlagen…"

Zum Eigelb das Wasser geben. Ist die Wassermenge in dem Rezept in einer Spanne angegeben, sich nach der Größe der Eier richten. Bei kleinen Eiern die größere und bei großen Eiern die kleinere Wassermenge nehmen. Eigelb und Wasser müssen vor Zugabe des Zuckers so lange tüchtig geschlagen werden, bis die Masse in dicken Tropfen vom Schneebesen fällt. Biskuitteig am schnellsten und sichersten mit einem Schneebesen zubereiten.

„…und nach und nach ⅔ des Zuckers mit dem Vanillin-Zukker dazugeben. Danach so lange schlagen, bis eine cremeartige Masse entstanden ist. Unter die Eigelbcreme die Gewürze geben…"

Den Zucker nicht auf einmal zum Eigelb geben, sondern nach und nach unter ständigem Schlagen. Die Beschaffenheit der Masse prüfen, sie vom hochgehaltenen Schneebesen in Ringen in die Rührschüssel laufen lassen. Wenn diese Ringe nicht sofort zerfließen, sondern kurze Zeit stehenbleiben, ist die Masse cremeartig. Die Gewürze in die fertig geschlagene Eigelbcreme geben.

„…Das Eiweiß zu steifem Schnee schlagen. Der Schnee muß so fest sein, daß ein Messerschnitt sichtbar bleibt. Dann unter Schlagen nach und nach den Rest des Zuckers dazugeben…"

Biskuitgebäck gelingt nur, wenn der Eischnee wirklich steif ist. Das Eiweiß ohne Zucker zu festem Schnee schlagen. Um die Festigkeit zu prüfen, den Schneebesen evtl. aus dem Eischnee ziehen und ihn senkrecht nach oben drehen. Der Schnee ist steif genug, wenn die beim Herausziehen gebildeten Schneespitzen senkrecht stehenbleiben.
Danach den Zucker eßlöffelweise unter den Schnee schlagen. Nach jeder Zuckerzugabe so lange schlagen, bis ein Schnitt mit einem sauberen Messer sichtbar bleibt (oder Spitzenprobe), andernfalls wird er flüssig.

„…Den Schnee auf die Eigelbcreme geben. Darüber das mit Speisestärke und Backin gemischte Mehl sieben…"

Mischen und Sieben lockern das Mehl auf und verteilen Speisestärke (Pudding-Pulver, Kakao) und Backin gleichmäßig darin. Das Gebäck wird dadurch besser gelockert. Sind Früchte vorgeschrieben, sie auf das Mehl geben.

„…Alles vorsichtig unter die Eigelbcreme ziehen (nicht rühren)…"

Damit der Eischnee nicht zerstört wird, dürfen die Zutaten keinesfalls untergerührt werden. Den Schneebesen vorsichtig von einer Seite der Schüssel bis zur anderen durch den Teig ziehen – über den Boden der Schüssel –, den Schneebesen herausnehmen und ihn leicht schütteln, damit der Teig herausfällt. Die Zutaten sind genügend gemischt, wenn kein Mehl mehr zu sehen ist. Diese Arbeit muß schnell erfolgen, sonst fällt der Schnee zusammen.

„…und den Teig in die mit Papier ausgelegte Form (Backblech) füllen"

Am besten den Teig mit einem Teigschaber in die vorbereitete Form füllen und gleichmäßig verteilen.

Das Backen von Biskuitteigen

Biskuitteige müssen sofort nach der Zubereitung gebacken werden, da sonst der Eischnee zerläuft. Sie werden nach den Angaben unter den Rezepten gebacken.
Bevor das Gebäck aus dem Ofen genommen wird, muß auf alle Fälle geprüft werden, ob es gar ist. Dieses am besten durch leichtes Auflegen der flachen Hand feststellen. Der gare Biskuit darf sich nicht mehr feucht anfühlen und muß in der Krume weich und watteähnlich sein.
Wenn der Biskuit etwas abgekühlt ist, ihn mit einem Messer vom Springformrand lösen und diesen entfernen.
Damit das Gebäck besser ausdünsten kann, es auf einen Kuchenrost legen. Aus demselben Grund das Papier sofort danach vom Biskuitboden abziehen. (Soll der Biskuitboden nicht am gleichen Tag verwendet werden, das Papier bis zum Gebrauch des Bodens darauf lassen.)

Nuß-Sahnetorte

(Abb. S. 146/147)

	Für den Teig
2 Eigelb	mit
2 – 3 Eßl. warmem Wasser	schaumig schlagen, nach und nach ⅔ von
100 g Zucker	mit
1 Päckchen Vanillin-Zucker	hinzugeben, so lange schlagen, bis eine cremeartige Masse entstanden ist
2 Eiweiß	steif schlagen, nach und nach den Rest des Zuckers unterschlagen, den Schnee auf die Eigelbcreme geben
75 g Weizenmehl	mit
50 g Speisestärke 3 g (1 gestrichener Teel.) Backpulver Backin	mischen, darüber sieben, unter die Eigelbcreme ziehen (nicht rühren), den Teig in eine Springform (Durchmesser etwa 28 cm, Boden gefettet, mit Pergamentpapier belegt) füllen, sofort backen
Strom:	175 – 200 (vorgeheizt)
Gas:	3 – 4 (nicht vorgeheizt)
Backzeit:	20 – 30 Minuten den Tortenboden gut auskühlen lassen
	für die Füllung
500 ml (½ l) Schlagsahne	½ Minute schlagen
25 g Puderzucker	sieben, mit
2 Päckchen Sahnesteif 1 Päckchen Vanillin-Zucker	mischen, einstreuen, die Sahne steif schlagen, unter ⅔ der Sahne
150 g gemahlene Haselnußkerne (nach Belieben geröstet)	(2 Eßl. zurücklassen) rühren den Tortenboden einmal durchschneiden, den unteren Boden mit der Füllung bestreichen, den oberen darauf legen, gut andrücken, Rand und obere Seite der Torte mit einem Teil der zurückgelassenen Sahne gleichmäßig bestreichen, den Rand mit den 2 Eßl. Haselnußkernen bestreuen, die Torte mit der restlichen Sahne verzieren, mit
12 – 16 Haselnußkernen	garnieren.

Kaiserkuchen

	Für den Knetteig
250 g Weizenmehl	mit
3 g (1 gestrichener Teel.) Backpulver Backin	mischen, auf die Tischplatte sieben, in die Mitte eine Vertiefung eindrücken
75 g Zucker 1 Päckchen Vanillin-Zucker 2 Eßl. Milch oder Wasser	hineingeben, mit einem Teil des Mehls zu einem dicken Brei verarbeiten
125 g kalte Butter oder Margarine	in Stücke schneiden, auf den Brei geben, mit Mehl bedecken, von der Mitte aus alle Zutaten schnell zu einem glatten Teig verkneten, sollte er kleben, ihn eine Zeitlang kalt stellen gut ⅓ des Teiges auf dem Boden einer gefetteten Springform (Durchmesser etwa 28 cm) ausrollen, aus gut der Hälfte des restlichen Teiges eine Platte in der Größe der Springform ausrollen, daraus 16 – 20 gleichmäßig breite Streifen rädern, aus dem Rest des Teiges eine Rolle formen, sie als Rand auf den Boden legen, so an die Form drücken, daß ein gut 3 cm hoher Rand entsteht
	für den Biskuitteig
6 Eigelb	etwas anschlagen, nach und nach ⅔ von
200 g Zucker	mit
1 Päckchen Vanillin-Zucker	hinzugeben, so lange schlagen, bis eine cremeartige Masse entstanden ist
1 Fläschchen Arrak- oder Rum-Aroma	unterrühren
6 Eiweiß	steif schlagen, nach und nach den Rest des Zuckers unterschlagen, den Schnee auf die Eigelbcreme geben
250 g Weizenmehl	mit
3 g (1 gestrichener Teel.) Backpulver Backin	mischen, darüber sieben
100 g abgezogene, gehackte Mandeln 150 – 200 g verlesene Rosinen 100 g gewürfeltes Zitronat (Sukkade)	darauf streuen, alles unter die Eigelbcreme ziehen (nicht rühren), dabei nach und nach
125 g zerlassene, abgekühlte Butter oder Margarine	dazugeben, in die mit Knetteig ausgelegte Springform füllen, glattstreichen, die Teigstreifen gitterförmig darauf legen
Strom:	175 – 200 (vorgeheizt)
Gas:	2 – 3 (nicht vorgeheizt)
Backzeit:	65 – 80 Minuten.

Kardinalstorte

	Für den Teig
3 Eigelb	mit
2 – 3 Eßl. warmem Wasser	schaumig schlagen, nach und nach ⅔ von
125 g Zucker	hinzugeben, so lange schlagen, bis eine cremeartige Masse entstanden ist
3 Eiweiß	steif schlagen, nach und nach den Rest des Zuckers unterschlagen, den Schnee auf die Eigelbcreme geben
75 g Weizenmehl	mit
1 Päckchen Pudding-Pulver Vanille-Geschmack 3 g (1 gestrichener Teel.) Backpulver Backin	mischen, darüber sieben, vorsichtig unter die Eigelbcreme ziehen (nicht rühren)
	den Teig in eine Springform (Durchmesser etwa 28 cm, Boden gefettet, mit Pergamentpapier belegt) füllen, sofort backen
Strom:	175 – 200 (vorgeheizt)
Gas:	3 – 4 (nicht vorgeheizt)
Backzeit:	Etwa 30 Minuten
	den Tortenboden gut auskühlen lassen
	für die Füllung
250 – 300 g entsteinte Sauerkirschen (aus dem Glas)	gut abtropfen lassen (einige zum Garnieren zurücklassen), mit
3 Eßl. Rum	beträufeln
	den Biskuitboden einmal durchschneiden
	den unteren Boden mit
2 – 3 Eßl. rotem Johannisbeergelee	bestreichen, den zweiten Boden darauf legen, die abgetropften Rum-Kirschen darauf verteilen
	aus
1 Päckchen Rotwein-Creme 250 ml (¼ l) Schlagsahne (statt ⅛ l)	nach der Vorschrift auf dem Päckchen eine Creme zubereiten
	Rand und obere Seite der Torte gleichmäßig damit bestreichen
	die Oberfläche der Torte mit
Schokoladenstreuseln oder Schokoladen-Blättchen	bestreuen
125 ml (⅛ l) Schlagsahne	steif schlagen, in einen Spritzbeutel mit gezackter Tülle füllen, die Torte damit verzieren, mit den zurückgelassenen Kirschen garnieren, bis zum Servieren kühl stellen.

Biskuitrolle

(Abb. nebenstehend)

	Für den Teig
3 Eigelb	mit
5 – 6 Eßl. warmem Wasser	schaumig schlagen, nach und nach ⅔ von
150 g Zucker	mit
1 Päckchen Vanillin-Zucker	hinzugeben, so lange schlagen, bis eine cremeartige Masse entstanden ist
3 Eiweiß	steif schlagen, nach und nach den Rest des Zuckers unterschlagen, den Schnee auf die Eigelbcreme geben
100 g Weizenmehl	mit
50 g Speisestärke	
3 g (1 gestrichener Teel.) Backpulver	mischen, darüber sieben, unter die Eigelbcreme ziehen (nicht rühren), den Teig etwa 1 cm dick auf ein gefettetes, mit Pergamentpapier belegtes Backblech streichen, an der offenen Seite des Blechs das Papier unmittelbar vor dem Teig zur Falte knicken, so daß ein Rand entsteht, sofort in den vorgeheizten Backofen schieben
Strom:	200 – 225
Gas:	3 – 4
Backzeit:	10 – 15 Minuten den Biskuit nach dem Backen sofort auf ein mit Zucker bestreutes Papier stürzen, das Pergamentpapier mit kaltem Wasser bestreichen, vorsichtig, aber schnell abziehen den Biskuit sofort gleichmäßig mit
250 – 375 g Konfitüre	bestreichen, von der kürzeren Seite her aufrollen, die Rolle mit
Puderzucker	bestäuben.

Biskuitschnitten

	Für den Teig
3 Eigelb	mit
5 – 6 Eßl. warmem Wasser	schaumig schlagen, nach und nach ⅔ von
150 g Zucker	mit
1 Päckchen Vanillin-Zucker	hinzugeben, so lange schlagen, bis eine cremeartige Masse entstanden ist
3 Eiweiß	steif schlagen, nach und nach den Rest des Zuckers unterschlagen, den Schnee auf die Eigelbcreme geben
100 g Weizenmehl	mit
50 g Speisestärke	
3 g (1 gestrichener Teel.) Backpulver	mischen, darüber sieben, unter die Eigelbcreme ziehen (nicht rühren), den Teig etwa 1 cm dick auf ein gefettetes,

Fortsetzung Seite 152

mit Pergamentpapier belegtes Backblech streichen, an der offenen Seite des Blechs das Papier unmittelbar vor dem Teig zur Falte knicken, so daß ein Rand entsteht, sofort backen

Strom: 200 – 225 (vorgeheizt)
Gas: 5 Minuten vorheizen 3 – 4, backen 3 – 4
Backzeit: 10 – 15 Minuten

den Biskuit nach dem Backen sofort auf ein mit Zucker bestreutes Papier stürzen, das Backpapier mit kaltem Wasser bestreichen, vorsichtig, aber schnell abziehen

für die Füllung aus

1 Päckchen Pudding-Pulver Vanille-Geschmack
50 g Zucker
500 ml (½ l) kalter Milch nach der Vorschrift auf dem Päckchen einen Pudding zubereiten, in die eine Hälfte
50 g Butter oder Margarine rühren, beide Hälften kalt stellen, ab und zu durchrühren
100 g Butter oder Margarine schaumig rühren, den Pudding (ohne Fett) eßlöffelweise darunter geben (darauf achten, daß weder Fett noch Pudding zu kalt sind, da dann die sogenannte Gerinnung eintritt)
den Biskuit in Hälften schneiden, die eine mit
2 – 3 Eßl. Konfitüre und dem Pudding bestreichen, die andere Biskuithälfte darauf legen, die Oberfläche dünn mit Buttercreme bestreichen, den Biskuit in Schnitten von etwa 4½ x 8½ cm schneiden, jede mit Buttercreme verzieren.

Veränderung:
Einige Schnitten mit Schokolade überziehen, bevor man die Buttercreme darauf spritzt, dazu 75 g Schokolade, etwas Kokosfett in einem kleinen Topf im Wasserbad bei schwacher Hitze zu einer geschmeidigen Masse verrühren.

Marzipan-Säckchen

Vorarbeit: Aus Alufolie (evtl. doppelt legen) 10 Förmchen formen, dazu 10 Scheiben (Durchmesser etwa 15 cm) ausschneiden, über den Boden eines Joghurtbechers legen, andrücken und abziehen.

Für den Teig

1 Ei mit
3 Eßl. warmem Wasser schaumig schlagen, nach und nach
75 g Zucker
1 Päckchen Vanillin-Zucker hinzugeben, so lange schlagen, bis eine cremeartige Masse entstanden ist
100 g Weizenmehl mit
3 g (1 gestrichener Teel.) Backpulver Backin mischen, darüber sieben, vorsichtig unter die Eicreme ziehen (nicht rühren)
von dem Teig jeweils 2 gehäufte Teel. in ein gefettetes Förmchen füllen, die Förmchen auf ein Backblech stellen, sofort backen

Strom: 175 – 200 (vorgeheizt)
Gas: 3 – 4 (nicht vorgeheizt)
Backzeit: Etwa 15 Minuten

sofort nach dem Backen das Gebäck mit einem spitzen Messer vom Förmchenrand lösen, die Folie vorsichtig abziehen, die Törtchen gut auskühlen lassen

für die Füllung

1 Päckchen Soßen-Pulver für Schokoladen-Soße
25 g Zucker mit 3 Eßl. von
125 ml (⅛ l) kalter Milch anrühren, die restliche Milch zum Kochen bringen, in die von der Kochstelle genommene Milch das angerührte Soßen-Pulver rühren, kurz aufkochen lassen, während des Erkaltens ab und zu durchrühren
65 g Butter oder Margarine geschmeidig rühren, darunter eßlöffelweise die Creme geben
die Törtchen einmal durchschneiden, die untere Hälfte mit Creme bestreichen, mit der oberen Hälfte bedecken
den Rand der Törtchen ebenfalls mit Creme bestreichen
100 g Puderzucker sieben, mit
200 g Marzipan-Rohmasse verkneten, dünn auf gesiebtem Puderzucker ausrollen, in 10 Streifen von etwa 9 cm Breite und etwa 18 cm Länge schneiden
jedes Törtchen so auf einen Marzipanstreifen legen, daß am unteren Törtchenrand etwa 2 cm und am oberen etwa 3 cm frei bleiben
die Törtchen einwickeln, dabei Anfang und Ende mit
etwas Wasser bepinseln, gut andrücken
den schmaleren Marzipanstreifen am Törtchenboden andrücken, die Törtchen aufrecht stellen, das überstehende Marzipan leicht zusammendrücken, so daß der Eindruck eines zugebundenen Säckchens entsteht
die Marzipan-Säckchen leicht mit
Kakao bestäuben, kalt stellen.

Wiener Sandtorte

	Für den Teig von
6 Eiern	2 Teel. Eiweiß abnehmen, zugedeckt aufbewahren
	die Eier mit einem elektrischen Handrührgerät auf höchster Stufe mit
375 g feinkörnigem Zucker	(eßlöffelweise hinzufügen)
2 Päckchen Vanillin-Zucker	1½ – 2 Minuten schlagen
2 Eßl. Wasser	hinzugeben
175 g Weizenmehl	
175 g Speisestärke	
4½ g (1½ gestrichene Teel.) Backpulver Backin	mischen, sieben, eßlöffelweise unterrühren
375 g zerlassene Butter	heiß (aber nicht kochend) vorsichtig unterrühren
	den Teig in eine gefettete Springform (Durchmesser etwa 28 cm) füllen
Strom:	150 – 175 (vorgeheizt)
Gas:	2 – 3 (nicht vorgeheizt)
Backzeit:	60 – 85 Minuten
	die Torte auf einen Kuchenrost stürzen, etwas abkühlen lassen

	zum Aprikotieren
3 gehäufte Eßl. Aprikosen-Konfitüre	durch ein Sieb streichen, mit
3 Eßl. Apricot Brandy	
1 Eßl. Wasser	
1 Teel. Rum	unter Rühren aufkochen lassen, die Sandtorte damit bestreichen
	für den Guß
30 g Puderzucker	sieben, mit den zurückgelassenen
2 Teel. Eiweiß	
evtl. etwas Wasser	verrühren, bis ein spritzfähiger Guß entstanden ist
	die Masse in ein Pergamentpapiertütchen füllen, von der Tüte eine Spitze abschneiden, die Torte mit dem Guß verzieren.

Panama-Torte

(Abb. nebenstehend)

	Für den Teig
150 g zartbittere Schokolade	in kleine Stücke brechen, in einem kleinen Topf im Wasserbad bei schwacher Hitze zu einer geschmeidigen Masse verrühren
7 Eier	mit einem elektrischen Handrührgerät mit Rührbesen 1 Minute auf höchster Stufe schlagen
150 g Zucker	mit
1 Päckchen Vanillin-Zucker	mischen, in 1 Minute einstreuen, dann noch 2 Minuten schlagen
25 g Weizenmehl	mit
3 g (1 gestrichener Teel.) Backpulver Backin	mischen, sieben, mit der Schokolade,
150 g gemahlenen Haselnußkernen	kurz auf Stufe 1 unterrühren, den Teig in eine Springform (Durchmesser etwa 28 cm, Boden gefettet, mit Pergamentpapier belegt) füllen, die Form auf dem Rost in den vorgeheizten Backofen schieben
Strom:	150 – 175
Gas:	2 – 3
Backzeit:	Etwa 50 Minuten den Tortenboden erkalten lassen
	für die Füllung
150 g Butter	geschmeidig rühren
50 g Puderzucker	sieben, nach und nach mit
2 Eiern	unterrühren
100 g zartbittere Schokolade	in kleine Stücke brechen, in einem kleinen Topf im Wasserbad bei schwacher Hitze zu einer geschmeidigen Masse verrühren, nach und nach eßlöffelweise unter die Buttercreme rühren den Tortenboden einmal durchschneiden, den unteren Boden mit der Hälfte der Buttercreme bestreichen, mit dem oberen Boden bedecken Rand und obere Seite der Torte gleichmäßig mit der restlichen Creme bestreichen, die obere Seite mit Hilfe einer Gabel oder eines Tortenkammes wellenförmig verzieren den Rand der Torte mit
etwa 25 g abgezogenen, gehobelten, gebräunten Mandeln	bestreuen, nach Belieben die Torte mit
Konfekt	garnieren.

Nußtorte

	Für den Teig
5 Eigelb	mit
3 – 4 Eßl. warmem Wasser	schaumig schlagen, nach und nach ⅔ von
150 g Zucker	mit
1 Päckchen Vanillin-Zucker	
3 Tropfen Backöl Bittermandel	hinzugeben, so lange schlagen, bis eine cremeartige Masse entstanden ist
5 Eiweiß	steif schlagen, nach und nach den Rest des Zuckers unterschlagen, den Schnee auf die Eigelbcreme geben
150 g gemahlene Haselnußkerne	mit
100 g fein geriebenem Zwieback	
1 Päckchen Mandella-Grießspeise	
9 g (3 gestrichene Teel.) Backpulver	mischen, darüber geben, vorsichtig unter die Eigelbcreme ziehen (nicht rühren) den Teig in eine Springform (Durchmesser etwa 28 cm, Boden gefettet, mit Pergamentpapier belegt) füllen, sofort backen
Strom:	175 – 200 (vorgeheizt)
Gas:	3 – 4 (nicht vorgeheizt)
Backzeit:	30 – 35 Minuten den Tortenboden gut auskühlen lassen
	für die Füllung
3 gestrichene Teel. Gelatine gemahlen, weiß	mit
4 Eßl. Weinbrand	in einem kleinen Topf anrühren, 10 Minuten zum Quellen stehenlassen, unter Rühren erwärmen, bis sie gelöst ist
500 ml (½ l) Schlagsahne	fast steif schlagen, die gequollene Gelatine,
50 g gesiebten Puderzucker	hinzufügen, die Sahne vollkommen steif schlagen 3 gehäufte Eßl. Sahne in einen Spritzbeutel füllen unter die restliche Sahne
3 gestrichene Teel. gesiebten Kakao	rühren den Biskuitboden einmal durchschneiden, den unteren Boden mit ⅔ der Sahne bestreichen, den oberen Boden darauf legen, leicht andrücken Rand und obere Seite der Torte mit der restlichen Sahne bestreichen, den Rand mit
75 g geraspelter Schokolade	bestreuen, die obere Seite der Torte mit der Sahne aus dem Spritzbeutel verzieren.

Pfirsichcreme-Torte

	Für den Teig
3 Eigelb	mit
2 – 3 Eßl. warmem Wasser	schaumig schlagen, nach und nach ⅔ von
125 g Zucker	mit
1 Päckchen Vanillin-Zucker	hinzugeben, so lange schlagen, bis eine cremeartige Masse entstanden ist
3 Eiweiß	steif schlagen, nach und nach den Rest des Zuckers unterschlagen, den Schnee auf die Eigelbcreme geben
75 g Weizenmehl	mit
1 Päckchen Pudding-Pulver Vanille-Geschmack	
3 g (1 gestrichener Teel.) Backpulver	mischen, darüber sieben, vorsichtig unter die Eigelbcreme ziehen (nicht rühren) den Teig in eine Springform (Durchmesser etwa 28 cm, Boden gefettet, mit Pergamentpapier belegt) füllen, sofort backen
Strom:	175 – 200 (vorgeheizt)
Gas:	3 – 4 (nicht vorgeheizt)
Backzeit:	Etwa 30 Minuten den Tortenboden gut auskühlen lassen
	für die Füllung aus
1 Packung Torten-Creme-Pulver Vanille-Geschmack	
300 ml Milch	eine Creme nach der Vorschrift auf der Packung zubereiten
etwa 500 g Pfirsichhälften (aus der Dose)	abtropfen lassen, 2 Hälften mit einer Gabel zerdrücken, mit
4 Tropfen Backöl Butter-Vanille	zu der Creme geben
125 g weiche Butter oder Margarine	mit dem elektrischen Handrührgerät geschmeidig rühren, die Pfirsichcreme auf einmal unterrühren den Biskuitboden einmal durchschneiden, die Hälften mit
125 ml (⅛ l) Rum	beträufeln, auf den unteren Boden ⅓ der Creme streichen, den zweiten Boden darauf legen Rand und obere Seite der Torte mit der restlichen Creme bestreichen, in die Mitte einen dicken Creme-Tuff spritzen die restlichen Pfirsichhälften in dünne Spalten schneiden, von der Mitte aus spiralförmig die Torte damit belegen
1 gestrichenen Teel. Gelatine gemahlen, weiß	mit
3 Eßl. Pfirsichsaft	in einem kleinen Topf anrühren, 10 Minuten zum Quellen stehenlassen, unter Rühren erwärmen, bis sie gelöst ist, abkühlen lassen, dünn (evtl. mit einem Pinsel) über die Pfirsichspalten streichen den Rand der Torte mit
etwa 20 g abgezogenen, gehobelten, gebräunten Mandeln	bestreuen.

Nußcreme-Torte

	Für den Teig
4 Eigelb	mit
3 – 4 Eßl. warmem Wasser	schaumig schlagen, nach und nach ⅔ von
150 g Zucker	hinzugeben, so lange schlagen, bis eine cremeartige Masse entstanden ist
4 Eiweiß	steif schlagen, nach und nach den Rest des Zuckers unterschlagen, den Schnee auf die Eigelbcreme geben
200 g Weizenmehl	mit
1 Päckchen Pudding-Pulver für Schokoladen-Pudding	
10 g Back-Kakao	
6 g (2 gestrichene Teel.) Backpulver	mischen, darüber sieben, vorsichtig unter die Eigelbcreme ziehen (nicht rühren) den Teig in eine Springform (Durchmesser etwa 28 cm, Boden gefettet, mit Pergamentpapier belegt) füllen, sofort backen
Strom:	175 – 200 (vorgeheizt)
Gas:	3 – 4 (nicht vorgeheizt)
Backzeit:	Etwa 30 Minuten den Tortenboden gut auskühlen lassen
	für die Füllung aus
1 Packung Torten-Creme-Pulver Vanille-Geschmack	
300 ml Milch	nach der Vorschrift auf der Packung eine Creme zubereiten
100 g gemahlene Haselnußkerne	unterrühren
200 g weiche Butter oder Margarine bester Qualität	mit einem elektrischen Handrührgerät schaumig rühren, die Nußcreme auf einmal unterrühren den Biskuitboden zweimal durchschneiden, mit knapp ⅔ der Creme füllen Rand und obere Seite der Torte gleichmäßig mit etwas von der übrigen Creme bestreichen, mit der restlichen Creme verzieren, mit
12 – 16 Haselnußkernen	garnieren.

Torte Caracas

	Für den Teig
4 Eigelb	mit
100 g Marzipan-Rohmasse	mit einem elektrischen Handrührgerät mit Schneebesen auf höchster Stufe cremig schlagen, nach und nach
50 g Zucker, Salz ***1 Päckchen Vanillin-Zucker*** ***1 Messerspitze gemahlenen Zimt***	hinzufügen, so lange schlagen, bis eine cremeartige Masse entstanden ist
4 Eiweiß	steif schlagen, nach und nach
75 g Zucker	eßlöffelweise unterschlagen, auf die Eigelbcreme geben
100 g Weizenmehl ***6 g (2 gestrichene Teel.) Backpulver***	mischen, darüber sieben, vorsichtig unter die Eigelbcreme ziehen (nicht rühren)
80 g Krokant ***50 g zerlassene Butter***	hinzufügen den Teig in eine gefettete, mit Pergamentpapier ausgelegte Springform (Durchmesser etwa 28 cm) füllen, glattstreichen, sofort backen
Strom:	175 – 200 (vorgeheizt)
Gas:	3 – 4 (nicht vorgeheizt)
Backzeit:	25 – 35 Minuten
	den erkalteten Tortenboden einmal durchschneiden
	für die Füllung
100 g zartbittere Schokolade	in kleine Stücke brechen, in einem kleinen Topf im Wasserbad bei schwacher Hitze zu einer geschmeidigen Masse verrühren
500 ml (½ l) Schlagsahne	½ Minute schlagen
2 Päckchen Sahnesteif	hinzufügen, die Sahne steif schlagen, die etwas abgekühlte Schokolade unterrühren, 4 – 5 Eßl. von der Schokoladensahne in einen Spritzbeutel mit gezackter Tülle füllen den unteren Boden gleichmäßig mit ⅔ der Schokoladensahne bestreichen, mit dem oberen Boden bedecken Rand und obere Seite der Torte gleichmäßig mit der restlichen Schokoladensahne bestreichen die Torte mit der Sahne aus dem Spritzbeutel verzieren, mit
Schokoladentäfelchen	garnieren.

Buttercremetorte

	Für den Teig
3 Eigelb	mit
3 – 4 Eßl. warmem Wasser	schaumig schlagen, nach und nach ⅔ von
150 g Zucker	mit
1 Päckchen Vanillin-Zucker	hinzugeben, so lange schlagen, bis eine cremeartige Masse entstanden ist
3 Eiweiß	steif schlagen, nach und nach den Rest des Zuckers unterschlagen, den Schnee auf die Eigelbcreme geben
100 g Weizenmehl	mit
100 g Speisestärke	
9 g (3 gestrichene Teel.) Backpulver Backin	mischen, darüber sieben, unter die Eigelbcreme ziehen (nicht rühren)
oder	
4 Eigelb	mit
2 Eßl. warmem Wasser	schaumig schlagen, nach und nach ⅔ von
150 g Zucker	mit
1 Päckchen Vanilllin-Zucker	hinzugeben, so lange schlagen, bis eine cremeartige Masse entstanden ist
4 Eiweiß	steif schlagen, nach und nach den Rest des Zuckers unterschlagen, den Schnee auf die Eigelbcreme geben
100 g Weizenmehl	mit
100 g Speisestärke	
6 g (2 gestrichene Teel.) Backpulver Backin	mischen, darüber sieben, unter die Eigelbcreme ziehen (nicht rühren) den Teig in eine Springform (Durchmesser etwa 28 cm, Boden gefettet, mit Pergamentpapier belegt) füllen, sofort backen
Strom:	175 – 200 (vorgeheizt)
Gas:	3 – 4 (nicht vorgeheizt)
Backzeit:	20 – 30 Minuten den Tortenboden gut auskühlen lassen
	für die Füllung eine Vanille-Buttercreme nach der Vorschrift auf der Packung zubereiten aus
1 Packung Torten-Creme-Pulver Vanille-Geschmack	
300 ml Milch	
200 g Butter oder Margarine	
1 Päckchen Vanillin-Zucker	
oder	eine Schokoladen-Buttercreme nach

der Vorschrift auf der Packung zubereiten aus

1 Tafel bitterer Schokolade (aufgelöst)
1 Packung Torten-Creme-Pulver Vanille-Geschmack
300 ml Milch
200 g Butter oder Margarine

oder eine Mokka-Buttercreme nach der Vorschrift auf der Packung zubereiten aus

1 Packung Torten-Creme-Pulver Vanille-Geschmack
2 schwach gehäuften Teel. Instant-Kaffee
300 ml Milch
200 g Butter oder Margarine
evtl. 25 g gesiebtem Puderzucker

den Tortenboden zweimal durchschneiden, den unteren Boden mit gut ¼ der Buttercreme bestreichen (nach Belieben den Boden zunächst mit 2 – 3 Eßl. Konfitüre bestreichen), den zweiten darauf legen, mit knapp der Hälfte der restlichen Creme bestreichen, mit dem dritten Boden bedecken, Rand und obere Seite der Torte dünn und gleichmäßig mit etwas von der zurückgelassenen Creme bestreichen, den Rand der Torte mit

gebräunten Mandelscheiben bestreuen, die Torte mit der restlichen Creme verzieren, mit

Kirschen garnieren.

Schwarzwälder Rolle

	Für den Teig
4 Eigelb	mit
3 – 4 Eßl. warmem Wasser	schaumig schlagen, nach und nach ⅔ von
125 g Zucker	mit
1 Päckchen Vanillin-Zucker	hinzugeben, so lange schlagen, bis eine cremeartige Masse entstanden ist
4 Eiweiß	steif schlagen, nach und nach den Rest des Zuckers unterschlagen den Schnee auf die Eigelbcreme geben
75 g Weizenmehl	mit
50 g Speisestärke	
1 Messerspitze Backpulver Backin	mischen, darüber sieben, vorsichtig unter die Eigelbcreme ziehen (nicht rühren) den Teig etwa 1 cm dick auf ein gefettetes, mit Pergamentpapier belegtes Backblech streichen, das Papier unmittelbar vor dem Teig zu einer Falte knicken, so daß ein Rand entsteht, im vorgeheizten Backofen backen
Strom:	200 – 225
Gas:	3 – 4
Backzeit:	10 – 15 Minuten sofort nach dem Backen den Biskuit auf ein mit Zucker bestreutes Papier stürzen, das Papier mit kaltem Wasser bestreichen, vorsichtig, aber schnell abziehen, den Biskuit mit der Unterlage aufrollen, kalt stellen
	für die Füllung
1 Päckchen Gelatine gemahlen, weiß	mit
3 Eßl. kaltem Wasser	in einem kleinen Topf anrühren, 10 Minuten zum Quellen stehenlassen, unter Rühren erwärmen, bis sie gelöst ist
500 ml (½ l) Schlagsahne	fast steif schlagen, die lauwarme Gelatinelösung,
40 g Zucker	
1 Päckchen Vanillin-Zucker	hinzufügen, die Sahne vollkommen steif schlagen
2 Eßl. Kirschwasser	vorsichtig unterziehen die ausgekühlte Rolle vorsichtig auseinanderrollen, mit knapp ⅔ der Sahne bestreichen, aufrollen (die äußere braune Haut beim Aufrollen entfernen), von außen mit einem Teil der restlichen Sahne bestreichen, mit
100 g geraspelter Schokolade	bestreuen, mit der restlichen Sahne verzieren, mit
kandierten Kirschen	garnieren.

Zitronen-Sahnerolle

(Abb. nebenstehend)

	Für den Teig
4 Eigelb	mit
3 – 4 Eßl. warmem Wasser	schaumig schlagen, nach und nach ⅔ von
125 g Zucker	mit
1 Päckchen Vanillin-Zucker	hinzugeben, so lange schlagen, bis eine cremeartige Masse entstanden ist
4 Eiweiß	steif schlagen, nach und nach den Rest des Zuckers unterschlagen, auf die Eigelbcreme geben
75 g Weizenmehl	mit
50 g Speisestärke	
1 Messerspitze Backpulver Backin	mischen, darüber sieben, alles vorsichtig unter die Eigelbcreme ziehen (nicht rühren) den Teig etwa 1 cm dick auf ein gefettetes, mit Pergamentpapier belegtes Backblech streichen, an der offenen Seite des Blechs das Papier unmittelbar vor dem Teig zur Falte knicken, so daß ein Rand entsteht, sofort in den vorgeheizten Backofen schieben
Strom:	200 – 225
Gas:	3 – 4
Backzeit:	10 – 15 Minuten den Biskuit nach dem Backen sofort auf ein mit Zucker bestreutes Papier stürzen, das Pergamentpapier mit kaltem Wasser bestreichen, vorsichtig, aber schnell abziehen den Biskuit mit der Papierunterlage aufrollen, kalt stellen
	für die Füllung
2 gestrichene Teel. Gelatine gemahlen, weiß	mit
2 Eßl. kaltem Wasser	in einem kleinen Topf anrühren, 10 Minuten zum Quellen stehenlassen mit den Ecken von
3 Stück Würfelzucker	die
Schale von etwa ½ Zitrone (unbehandelt)	abreiben, die Gelatine mit dem Würfelzucker unter Rühren erwärmen, bis alles gelöst ist
5 Eßl. Zitronensaft	hinzufügen
500 ml (½ l) Schlagsahne	fast steif schlagen, die Gelatinelösung unter Schlagen nach und nach hinzufügen, die Sahne vollkommen steif schlagen
100 g Puderzucker	sieben, unterrühren die ausgekühlte Rolle vorsichtig auseinanderrollen, mit ⅔ der Zitronensahne bestreichen, aufrollen,

die äußere braune Haut entfernen, mit der restlichen Sahne die Rolle bestreichen, durch wellenförmige Längsstriche mit einer Gabel verzieren.

Nußtorte mit Osterhäschen

	Für den Teig
2 Eigelb	mit
2 – 3 Eßl. warmem Wasser	schaumig schlagen, nach und nach ⅔ von
100 g Zucker	mit
1 Päckchen Vanillin-Zucker	hinzufügen, so lange schlagen, bis eine cremeartige Masse entstanden ist
2 Eiweiß	zu steifem Schnee schlagen, nach und nach den restlichen Zucker unterschlagen, den Schnee auf die Eigelbcreme geben
75 g Weizenmehl	mit
50 g Speisestärke 3 g (1 gestrichener Teel.) Backpulver Backin	mischen, darüber sieben, unter die Eigelbcreme ziehen (nicht rühren) den Teig in eine mit Pergamentpapier ausgelegte Springform (Durchmesser etwa 28 cm) füllen, sofort backen
Strom:	175 – 200 (vorgeheizt)
Gas:	3 – 4 (nicht vorgeheizt)
Backzeit:	20 – 30 Minuten den Tortenboden gut auskühlen lassen, einmal durchschneiden
	für die Füllung
500 ml (½ l) Schlagsahne	½ Minute schlagen
25 g gesiebten Puderzucker	mit
2 Päckchen Sahnesteif 1 Päckchen Vanillin-Zucker	mischen, einstreuen, die Sahne steif schlagen
150 g gemahlene, geröstete Haselnußkerne	unterrühren (2 Eßl. zurücklassen) den unteren Boden mit der Nußsahne bestreichen, den oberen darauf legen, gut andrücken den Rand der Torte mit der zurückgelassenen Nußsahne bestreichen, mit den zurückgelassenen Haselnußkernen bestreuen aus Papier 16 Osterhasen als Schablonen schneiden, auf die Torte legen, die Torte mit
Puderzucker	bestäuben, die Schablonen vorsichtig abheben.

Schwarz-Weiß-Torte

	Für den Teig
4 Eigelb	mit
4 Eßl. warmem Wasser	schaumig schlagen, nach und nach ⅔ von
125 g Zucker	mit
1 Päckchen Vanillin-Zucker	hinzugeben, so lange schlagen, bis eine cremeartige Masse entstanden ist
4 Eiweiß	steif schlagen, nach und nach den Rest des Zuckers unterschlagen, auf die Eigelbcreme geben
50 g Weizenmehl	mit
50 g Speisestärke	
30 g Kakao	
1½ g (½ gestrichener Teel.) Backpulver Backin	mischen, darüber sieben, unter die Eigelbcreme ziehen (nicht rühren), den Teig etwa 1 cm dick auf ein mit Pergamentpapier belegtes Backblech streichen, das Papier unmittelbar vor dem Teig zu einer Falte knicken, so daß ein Rand entsteht, das Backblech in den vorgeheizten Backofen schieben
Strom:	200 – 225
Gas:	4 – 5
Backzeit:	10 – 15 Minuten
	den Biskuit sofort auf ein mit Zucker bestreutes Papier stürzen, das Pergamentpapier mit kaltem Wasser bestreichen, vorsichtig, aber schnell abziehen
	für den Krokant
1 Messerspitze Butter	mit
25 g Zucker	zerlassen, unter Rühren so lange erhitzen, bis der Zucker schwach gebräunt ist
50 g abgezogene, gehackte Mandeln	unterrühren, auf einer mit
Speiseöl	bestrichenen Platte erkalten lassen, in kleine Stücke zerstoßen
	für die Füllung
	von
500 ml (½ l) kalter Milch	5 Eßl. abnehmen
40 g Speisestärke	
100 g Zucker	damit anrühren, die übrige Milch zum Kochen bringen, in die von der Kochstelle genommene Milch langsam die angerührte Speisestärke geben, einmal kurz aufkochen lassen, während des Erkaltens ab und zu durchrühren
250 g Butter	geschmeidig rühren, den Pudding eßlöffelweise darunter geben (darauf

achten, daß weder Fett noch Pudding zu kalt sind, da dann die sogenannte Gerinnung eintritt)
3 Eßl. von der Creme mit
Kakao verrühren, in einen Spritzbeutel füllen
die erkaltete Biskuitplatte zunächst mit
6 Eßl. Rum beträufeln
200 g Johannisbeergelee glattrühren, die Biskuitplatte zunächst mit dem Gelee, dann mit ⅔ der Buttercreme bestreichen, der Länge nach in 6 Streifen von etwa 5 cm Breite schneiden
den ersten Streifen spiralförmig aufrollen, senkrecht hinstellen, die übrigen Streifen quer in Hälften schneiden, mit den Stücken die Spirale fortsetzen, so daß eine Torte entsteht
Rand und obere Seite der Torte mit der restlichen Creme bestreichen
den Rand mit Krokant bestreuen, die Tortenoberfläche mit einer Gabel spiralförmig verzieren, mit der Creme aus dem Spritzbeutel beliebig verzieren.

Mokka-Sahnetorte „Rio“

Für den Knetteig

150 g Weizenmehl in eine Rührschüssel sieben
2 schwach gehäufte Eßl. Zucker
1 Päckchen Vanillin-Zucker
100 g weiche Butter oder Margarine hinzufügen, alle Zutaten mit einem elektrischen Handrührgerät mit Knethaken zuerst auf der niedrigsten, dann auf der höchsten Stufe so lange verkneten, bis ein zusammenhängender Teig entstanden ist, auf der Tischplatte zu einer Rolle formen
den Teig eine Zeitlang kalt stellen
den Teig auf dem gefetteten Boden einer Springform (Durchmesser etwa 28 cm) ausrollen, mit einer Gabel mehrmals einstechen, in den vorgeheizten Backofen schieben
Strom: 200 – 225
Gas: 3 – 4
Backzeit: Etwa 15 Minuten
den Knetteigboden sofort mit einem Messer vom Springformboden lösen, erkalten lassen

für den Biskuitteig

2 Eier mit
2 – 3 Eßl. warmem Wasser mit einem elektrischen Handrührgerät mit Rührbesen auf höchster Stufe etwa 1 Minute schlagen
100 g Zucker mit
1 Päckchen Vanillin-Zucker mischen, in 1 Minute einstreuen, etwa 2 Minuten weiterschlagen, das Gerät ausschalten
75 g Weizenmehl mit
50 g Speisestärke
3 g (1 gestrichener Teel.) Backpulver Backin mischen, etwa die Hälfte davon auf die Eiercreme sieben, mit dem Rührbesen kurz auf der niedrigsten Stufe unterrühren, die andere Hälfte auf die gleiche Weise unterarbeiten
den Teig in eine Springform (Durchmesser etwa 28 cm, Boden gefettet, mit Pergamentpapier belegt) füllen, sofort backen
Strom: 175 – 200 (vorgeheizt)
Gas: 3 – 4 (nicht vorgeheizt)
Backzeit: 20 – 30 Minuten
den Biskuitboden gut auskühlen lassen

für die Füllung

etwa 250 g Sauerkirschen (aus dem Glas) abtropfen lassen, 200 ml (⅕ l) von dem Saft abmessen (evtl. mit Wasser ergänzen)
30 g Speisestärke mit dem Saft anrühren, unter Rühren zum Kochen bringen, kurz aufkochen lassen, die Kirschen unterrühren, kalt stellen, mit
Zucker abschmecken
2 Teel. Instant-Kaffee-Pulver mit
2 Eßl. kochendem Wasser verrühren, abkühlen lassen
den Knetteigboden mit
2 Eßl. roter Konfitüre bestreichen
den Biskuitboden einmal durchschneiden, den unteren Boden auf den mit Konfitüre bestrichenen Boden legen, die Kirschcreme darauf verteilen
750 ml (¾ l) Schlagsahne ½ Minute schlagen
2 Eßl. gesiebten Puderzucker
1 Päckchen Vanillin-Zucker
3 Päckchen Sahnesteif mischen, einstreuen, die Sahne steif schlagen, ⅓ davon abnehmen
unter die restliche Sahne den Kaffee heben, auf die Kirschen streichen
den oberen Biskuitboden darauf legen, gut andrücken
die obere Seite und den Rand der Torte mit etwa der Hälfte der zurückgelassenen Sahne bestreichen, die restliche Sahne in einen Spritzbeutel füllen
die Torte in 16 gleiche Stücke teilen, Sahnetuffs darauf spritzen, mit
Mokkabohnen garnieren.

Mohrenkopftorte

Für den Knetteig

125 g Weizenmehl	mit
10 g Back-Kakao	mischen, auf die Tischplatte sieben, in die Mitte eine Vertiefung eindrücken
40 g Zucker	
1 Päckchen Vanillin-Zucker	
1 Eßl. Wasser	hineingeben, mit einem Teil des Mehls zu einem dicken Brei verarbeiten
75 g kalte Butter	in Stücke schneiden, auf den Brei geben, mit Mehl bedecken, von der Mitte aus alle Zutaten schnell zu einem glatten Teig verkneten, sollte er kleben, ihn eine Zeitlang kalt stellen
	den Teig auf dem Boden einer gefetteten Springform (Durchmesser etwa 28 cm) ausrollen, mehrmals mit einer Gabel einstechen
Strom:	200 – 225 (vorgeheizt)
Gas:	5 Minuten vorheizen 3 – 4, backen 3 – 4
Backzeit:	Etwa 15 Minuten
	sofort nach dem Backen den Boden vom Springformboden lösen, aber erst, wenn er erkaltet ist, ihn auf eine Tortenplatte legen

für den Biskuitteig

3 Eigelb	mit
3 – 4 Eßl. warmem Wasser	schaumig schlagen, nach und nach ⅔ von
150 g Zucker	mit
1 Päckchen Vanillin-Zucker	hinzugeben, so lange schlagen, bis eine cremeartige Masse entstanden ist
3 Eiweiß	steif schlagen, nach und nach den Rest des Zuckers unterschlagen, den Schnee auf die Eigelbcreme geben
100 g Weizenmehl	mit
100 g Speisestärke	
9 g (3 gestrichene Teel.) Backpulver Backin	mischen, darüber sieben, unter die Eigelbcreme ziehen (nicht rühren), dabei nach und nach
75 g zerlassene, abgekühlte Butter	dazugeben
	den Teig in eine Springform (Durchmesser etwa 28 cm, Boden gefettet, mit Pergamentpapier belegt) füllen, sofort backen
Strom:	175 – 200 (vorgeheizt)
Gas:	3 – 4 (nicht vorgeheizt)
Backzeit:	20 – 30 Minuten
	den Biskuitboden gut auskühlen lassen, einmal durchschneiden
	den Knetteigboden mit
etwa 3 Eßl. Aprikosen-Konfitüre	bestreichen, den unteren Biskuitboden darauf legen

zum Tränken des Biskuitbodens

4 Eßl. Wasser	mit
50 g Zucker	aufkochen, nach dem Erkalten
6 Eßl. Rum	hinzufügen, den unteren Biskuitboden damit beträufeln
	aus dem oberen Biskuitboden mit einer runden Form (Durchmesser etwa 3,5 cm) 16 Plätzchen ausstechen

für die Füllung

100 g zartbittere Schokolade	in kleine Stücke brechen, in einem kleinen Topf im Wasserbad bei schwacher Hitze zu einer geschmeidigen Masse verrühren
	aus
1 Packung Torten-Creme-Pulver Vanille-Geschmack	
300 ml kalter Milch	
200 g Butter	nach der Vorschrift auf der Packung eine Creme zubereiten
	die noch heiße Schokolade schnell unterrühren
	den getränkten Biskuitboden mit etwas Creme bestreichen, den „gelochten" Boden darauf legen, die Löcher mit Creme ausfüllen (am besten mit einem Spritzbeutel), Rand und obere Seite der Torte gleichmäßig mit Creme bestreichen
150 g Kuvertüre	im Wasserbad zu einer geschmeidigen Masse verrühren, die ausgestochenen Biskuitplätzchen damit überziehen
	die obere Seite der Torte in 16 Stücke einteilen, auf jedes einen „Mohrenkopf" setzen
40 g Schokolade	reiben, den Rand der Torte damit bestreuen, nach Belieben die Torte mit der restlichen Creme verzieren.

Joghurt-Sahnetorte mit Kirschen

375 g entsteinte Sauerkirschen (aus dem Glas)	abtropfen lassen
1 Biskuit-Tortenboden	auf eine Tortenplatte legen
	den Ring-Streifen aus
1 Packung Quark-Sahne Torten-Hilfe	um den Tortenboden legen, die Kirschen auf dem Boden verteilen
500 ml (½ l) Wasser	und die Tortenhilfe in eine Schüssel geben, mit einem elektrischen Handrührgerät mit Schneebesen auf höchster Stufe in etwa 3 Minuten zu einer schaumigen Masse schlagen
3 Becher (je 150 g) Joghurt	nacheinander (jeweils 1 Becher) auf höchster Stufe kurz unter die Schaummasse schlagen
250 ml (¼ l) Schlagsahne	½ Minute schlagen
1 Päckchen Vanillin-Zucker	
1 Päckchen Sahnesteif	mischen, einstreuen, die Sahne steif schlagen, 3 Eßl. davon in einen Spritzbeutel füllen, die restliche Schlagsahne auf niedrigster Stufe kurz unter die Joghurtmasse schlagen, auf die Kirschen geben, gleichmäßig bis an den Ring-Streifen streichen, im Kühlschrank fest werden lassen
	nach etwa 3 Stunden den Ring-Streifen mit Hilfe eines Messers lösen
	kurz vor dem Servieren die Torte schneiden, mit der Schlagsahne aus dem Spritzbeutel verzieren.

Savarin mit Erdbeeren

	Für den Teig
2 Eier	mit
2 Eßl. heißem Wasser	schaumig schlagen, nach und nach
100 g Zucker	
1 Päckchen Vanillin-Zucker	hinzugeben, so lange schlagen, bis eine cremeartige Masse entstanden ist
125 g Weizenmehl	mit
30 g Speisestärke	
1½ g (½ gestrichener Teel.) Backpulver Backin	mischen, darüber sieben, vorsichtig unter die Eiercreme ziehen (nicht rühren) den Teig in eine gut gefettete Kranzform (Durchmesser etwa 24 cm) geben, sofort backen
Strom:	175 – 200 (vorgeheizt)
Gas:	3 – 4 (nicht vorgeheizt)
Backzeit:	Etwa 35 Minuten
	zum Tränken etwa 3 Stunden vor dem Servieren
125 ml (⅛ l) Wasser	mit
100 g Zucker	
1 Päckchen Vanillin-Zucker	zum Kochen bringen, von der Kochstelle nehmen
375 ml (⅜ l) Weißwein	hinzufügen etwa ⅓ dieser heißen Flüssigkeit in die Kranzform gießen, das Gebäck hineinlegen, vorsichtig mit der restlichen Flüssigkeit begießen, kalt stellen, damit es gut durchziehen kann
	für den Guß
250 g Erdbeeren	waschen, gut abtropfen lassen, entstielen, durch ein Sieb streichen, 250 ml (¼ l) Erdbeerpülpe davon abmessen (evtl. mit Wasser ergänzen), aus der Pülpe,
1 Päckchen Tortenguß, rot	
25 g Zucker	nach der Vorschrift auf dem Päckchen einen Guß zubereiten den Erdbeerguß unregelmäßig über den auf einen Kuchenteller gestürzten Kranz verteilen, erkalten lassen
	für die Füllung
500 g Erdbeeren	waschen, gut abtropfen lassen, entstielen, mit
50 g Zucker	mischen, in den Kranz füllen
	für die Verzierung
125 ml (⅛ l) Schlagsahne	schlagen, den Kranz damit verzieren.

Vanillecreme-Torte

(Abb. nebenstehend)

	Für den Teig
3 Eigelb	mit
3 – 4 Eßl. warmem Wasser	schaumig schlagen, nach und nach ⅔ von
150 g Zucker	mit
1 Päckchen Vanillin-Zucker	hinzugeben, so lange schlagen, bis eine cremeartige Masse entstanden ist
3 Eiweiß	steif schlagen, nach und nach den Rest des Zuckers unterschlagen, den Schnee auf die Eigelbcreme geben
100 g Weizenmehl	mit
100 g Speisestärke	
9 g (3 gestrichene Teel.) Backpulver	mischen, darüber sieben, unter die Eigelbcreme ziehen (nicht rühren) den Teig in eine Springform (Durchmesser etwa 28 cm, Boden gefettet, mit Pergamentpapier belegt) füllen, sofort backen
Strom:	175 – 200 (vorgeheizt)
Gas:	3 – 4 (nicht vorgeheizt)
Backzeit:	20 – 30 Minuten den Tortenboden gut auskühlen lassen
	für die Füllung aus
1 Päckchen Pudding-Pulver Vanille-Geschmack	
75 g Zucker	
500 ml (½ l) kalter Milch	nach der Vorschrift auf dem Päckchen einen Pudding zubereiten
2 Päckchen Vanillin-Zucker	hinzufügen, kalt stellen, ab und zu durchrühren
250 g Butter	geschmeidig rühren, den Pudding eßlöffelweise darunter geben (darauf achten, daß weder Fett noch Pudding zu kalt sind, da dann die sogenannte Gerinnung eintritt) den Tortenboden zweimal durchschneiden
100 g zartbittere Schokolade	in einem kleinen Topf im Wasserbad bei schwacher Hitze zu einer geschmeidigen Masse verrühren, den unteren Boden zunächst mit der Schokolade, dann mit gut ¼ der Creme bestreichen, den zweiten darauf legen, zunächst mit
2 – 3 Eßl. Aprikosen-Konfitüre	und dann mit knapp der Hälfte der restlichen Creme bestreichen, mit dem dritten Boden bedecken, Rand und obere Seite der Torte dünn und gleichmäßig mit etwas von der zurückgelassenen Creme bestreichen, den Rand der Torte mit
Schoko-Blättchen	bestreuen, mit der restlichen Creme auf die obere Seite ein Gittermuster spritzen.

Apfelsinentorte

	Für den Teig
3 Eigelb	mit
2 – 3 Eßl. warmem Wasser	schaumig schlagen, nach und nach ⅔ von
125 g Zucker	mit
1 Päckchen Vanillin-Zucker	hinzugeben, so lange schlagen, bis eine cremeartige Masse entstanden ist
3 Eiweiß	zu steifem Schnee schlagen, nach und nach den Rest des Zuckers unterschlagen, den Schnee auf die Eigelbcreme geben
75 g Weizenmehl	mit
75 g Speisestärke 20 g Kakao 6 g (2 gestrichene Teel.) Backpulver Backin	mischen, darüber sieben, vorsichtig unter die Eigelbcreme ziehen (nicht rühren) den Teig in eine Springform (Durchmesser etwa 28 cm, Boden gefettet, mit Pergamentpapier belegt) füllen, sofort backen
Strom:	175 – 200 (vorgeheizt)
Gas:	3 – 4 (nicht vorgeheizt)
Backzeit:	25 – 35 Minuten den Tortenboden gut auskühlen lassen
	für die Füllung
750 ml (¾ l) Schlagsahne	mit
6 Eßl. Apfelsinensaft	½ Minute schlagen
50 g Puderzucker	sieben, mit
3 Päckchen Sahnesteif	mischen, unter ständigem Schlagen einstreuen, die Sahne steif schlagen
etwas abgeriebene Schale von 1 Apfelsine (unbehandelt)	darunter geben den Tortenboden zweimal durchschneiden den unteren Boden mit
etwa 2 Eßl. Apfelsinen-Marmelade	bestreichen, darauf ⅓ der Schlagsahne streichen, den zweiten Boden darauf legen, mit der Hälfte der übrigen Sahne bestreichen, mit dem dritten bedecken Rand und obere Seite der Torte mit etwas von der restlichen Sahne bestreichen, die Torte mit der restlichen Sahne verzieren, mit
Apfelsinenscheiben	garnieren.

Schokoladen-Biskuitrolle

	Für den Teig
4 Eigelb	mit
4 Eßl. warmem Wasser	schaumig schlagen, nach und nach ⅔ von
125 g Zucker	mit
1 Päckchen Vanillin-Zucker	dazugeben, so lange schlagen, bis eine cremeartige Masse entstanden ist
4 Eiweiß	steif schlagen, den Rest des Zuckers unterschlagen, den Schnee auf die Eigelbcreme geben
50 g Weizenmehl	mit
50 g Speisestärke	
30 g Kakao	
1½ g (½ gestrichener Teel.) Backpulver Backin	mischen, darüber sieben, vorsichtig unter die Eigelbcreme ziehen (nicht rühren) den Teig etwa 1 cm dick auf ein gefettetes, mit Pergamentpapier belegtes Backblech streichen, an der offenen Seite des Blechs das Papier unmittelbar vor dem Teig zu einer Falte knicken, so daß ein Rand entsteht, im vorgeheizten Backofen backen
Strom:	200 – 225
Gas:	3 – 4
Backzeit:	10 – 15 Minuten den Biskuit sofort nach dem Backen auf ein mit Zucker bestreutes Papier stürzen, das Pergamentpapier mit kaltem Wasser bestreichen, vorsichtig, aber schnell abziehen den Biskuit mit der Papierunterlage aufrollen, kalt stellen
	für die Füllung
1 Päckchen Pudding-Pulver Vanille-Geschmack	
100 g Zucker	mit 6 Eßl. von
500 ml (½ l) kalter Milch	anrühren, die übrige Milch erhitzen in die kochende, von der Kochstelle genommene Milch das angerührte Pudding-Pulver rühren, einmal kurz aufkochen lassen, während des Erkaltens ab und zu durchrühren
200 g Butter oder Margarine	geschmeidig rühren, den Pudding eßlöffelweise darunter geben (darauf achten, daß weder Fett noch Pudding zu kalt sind, da dann die sogenannte Gerinnung eintritt) die ausgekühlte Rolle vorsichtig auseinanderrollen, mit der Hälfte der Buttercreme gleichmäßig bestreichen, aufrollen, die äußere braune Haut entfernen, die Rolle mit der restlichen Creme bestreichen, verzieren.

Petits fours

(Abb. nebenstehend)

	Für den Teig
3 Eigelb	mit
3 Eßl. warmem Wasser	schaumig schlagen, nach und nach ⅔ von
100 g Zucker	mit
1 Päckchen Vanillin-Zucker	hinzufügen, so lange schlagen, bis eine cremeartige Masse entstanden ist
3 Eiweiß	steif schlagen, nach und nach den Rest des Zuckers unterschlagen, auf die Eigelbcreme geben
100 g Weizenmehl	mit
3 g (1 gestrichener Teel.) Backpulver Backin	mischen, darüber sieben, alles vorsichtig unter die Eigelbcreme ziehen (nicht rühren), dabei nach und nach
75 g zerlassene, abgekühlte Butter	dazugeben den Teig etwa 1 cm dick auf ein mit Pergamentpapier belegtes Backblech streichen, damit der Teig an der offenen Seite des Backblechs nicht auslaufen kann, das Papier unmittelbar vor dem Teig zu einer Falte knicken, so daß ein Rand entsteht, im vorgeheizten Backofen backen
Strom:	200 – 225
Gas:	3 – 4
Backzeit:	15 – 20 Minuten den Biskuit sofort nach dem Backen auf ein mit Zucker bestreutes Papier stürzen, das Pergamentpapier mit kaltem Wasser bestreichen, vorsichtig, aber schnell abziehen aus dem Biskuit mit einer kleinen Form 32 Herzen ausstechen mit einem Ring (Durchmesser etwa 4 cm) 36 Törtchen ausstechen, mit einem Messer 22 Quadrate (3 x 3 cm) ausschneiden
	für die Herzen
50 g Puderzucker	sieben, mit
100 g Marzipan-Rohmasse	verkneten, knapp ½ cm dick ausrollen, 16 Herzen (in der Größe der Biskuitherzen) ausstechen
150 g zartbittere Schokolade	in kleine Stücke brechen, in einem kleinen Topf im Wasserbad bei schwacher Hitze zu einer geschmeidigen Masse verrühren die Hälfte der Biskuitherzen mit etwas von der Schokolade bestreichen, die Marzipanherzen darauf legen, mit etwas von der Schokolade bestreichen, die restlichen Biskuitherzen darauf legen

	das restliche Marzipan und die Schokoladenmasse aufheben
100 g Puderzucker	sieben, mit
3 Eßl. rotem Johannisbeergelee etwa 3 Teel. Wasser	zu einem dickflüssigen Guß verrühren, die Herzen damit überziehen
	für die Törtchen
75 – 100 g Nußnougatmasse	in einem kleinen Topf im Wasserbad bei schwacher Hitze zu einer geschmeidigen Masse verrühren, die Hälfte der Törtchen damit bestreichen, die restlichen Törtchen darauf legen die restliche Nußnougatmasse aufheben die restliche Schokoladenmasse mit
20 g Kokosfett	in einem kleinen Topf im Wasserbad bei schwacher Hitze zu einer geschmeidigen Masse verrühren, die Törtchen damit überziehen
	für Quadrate (ohne Abb.) das restliche Marzipan dünn ausrollen, in 11 Quadrate (3 x 3 cm) schneiden, die Hälfte der Biskuitquadrate mit Nußnougatmasse bestreichen, die Marzipanplättchen darauf legen, mit Nußnougatmasse bestreichen, die restlichen Biskuitquadrate darauf legen
125 g Puderzucker	sieben, mit
1 – 2 Eßl. Zitronensaft	zu einem dickflüssigen Guß verrühren, die Quadrate damit überziehen die Herzen und die Törtchen mit übriggebliebener Zitronen- oder Schokoladenglasur bespritzen, mit
Liebesperlen oder kandierten Früchten	garnieren
	für die Kugeln die Biskuitreste zerkrümeln, in eine Rührschüssel geben, mit
2 Eßl. Curaçao	beträufeln
35 g Kokosfett	zerlassen, abkühlen lassen
25 g Puderzucker 1 gestrichenen Eßl. Kakao	in eine Rührschüssel geben
1 Päckchen Vanillin-Zucker	hinzufügen
1 Ei	und nach und nach das Kokosfett unterrühren die Masse mit den Biskuitkrümeln verrühren, etwa 10 Kugeln daraus formen, in
Schokoladen-streuseln	wenden (am besten in einem Kaffeesieb), kalt stellen, damit sie fest werden.

Schwarzwälder Kirschtorte

	Für den Knetteig
125 g Weizenmehl	mit
10 g Back-Kakao	
1 Messerspitze Backpulver Backin	mischen, auf die Tischplatte sieben, in die Mitte eine Vertiefung eindrücken
50 g Zucker	
1 Päckchen Vanillin-Zucker	hineingeben
100 g kalte Butter oder Margarine	in Stücke schneiden, auf den Zucker geben, mit Mehl bedecken, von der Mitte aus alle Zutaten schnell zu einem glatten Teig verkneten, sollte er kleben, ihn eine Zeitlang kalt stellen den Teig auf dem gefetteten Boden einer Springform (Durchmesser etwa 28 cm) ausrollen, mehrmals mit einer Gabel einstechen, den Springformrand darum geben, schließen, die Form in den vorgeheizten Backofen schieben
Strom:	200 – 225
Gas:	3 – 4
Backzeit:	Etwa 15 Minuten
	für den Biskuitteig
4 Eigelb	mit
2 Eßl. warmem Wasser	schaumig schlagen, nach und nach ⅔ von
100 g Zucker	mit
1 Päckchen Vanillin-Zucker	hinzugeben, so lange schlagen, bis eine cremeartige Masse entstanden ist
3 Tropfen Backöl Bittermandel	
gut 1 Messerspitze gemahlenen Zimt	unterrühren
4 Eiweiß	steif schlagen, nach und nach den Rest des Zuckers unterschlagen, den Schnee auf die Eigelbcreme geben
75 g Weizenmehl	mit
30 g Speisestärke	
10 g Back-Kakao	
1½ g (½ gestrichener Teel.) Backpulver Backin	mischen, darüber sieben, unter die Eigelbcreme ziehen (nicht rühren), den Teig in eine Springform (Durchmesser etwa 28 cm, Boden gefettet, mit Pergamentpapier belegt) füllen, sofort backen
Strom:	175 – 200 (vorgeheizt)
Gas:	3 – 4 (nicht vorgeheizt)
Backzeit:	25 – 30 Minuten den Tortenboden gut auskühlen lassen

	für die Füllung
500 g entsteinte Sauerkirschen (aus dem Glas)	abtropfen lassen
oder	
750 g Sauerkirschen	waschen, entstielen, entsteinen, mit
75 g Zucker	mischen, kurze Zeit zum Saftziehen stehenlassen, eben zum Kochen bringen, abtropfen und erkalten lassen 250 ml (¼ l) Saft abmessen (evtl. mit Wasser ergänzen)
40 g Speisestärke	mit 4 Eßl. von dem Saft anrühren, den übrigen Kirschsaft zum Kochen bringen, die Speisestärke unter Rühren in den von der Kochstelle genommenen Kirschsaft geben, kurz aufkochen lassen, die Kirschen unterrühren, kalt stellen, mit
etwa 25 g Zucker	
etwa 2 Eßl. Kirschwasser	abschmecken
750 ml (¾ l) Schlagsahne	½ Minute schlagen
40 g Puderzucker	sieben, mit
1 Päckchen Vanillin-Zucker	
3 Päckchen Sahnesteif	mischen, einstreuen, die Sahne steif schlagen
	zunächst die Hälfte der Kirschcreme, dann ⅓ der Sahne auf den Knetteigboden streichen
	den Biskuitboden einmal durchschneiden, den unteren Boden auf die Sahne legen, gut andrücken, mit der übrigen Kirschcreme, dann mit der Hälfte der übrigen Sahne bestreichen, mit dem oberen Boden bedecken
	den Rand gleichmäßig, die obere Seite bergartig mit der restlichen Sahne bestreichen
	die Torte mit
geschabter Schokolade	bestreuen.

Schokoladencreme-Biskuit

	Für den Teig
2 Eigelb	mit
1 – 2 Eßl. warmem Wasser	schaumig schlagen, nach und nach ⅔ von
100 g Zucker	mit
1 Päckchen Vanillin-Zucker	dazugeben, so lange schlagen, bis eine cremeartige Masse entstanden ist
2 Eiweiß	steif schlagen, nach und nach den Rest des Zuckers unterschlagen, den Schnee auf die Eigelbcreme geben
75 g Weizenmehl	mit
50 g Speisestärke	
3 g (1 gestrichener Teel.) Backpulver Backin	mischen, darüber sieben, vorsichtig unterziehen (nicht rühren), dabei nach und nach
50 g zerlassene, abgekühlte Butter	dazugeben den Teig in eine gefettete, mit Pergamentpapier ausgelegte Kastenform (30 x 11 cm) füllen, sofort backen
Strom:	175 – 200 (vorgeheizt)
Gas:	3 – 4 (nicht vorgeheizt)
Backzeit:	Etwa 30 Minuten
	für die Füllung aus
1 Packung Torten-Creme-Pulver Vanille-Geschmack	
300 ml Milch	
100 – 200 g Butter	nach der Vorschrift auf der Packung eine Creme zubereiten
75 g bittere Schokolade	in Stücke brechen, in einem kleinen Topf im Wasserbad erwärmen, bis sie weich ist, gleichmäßig unter die Tortencreme rühren den gut ausgekühlten Biskuit einmal durchschneiden, den unteren Teil mit gut der Hälfte der Tortencreme bestreichen, mit dem oberen bedecken, mit der restlichen Creme (etwa 3 gehäufte Eßl. zurücklassen) den ganzen Biskuit gleichmäßig bestreichen, die Seiten bis zur halben Höhe mit
40 g Schokoladen-streuseln	garnieren, das Gebäck mit der restlichen Creme verzieren.

Zuger Kirschtorte

(Abb. nebenstehend)

	Für den Biskuitteig
4 Eigelb	mit
2 – 3 Eßl. warmem Wasser	schaumig schlagen, nach und nach ⅔ von
100 g Zucker	mit
1 Päckchen Vanillin-Zucker	hinzugeben, so lange schlagen, bis eine cremeartige Masse entstanden ist
1 Eiweiß	steif schlagen, nach und nach den Rest des Zuckers unterschlagen, den Schnee auf die Eigelbcreme geben
75 g Weizenmehl	mit
50 g Speisestärke	
3 g (1 gestrichener Teel.) Backpulver	mischen, darüber sieben, unter die Eigelbcreme ziehen (nicht rühren), den Teig in eine Springform (Durchmesser etwa 28 cm, Boden gefettet, mit Pergamentpapier belegt) füllen, sofort backen
Strom:	175 – 200 (vorgeheizt)
Gas:	3 – 4 (nicht vorgeheizt)
Backzeit:	25 – 30 Minuten den Tortenboden gut auskühlen lassen
	für die Baisermasse
3 Eiweiß	steif schlagen, nach und nach eßlöffelweise
150 g Zucker	
1 Päckchen Vanillin-Zucker	unterschlagen
100 g abgezogene, gemahlene Mandeln	vorsichtig unterheben aus der Masse zwei Baiserböden herstellen dazu jeweils die Hälfte in eine gefettete, mit gut gefettetem Pergamentpapier ausgelegte Springform (Durchmesser etwa 28 cm) geben, glattstreichen
Strom:	100 – 125
Gas:	1, nach 30 – 40 Minuten Ofen ausschalten, Boden noch etwa 20 Minuten im Ofen stehenlassen
Backzeit:	60 – 80 Minuten sobald die Böden gebacken sind, das Papier mit Wasser bestreichen, abziehen die Baiserböden in gut schließendem Kochtopf aufbewahren, damit sie nicht weich werden
	für die Füllung
1 Päckchen Pudding-Pulver Himbeer-Geschmack	
100 g Zucker	mit
6 Eßl. kalter Milch	anrühren
500 ml (½ l) Milch	zum Kochen bringen, das Pudding-Pulver unter Rühren in die von der

Kochstelle genommene Milch geben, kurz aufkochen lassen, kalt stellen, ab und zu durchrühren

250 g Butter oder Margarine geschmeidig rühren, den Pudding eßlöffelweise darunter geben (darauf achten, daß weder Fett noch Pudding zu kalt sind, da dann die sogenannte Gerinnung eintritt)

zum Tränken des Biskuitbodens

6 Eßl. Wasser mit

60 g Zucker aufkochen, erkalten lassen

6 Eßl. Kirschwasser dazugeben

einen der Baiserböden mit ¼ der Buttercreme bestreichen, den Biskuitboden darauf legen, mit dem Kirschwasser beträufeln, mit knapp der Hälfte der übrigen Buttercreme bestreichen, den zweiten Baiserboden darauf legen, gut andrücken, Rand und obere Seite der Torte mit der restlichen Creme gleichmäßig bestreichen

50 g abgezogene, gehobelte Mandeln auf einem Backblech im Backofen unter Wenden leicht gelblich rösten, erkalten lassen, den Rand der Torte damit bestreuen

ein Messer in heißes Wasser tauchen, ein Gittermuster auf der Torte ziehen

25 g Puderzucker gleichmäßig darauf sieben.

Johannisbeer-Schnitten

	Für den Teig
3 Eigelb	mit
5 – 6 Eßl. warmem Wasser	schaumig schlagen, nach und nach ⅔ von
150 g Zucker	mit
1 Päckchen Vanillin-Zucker	dazugeben, so lange schlagen, bis eine cremeartige Masse entstanden ist
3 Eiweiß	steif schlagen, nach und nach den restlichen Zucker unterschlagen, den Schnee auf die Eigelbcreme geben
100 g Weizenmehl	mit
50 g Speisestärke	
3 g (1 gestrichener Teel.) Backpulver	mischen, darüber sieben, unter die Eigelbcreme ziehen (nicht rühren) den Teig etwa 1 cm dick auf ein gefettetes, mit Pergamentpapier belegtes Backblech streichen das Papier unmittelbar vor dem Teig zur Falte knicken, so daß ein Rand entsteht, sofort backen
Strom:	200 – 225 (vorgeheizt)
Gas:	5 Minuten vorheizen 3 – 4, backen
Backzeit:	10 – 15 Minuten den Biskuit sofort nach dem Backen auf ein mit Zucker bestreutes Papier stürzen, das Pergamentpapier mit kaltem Wasser bestreichen, vorsichtig, aber schnell abziehen
	für die Füllung
500 g Johannisbeertrauben	waschen, gut abtropfen lassen, entstielen die Johannisbeeren pürieren den Johannisbeerbrei durch ein Sieb streichen
500 ml (½ l) Schlagsahne	½ Minute schlagen
125 g gesiebten Puderzucker	mit
1 Päckchen Vanillin-Zucker	
3 Päckchen Sahnesteif	mischen, unter ständigem Schlagen einstreuen, die Sahne steif schlagen, den Johannisbeerbrei vorsichtig unter die Sahne heben den Biskuit in zwei Hälften schneiden, die eine mit ⅓ der Johannisbeersahne bestreichen, die andere darauf legen, mit der restlichen Sahne gleichmäßig bestreichen, die obere Seite mit
etwas geraspelter Schokolade	bestreuen den Biskuit in Schnitten beliebiger Größe schneiden, evtl. mit
gezuckerten Johannisbeertrauben	garnieren.

Haselnußschnitten

	Für den Teig
2 Eigelb	mit
2 Eßl. warmem Wasser	schaumig schlagen, nach und nach ⅔ von
75 g Zucker	mit
1 Päckchen Vanillin-Zucker	dazugeben, so lange schlagen, bis eine cremeartige Masse entstanden ist
2 Eiweiß	steif schlagen, nach und nach den Rest des Zuckers unterschlagen, den Schnee auf die Eigelbcreme geben
50 g Weizenmehl	mit
25 g Speisestärke	
3 g (1 gestrichener Teel.) Backpulver Backin	mischen, darüber sieben
100 g gemahlene Haselnußkerne	darauf streuen, alles unter die Eigelbcreme ziehen (nicht rühren) den Teig als Rechteck (etwa 32 x 22 cm) auf ein gefettetes, mit Pergamentpapier belegtes Backblech streichen, das Papier an der offenen Seite des Blechs unmittelbar vor dem Teig zur Falte knicken, so daß ein Rand entsteht, sofort backen
Strom:	200 – 225 (vorgeheizt)
Gas:	5 Minuten vorheizen 3 – 4, backen 3 – 4
Backzeit:	10 – 12 Minuten den Biskuit nach dem Backen sofort auf ein mit Zucker bestreutes Papier stürzen, das Backpapier mit kaltem Wasser bestreichen, vorsichtig, aber schnell abziehen, den Biskuit gut auskühlen lassen
	für die Füllung
250 ml (¼ l) Schlagsahne	½ Minute schlagen
15 g Zucker	mit
1 Päckchen Vanillin-Zucker	
1 Päckchen Sahnesteif	mischen, einstreuen, die Sahne steif schlagen
1 – 2 Eßl. Rum	unterrühren, etwa 2 Eßl. von der Sahne in einen Spritzbeutel füllen den Biskuit in 2 Stücke (11 x 32 cm) schneiden, die eine Hälfte dünn mit
etwa 1 Eßl. Aprikosen-Konfitüre	bestreichen, darauf ⅔ der Sahne streichen, die andere Hälfte darauf legen die Oberfläche und den Rand des Gebäcks mit dem Rest der Sahne bestreichen, in 8 Stücke teilen, jedes Teil mit der Sahne aus dem Spritzbeutel verzieren, mit
Haselnußkernen kandierten Kirschen	garnieren, das Gebäck kalt stellen.

Kirsch-Sahnetorte

Für den Teig

2 Eigelb mit
2 – 3 Eßl. warmem Wasser schaumig schlagen, nach und nach ⅔ von
100 g Zucker mit
1 Päckchen Vanillin-Zucker hinzugeben, so lange schlagen, bis eine cremeartige Masse entstanden ist
2 Eiweiß steif schlagen, nach und nach den Rest des Zuckers unterschlagen, den Schnee auf die Eigelbcreme geben
75 g Weizenmehl mit
50 g Speisestärke
3 g (1 gestrichener Teel.) Backpulver mischen, darüber sieben, unter die Eigelbcreme ziehen (nicht rühren), den Teig in eine Springform (Durchmesser etwa 28 cm, Boden gefettet, mit Pergamentpapier belegt) füllen, sofort backen

Strom: 175 – 200 (vorgeheizt)
Gas: 3 – 4 (nicht vorgeheizt)
Backzeit: 20 – 30 Minuten
den Tortenboden gut auskühlen lassen

für die Füllung

500 g entsteinte Sauerkirschen (aus dem Glas) abtropfen lassen, 250 ml (¼ l) von dem Saft abmessen, mit 4 Eßl. davon
30 g Speisestärke anrühren, den übrigen Saft zum Kochen bringen, die Speisestärke unter Rühren in den von der Kochstelle genommenen Saft geben, kurz aufkochen lassen, die Kirschen unterrühren (12 Stück zum Garnieren zurücklassen), kalt stellen
500 ml (½ l) Schlagsahne ½ Minute schlagen
50 g Puderzucker sieben, mit
1 Päckchen Vanillin-Zucker
2 Päckchen Sahnesteif mischen, einstreuen, die Sahne steif schlagen
den Tortenboden einmal durchschneiden, den unteren Boden mit der Kirschcreme bestreichen, ¾ der Sahne gleichmäßig darüber verteilen, den oberen Boden darauf legen, gut andrücken
Rand und obere Seite der Torte gleichmäßig mit etwas von der zurückgelassenen Sahne bestreichen, die Torte mit der restlichen Sahne verzieren, mit den Kirschen garnieren, den Rand mit
Schokoladenstreuseln bestreuen.

Apfelsinen- und Weinbrandtörtchen

Vorarbeit
30 cm breite Alufolie so falzen, daß 6mal ein 15 cm langes Stück aufeinander liegt, 2 Kreise von jeweils 15 cm Durchmesser nebeneinander aufzeichnen, ausschneiden, so daß 12 runde Folienblätter entstehen, diese über den Boden einer Konservendose (Durchmesser etwa 7,5 cm) legen, so daß Förmchen mit einem gleichmäßig hohen Rand von etwa 3,5 cm Höhe entstehen.

Für den Biskuitteig

2 Eigelb mit
3 Eßl. warmem Wasser schaumig schlagen, nach und nach ⅔ von
100 g Zucker mit
1 Päckchen Vanillin-Zucker hinzugeben, so lange schlagen, bis eine cremeartige Masse entstanden ist
2 Eiweiß steif schlagen, nach und nach den restlichen Zucker unterschlagen, auf die Eigelbcreme geben
75 g Weizenmehl mit
50 g Speisestärke
3 g (1 gestrichener Teel.) Backpulver Backin mischen, darüber sieben, vorsichtig unter die Eigelbcreme ziehen (nicht rühren)
50 g abgezogene, gemahlene Mandeln zum Schluß unter den Teig ziehen
den Teig in die gefetteten Folienförmchen verteilen, auf ein Backblech stellen

Strom: 175 – 200 (vorgeheizt)
Gas: 3 – 4 (nicht vorgeheizt)
Backzeit: Etwa 25 Minuten

sofort nach dem Backen die Törtchen aus den Förmchen nehmen, erkalten lassen

für die Apfelsinentörtchen
den Rand von 6 Backförmchen bis auf etwa 1 cm abschneiden, je 1 Törtchen wieder einsetzen

zum Tränken der Törtchen

2 Eßl. Wasser mit
30 g Zucker aufkochen
1 Apfelsine (unbehandelt) mit heißem Wasser abwaschen, abtrocknen, mit den Ecken von

3 Stück Würfelzucker die Apfelsinenschale abreiben, in dem heißen Zuckerwasser auflösen, erkalten lassen

125 ml (⅛ l) Apfelsinensaft
2 – 3 Eßl. Orangenlikör (nach Belieben) hinzufügen, die Törtchen damit beträufeln, gut durchziehen lassen

375 ml (⅜ l) gut gekühlte Schlagsahne ½ Minute schlagen
40 – 50 g Puderzucker sieben, mit
1 Päckchen Sahnesteif mischen, einstreuen, die Sahne steif schlagen
jedes Apfelsinentörtchen mit einem Sahnetuff verzieren
Apfelsinenscheiben vierteln, in die Sahnetuffs stecken

für die Weinbrandtörtchen

etwa 2 Eßl. Weinbrand unter die restliche Schlagsahne ziehen
die restlichen Törtchen einmal durchschneiden, mit Weinbrandsahne füllen, Rand und obere Seite der Törtchen mit Weinbrandsahne bestreichen, mit
etwa 75 g abgezogenen, gehackten, gebräunten Mandeln bestreuen, mit
Marzipanplättchen, kandierten Kirschen oder Pralinen garnieren.

Apfeltorte

Für den Knetteig

150 g Weizenmehl auf die Tischplatte sieben, in die Mitte eine Vertiefung eindrücken
40 g Zucker
1 Päckchen Vanillin-Zucker hineingeben
100 g kalte Butter oder Margarine in Stücke schneiden, auf den Zucker geben, mit Mehl bedecken, von der Mitte aus alle Zutaten schnell zu einem glatten Teig verkneten, sollte er kleben, ihn eine Zeitlang kalt stellen
den Teig auf dem Boden einer gefetteten Springform (Durchmesser etwa 28 cm) ausrollen, mehrmals mit einer Gabel einstechen, mit Springformring im vorgeheizten Backofen backen

Strom: 200 – 225
Gas: 3 – 4
Backzeit: Etwa 15 Minuten
den Boden sofort nach dem Backen vom Springformboden lösen, erkalten lassen

für den Biskuitteig

2 Eigelb mit
2 – 3 Eßl. lauwarmem Wasser schaumig schlagen, nach und nach ⅔ von
100 g Zucker mit
1 Päckchen Vanillin-Zucker hinzugeben, so lange schlagen, bis eine cremeartige Masse entstanden ist
2 Eiweiß steif schlagen, nach und nach den Rest des Zuckers unterschlagen, den Schnee auf die Eigelbcreme geben
75 g Weizenmehl mit
50 g Speisestärke
3 g (1 gestrichener Teel.) Backpulver Backin mischen, darüber sieben, unter die Eigelbcreme ziehen (nicht rühren), den Teig in eine Springform (Durchmesser etwa 28 cm, Boden gefettet, mit Pergamentpapier belegt) füllen, sofort backen

Strom: 175 – 200 (vorgeheizt)
Gas: 3 – 4 (nicht vorgeheizt)
Backzeit: 20 – 30 Minuten
den Tortenboden erkalten lassen

für die Füllung

1 kg Äpfel schälen, vierteln, entkernen, achteln, mit
250 ml (¼ l) Weißwein
125 ml (⅛ l) Wasser
50 g Zucker
1 Päckchen Vanillin-Zucker
1 Stück Stangenzimt unter Rühren gar dünsten (dürfen nicht zu weich sein), etwas abkühlen und abtropfen lassen, 250 ml (¼ l) von dem Saft abmessen
den Knetteigboden mit
3 Eßl. Preiselbeer-Konfitüre bestreichen, den Biskuitboden darauf legen
die Apfelspalten kranzförmig darauf anrichten

für den Guß aus

1 Päckchen Tortenguß, klar
25 g Zucker und dem abgemessenen Saft nach der Vorschrift auf dem Päckchen einen Tortenguß zubereiten, gleichmäßig über die Apfelspalten geben, erkalten lassen

250 ml (¼ l) Schlagsahne ½ Minute schlagen
1 Teel. Zucker
1 Päckchen Sahnesteif mischen, einstreuen, die Sahne steif schlagen, in einen Spritzbeutel mit Sterntülle füllen, die Torte damit verzieren.

Erdbeertorte mit Curaçao

(Abb. nebenstehend)

Für den Knetteig

100 g Weizenmehl mit
1 Messerspitze Backpulver Backin mischen, auf die Tischplatte sieben, in die Mitte eine Vertiefung eindrücken
25 g (1 gut gehäufter Eßl.) Zucker
1 Päckchen Vanillin-Zucker hineingeben
75 g kalte Butter oder Margarine in Stücke schneiden, darauf geben, mit Mehl bedecken, von der Mitte aus alle Zutaten schnell zu einem glatten Teig verkneten, sollte er kleben, ihn eine Zeitlang kalt stellen
den Teig auf dem Boden einer gefetteten Springform (Durchmesser etwa 28 cm) ausrollen, mehrmals mit einer Gabel einstechen, im vorgeheizten Backofen goldgelb backen

Strom: 200 – 225
Gas: 3 – 4
Backzeit: Etwa 15 Minuten
nach dem Backen den Boden sofort vom Springformboden lösen, aber erst, wenn er erkaltet ist, auf eine Tortenplatte legen

für den Biskuitteig

1 Ei mit
3 Eßl. warmem Wasser schaumig schlagen, nach und nach
75 g Zucker
1 Päckchen Vanillin-Zucker dazugeben, so lange schlagen, bis eine cremeartige Masse entstanden ist
100 g Weizenmehl mit
3 g (1 gestrichener Teel.) Backpulver Backin mischen, auf die Eicreme sieben, vorsichtig darunter ziehen, den Teig in eine Springform (Durchmesser etwa 28 cm, Boden gefettet, mit Pergamentpapier belegt) füllen, sofort backen

Strom: 175 – 200 (vorgeheizt)
Gas: 3 – 4 (nicht vorgeheizt)
Backzeit: 20 – 30 Minuten
den Tortenboden gut auskühlen lassen

für den Belag

750 g Erdbeeren waschen, gut abtropfen lassen, entstielen, halbieren
1 Päckchen Gelatine gemahlen, weiß mit
3 Eßl. kaltem Wasser in einem kleinen Topf anrühren, 10 Minuten zum Quellen stehenlassen, unter Rühren erwärmen, bis sie gelöst ist
500 g Speisequark durch ein Sieb streichen, mit
125 g Zucker
1 Päckchen Vanillin-Zucker
6 Eßl. Curaçao verrühren, die lauwarme Gelatinelösung hinzufügen, unterrühren
250 ml (¼ l) Schlagsahne steif schlagen, unter die Quarkmasse heben, 4 Eßl. davon abnehmen
unter die übrige Quarksahne die Erdbeeren heben
den Knetteigboden zunächst mit
2 Eßl. Johannisbeergelee dann mit den 4 Eßl. Quark bestreichen
darauf den Biskuitboden legen, den Rand der Springform darum legen, schließen, den Biskuitboden mit der Erdbeer-Quarkcreme bestreichen
die Torte kalt stellen, bis die Erdbeer-Quarkcreme fest ist, sie dann mit einem Messer vom Springformrand lösen, die Torte mit
geraspelter Schokolade garnieren.

Muttertags-Erdbeertorte

Für den Teig

1 Ei mit
3 Eßl. warmem Wasser schaumig schlagen, nach und nach
75 g Zucker
1 Päckchen Vanillin-Zucker hinzugeben, so lange schlagen, bis eine cremeartige Masse entstanden ist
100 g Weizenmehl mit
3 g (1 gestrichener Teel.) Backpulver Backin mischen, darüber sieben, unter die Eicreme ziehen (nicht rühren)
den Teig in eine gefettete, mit Pergamentpapier ausgelegte Springform (Durchmesser etwa 28 cm) füllen, sofort backen

Strom: 175 – 200 (vorgeheizt)
Gas: 3 – 4 (nicht vorgeheizt)
Backzeit: 20 – 30 Minuten
den Tortenboden erkalten lassen

3 Eßl. Wasser mit
25 g (1 gut gehäufter Eßl.) Zucker aufkochen, erkalten lassen
3 Eßl. Himbeergeist unterrühren, den Tortenboden damit tränken

für den Belag

2 Päckchen Gelatine gemahlen, weiß mit
6 Eßl. kaltem Wasser in einem kleinen Topf anrühren, 10 Minuten zum Quellen stehenlassen, unter Rühren erwärmen, bis sie gelöst ist

500 g Erdbeeren	waschen, gut abtropfen lassen, entstielen
oder 2 Packungen (je 300 g) Tiefkühlkost-Erdbeeren	bei Zimmertemperatur auftauen lassen die Erdbeeren im Mixer pürieren
100 g (4 gut gehäufte Eßl.) Zucker	
Saft von ½ Zitrone	unterrühren, die lauwarme Gelatine-lösung hinzufügen, die Masse kalt stellen
250 ml (¼ l) Schlagsahne	½ Minute schlagen
25 g (1 gut gehäufter Eßl.) Puderzucker	sieben, mit
1 Päckchen Sahnesteif	mischen, einstreuen, die Sahne steif schlagen sobald die Erdbeermasse anfängt dicklich zu werden, die Sahne unterrühren eine kuppelartige Schüssel (Durchmesser etwa 24 cm) mit
Speiseöl	ausstreichen, die Erdbeermasse einfüllen, kalt stellen sobald die Masse fest ist, die Schüssel kurz in heißes Wasser tauchen, die Füllung auf den Biskuitboden stürzen Rand und obere Seite der Torte mit
Schlagsahne	verzieren, mit
Erdbeeren	garnieren.

Herbe Orangentorte

(Abb. nebenstehend)

	Für den Teig
3 Eigelb	mit
2 – 3 Eßl. warmem Wasser	schaumig schlagen, nach und nach ⅔ von
125 g Zucker	mit
1 Päckchen Vanillin-Zucker	hinzugeben, so lange schlagen, bis eine cremeartige Masse entstanden ist
3 Eiweiß	steif schlagen, nach und nach den Rest des Zuckers unterschlagen, den Schnee auf die Eigelbcreme geben
75 g Weizenmehl	mit
1 Päckchen Pudding-Pulver für Schokoladen-Pudding	
10 g Back-Kakao	
3 g (1 gestrichener Teel.) Backpulver Backin	mischen, darüber sieben, vorsichtig unter die Eigelbcreme ziehen (nicht rühren) den Teig in eine Springform (Durchmesser etwa 28 cm, Boden gefettet, mit Pergamentpapier belegt) füllen, sofort backen
Strom:	175 – 200 (vorgeheizt)
Gas:	3 – 4 (nicht vorgeheizt)
Backzeit:	20 – 30 Minuten den Tortenboden gut auskühlen lassen, einmal durchschneiden, die Schnittflächen mit
4 – 5 Eßl. Apfelsinensaft	beträufeln
	für die Füllung
500 ml (½ l) Schlagsahne	½ Minute schlagen
5 Eßl. Apfelsinensaft	
50 g Zucker	mit
1 Päckchen Vanillin-Zucker	
3 Päckchen Sahnesteif	mischen, unter ständigem Schlagen einstreuen, die Sahne steif schlagen die Hälfte der Sahne in einen Spritzbeutel (große Tülle) füllen mit ⅔ der Sahne aus dem Spritzbeutel eine dicke Spirale mit 1 cm Linienabstand auf den unteren Biskuitboden spritzen, in die Zwischenräume
200 g bittere Orangenmarmelade	füllen den oberen Boden darauf setzen, leicht andrücken Rand und obere Seite der Torte mit der restlichen Sahne bestreichen, die obere Seite mit der Sahne aus dem Spritzbeutel verzieren, mit
Apfelsinenstückchen	garnieren.

Haselnußrolle

Für den Teig

4 Eigelb	mit
3–4 Eßl. warmem Wasser	schaumig schlagen, nach und nach ⅔ von
125 g Zucker	mit
1 Päckchen Vanillin-Zucker	hineingeben, so lange schlagen, bis eine cremeartige Masse entstanden ist
4 Eiweiß	steif schlagen, nach und nach den Rest des Zuckers unterschlagen, den Schnee auf die Eigelbcreme geben
75 g Weizenmehl	mit
50 g Speisestärke	
1 Messerspitze Backpulver Backin	mischen, darüber sieben, unter die Eigelbcreme ziehen (nicht rühren), den Teig etwa 1 cm dick auf ein gefettetes, mit Pergamentpapier belegtes Backblech streichen, an der offenen Seite des Blechs das Papier unmittelbar vor dem Teig zur Falte knicken, so daß ein Rand entsteht, im vorgeheizten Backofen backen
Strom:	200–225
Gas:	3–4
Backzeit:	10–15 Minuten den Biskuit nach dem Backen sofort auf ein mit Zucker bestreutes Papier stürzen, das Pergamentpapier mit kaltem Wasser bestreichen, vorsichtig, aber schnell abziehen den Biskuit mit der Papierunterlage aufrollen, kalt stellen

für die Füllung

375 ml (⅜ l) Schlagsahne	½ Minute schlagen
40 g Puderzucker	sieben, mit
2 Päckchen Sahnesteif	
1 Päckchen Vanillin-Zucker	mischen, einstreuen, die Sahne steif schlagen
1–2 Tropfen Backöl Bittermandel	
100 g gemahlene Haselnußkerne	unterrühren die ausgekühlte Rolle vorsichtig auseinanderrollen, mit der Haselnußsahne (etwas zurücklassen) gleichmäßig bestreichen, aufrollen, die äußere braune Haut entfernen, die Rolle mit der restlichen Sahne bestreichen, mit
in Scheiben geschnittenen Haselnußkernen	bestreuen.

Biskuitrollentorte

	Für den Teig
4 Eigelb	mit
7 – 8 Eßl. warmem Wasser	schaumig schlagen, nach und nach ⅔ von
200 g Zucker	mit
1 Päckchen Vanillin-Zucker	hinzugeben, so lange schlagen, bis eine cremeartige Masse entstanden ist
4 Eiweiß	steif schlagen, nach und nach den Rest des Zuckers unterschlagen, den Schnee auf die Eigelbcreme geben
150 g Weizenmehl	mit
60 g Speisestärke 4 g (1 schwach gehäufter Teel.) Backpulver Backin	mischen, darüber sieben, unter die Eigelbcreme ziehen (nicht rühren) ¾ des Teiges etwa 1 cm dick auf ein gefettetes, mit Pergamentpapier belegtes Backblech streichen, an der offenen Seite des Blechs das Papier unmittelbar vor dem Teig zur Falte knicken, so daß ein Rand entsteht, sofort backen den Rest des Teiges in eine Springform (Durchmesser 28 cm, Boden gefettet, mit Pergamentpapier belegt) füllen, sofort nach der Rolle backen
Strom:	200 – 225 (vorgeheizt)
Gas:	5 Minuten vorheizen 3 – 4, backen 3 – 4
Backzeit für die Rolle:	10 – 15 Minuten
für den Boden:	15 – 20 Minuten den Biskuit für die Rolle nach dem Backen sofort auf ein mit Zucker bestreutes Papier stürzen, das Pergamentpapier mit kaltem Wasser bestreichen, vorsichtig, aber schnell abziehen den Biskuit sofort gleichmäßig mit
300 g Kirsch-Konfitüre	bestreichen, von der längeren Seite her aufrollen, die erkaltete Rolle in 16 Stücke schneiden, in eine Springform (Boden mit Pergamentpapier belegt) legen das Pergamentpapier des Biskuitbodens abziehen
	für die Füllung
500 ml (½ l) Schlagsahne	½ Minute schlagen
50 g Zucker	mit
1 Päckchen Vanillin-Zucker 2 Päckchen Sahnesteif	mischen, einstreuen, die Sahne steif schlagen, mit
etwa 2 Eßl. Kirschwasser	abschmecken, gleichmäßig über die Biskuitrollenstücke streichen, den Biskuitboden darauf legen, gut andrücken, kalt stellen die Torte vom Springformrand lösen, auf eine Tortenplatte stürzen, das Papier abziehen, den Springformrand wieder darum legen aus
1 Päckchen Tortenguß, klar 25 g Zucker 125 ml (⅛ l) Wasser 125 ml (⅛ l) Weißwein	nach der Vorschrift auf dem Päckchen einen Tortenguß zubereiten den Guß kurze Zeit stehenlassen, lauwarm eßlöffelweise über die Torte geben, kalt stellen.

Mandarinen-Omeletts

(Abb. nebenstehend)

	Als Vorarbeiten 30 cm breite Alufolie so falzen, daß 7mal ein 15 cm langes Stück aufeinander liegt, zwei Kreise von jeweils 15 cm Durchmesser nebeneinander aufzeichnen, ausschneiden, so daß 14 runde Folienblätter entstehen, diese über den Boden einer Konservendose (Durchmesser etwa 10 cm) legen, so daß Förmchen mit einem 2 cm hohen Rand entstehen.
	Für den Teig
3 Eier 60 g Zucker 1 Päckchen Vanillin-Zucker	über Wasserdampf mit einem Schneebesen so lange schlagen, bis eine cremeartige Masse entstanden ist, diese dann vom Wasserdampf nehmen, so lange weiter schlagen, bis sie wieder kalt ist
50 g Weizenmehl 50 g Speisestärke	mischen, darüber sieben, alles vorsichtig unter die Eiercreme ziehen (nicht rühren), dabei
100 g zerlassene, abgekühlte Butter oder Margarine	nach und nach hinzufügen den Teig auf die gut gefetteten Folienförmchen verteilen, auf ein Backblech stellen, in den vorgeheizten Backofen schieben
Strom:	200 – 225 (vorgeheizt)
Gas:	5 Minuten vorheizen, 3 – 4, backen
Backzeit:	8 – 12 Minuten sofort nach dem Backen die Omeletts aus den Förmchen lösen, zur Hälfte leicht überschlagen (am besten über einen Rührlöffel), erkalten lassen, leicht mit
Puderzucker	bestäuben

für die Füllung

etwa 300 g Mandarinenspalten (aus der Dose) abtropfen lassen, den Saft auffangen

1 Zitrone (unbehandelt) mit heißem Wasser abwaschen, abtrocknen, mit den Ecken von

1 Stück Würfelzucker die Zitronenschale abreiben, die Zitrone auspressen, 2 Eßl. Zitronensaft zu dem Mandarinensaft geben, das Zuckerstück hinzufügen, unter Rühren auflösen

375 ml (⅜ l) Schlagsahne in eine Schüssel geben, den Saft hinzufügen, ½ Minute schlagen

2 schwach gehäufte Teel. Zucker
2 Päckchen Sahnesteif mischen, einstreuen, die Sahne steif schlagen, in die Omeletts spritzen, mit den Mandarinenspalten garnieren.

Herrenschnitten

	Für den Knetteig
100 g Weizenmehl	mit
1 Messerspitze Backpulver Backin	mischen, auf die Tischplatte sieben, in die Mitte eine Vertiefung eindrücken
25 g Zucker	
1 Päckchen Vanillin-Zucker	hineingeben
75 g kalte Butter oder Margarine	in Stücke schneiden, auf den Zucker geben, mit Mehl bedecken, von der Mitte aus alle Zutaten schnell zu einem glatten Teig verkneten, sollte er kleben, ihn eine Zeitlang kalt stellen den Teig in der Größe von 40 x 13 cm auf einem gefetteten Backblech ausrollen, mehrmals mit einer Gabel einstechen, in den vorgeheizten Backofen schieben
Strom:	200 – 225, ***Gas:*** 3 – 4
Backzeit:	Etwa 10 Minuten das Gebäck sofort nach dem Backen vom Blech lösen, darauf erkalten lassen
	für den Biskuitteig
2 Eigelb	mit
2 – 3 Eßl. warmem Wasser	schaumig schlagen, nach und nach ⅔ von
85 g Zucker	mit
1 Päckchen Vanillin-Zucker	hinzugeben, so lange schlagen, bis eine cremeartige Masse entstanden ist
2 Eiweiß	steif schlagen, nach und nach den Rest des Zuckers unterschlagen, den Schnee auf die Eigelbcreme geben
50 g Weizenmehl	mit
50 g Speisestärke	
15 g Kakao	
4½ g (1½ gestrichene Teel.) Backpulver Backin	mischen, darüber sieben, unter die Eigelbcreme ziehen (nicht rühren) den Teig auf ein gefettetes, mit Alufolie oder Pergamentpapier belegtes Backblech (40 x 13 cm) streichen, an der offenen Seite des Blechs die Folie (Papier) unmittelbar vor dem Teig zur Falte knicken, so daß ein Rand entsteht, im vorgeheizten Backofen sofort backen
Strom:	175 – 200
Gas:	3 – 4
Backzeit:	20 – 25 Minuten sofort nach dem Backen den Biskuit auf ein mit Zucker bestreutes Papier stürzen, das Backpapier mit kaltem Wasser bestreichen, vorsichtig, aber schnell abziehen, den Biskuit gut auskühlen lassen
	für die Füllung
425 g Preiselbeeren (aus dem Glas)	abtropfen lassen, den Saft auf 250 ml (¼ l) auffüllen (evtl. mit Wasser ergänzen)
	für den Guß aus
1 Päckchen Tortenguß, klar	
25 g Zucker	
250 ml (¼ l) Preiselbeersaft	nach der Vorschrift auf dem Päckchen einen Tortenguß zubereiten, die Preiselbeeren unterheben (einige zum Garnieren zurücklassen), gut 5 Minuten abkühlen lassen, den Knetteigboden gleichmäßig mit der Preiselbeermasse bestreichen, den Biskuit einmal durchschneiden, die untere Hälfte auf die Preiselbeermasse legen, gut andrücken
500 ml (½ l) Schlagsahne	½ Minute schlagen
50 g Puderzucker	sieben, mit
2 Päckchen Sahnesteif	mischen, einstreuen, die Sahne steif schlagen die Hälfte der Sahne auf den unteren Biskuitboden streichen, mit dem oberen bedecken, gut andrücken, die obere Seite des Gebäcks dünn mit Sahne bestreichen das Gebäck in 15 Schnitten schneiden, sie mit der restlichen Sahne verzieren, mit den restlichen Preiselbeeren garnieren.

Fürst-Pückler-Eisschnitten

(Abb. nebenstehend)

	Für den Teig
1 Ei	mit
1 Eßl. warmem Wasser	schaumig schlagen, nach und nach
40 g Zucker	
1 Päckchen Vanillin-Zucker	hinzugeben, so lange schlagen, bis eine cremeartige Masse entstanden ist
30 g Weizenmehl	mit
20 g Speisestärke	
1 Messerspitze Backpulver Backin	mischen, sieben, vorsichtig unter die Eicreme ziehen (nicht rühren) den Teig auf ein mit Pergamentpapier belegtes Backblech in der Größe von 32 x 11 cm streichen, an der offenen Seite des Backblechs das Papier unmittelbar vor dem Teig zu einer Falte knicken, so daß ein Rand entsteht, sofort backen
Strom:	200 – 225 (vorgeheizt)
Gas:	5 Minuten vorheizen 3 – 4, backen 3 – 4
Backzeit:	Etwa 12 Minuten

sofort nach dem Backen den Biskuit auf ein mit Zucker bestreutes Papier stürzen, das Pergamentpapier mit kaltem Wasser bestreichen, vorsichtig, aber schnell abziehen

für die Füllung

250 ml (¼ l) Schlagsahne ½ Minute schlagen

25 g Puderzucker sieben, mit

1 Päckchen Sahnesteif mischen, unter ständigem Schlagen einstreuen, die Sahne steif schlagen
den erkalteten Biskuit in 2 Streifen von 11 x 16 cm schneiden, den einen Streifen mit knapp ⅓ der Schlagsahne bestreichen, aus

1 Haushaltspackung Eis-Vergnügen Fürst Pückler Art das Eis darauf legen, ebenfalls mit knapp ⅓ der Schlagsahne bestreichen, den anderen Gebäckstreifen darauf legen
das ganze Gebäck mit der restlichen Sahne bestreichen, die obere Seite mit

grob geraspelter Schokolade bestreuen, das Gebäck einige Stunden in das Gefrierfach des Kühlschranks stellen.

Apfelsinenrolle

	Für den Teig
4 Eigelb	mit
3 Eßl. warmem Wasser	schaumig schlagen, nach und nach 2/3 von
125 g Zucker	mit
1 Päckchen Vanillin-Zucker	hinzugeben, so lange schlagen, bis eine cremeartige Masse entstanden ist
4 Eiweiß	steif schlagen, nach und nach den Rest des Zuckers unterschlagen, den Schnee auf die Eigelbcreme geben
75 g Weizenmehl	mit
50 g Speisestärke	
20 g Kakao	
3 g (1 gestrichener Teel.) Backpulver Backin	mischen, darüber sieben, unter die Eigelbcreme ziehen (nicht rühren)
50 g zerlassene, abgekühlte Butter oder Margarine	dazugeben, den Teig etwa 1 cm dick auf ein gefettetes, mit Pergamentpapier belegtes Backblech streichen, das Papier an der offenen Seite des Blechs unmittelbar vor dem Teig zur Falte knicken, so daß ein Rand entsteht, sofort backen
Strom:	200 – 225 (vorgeheizt)
Gas:	5 Minuten vorheizen 3 – 4, backen 3 – 4
Backzeit:	10 – 15 Minuten
	sofort nach dem Backen den Biskuit auf ein mit Zucker bestreutes Papier stürzen, das Pergamentpapier mit kaltem Wasser bestreichen, vorsichtig, aber schnell abziehen, den Biskuit mit der Papierunterlage aufrollen, kalt stellen
	für den Krokant
1 Messerspitze Butter	
50 g Zucker	zerlassen, unter Rühren so lange erhitzen, bis der Zucker schwach gebräunt ist
100 g abgezogene, gehackte Mandeln	hinzufügen, unter Rühren erhitzen, bis der Krokant genügend gebräunt ist
	die Masse auf einer mit
Speiseöl	bestrichenen Platte erkalten lassen, in kleine Stücke zerstoßen
	für die Füllung
1 Päckchen Gelatine gemahlen, weiß	mit
3 Eßl. kaltem Wasser	in einem kleinen Topf anrühren, 10 Minuten zum Quellen stehenlassen

1 Apfelsine (unbehandelt) mit heißem Wasser abwaschen, abtrocknen, mit den Ecken von

4 Stück Würfelzucker die Apfelsinenschale abreiben, die gequollene Gelatine mit dem Würfelzucker unter Rühren erwärmen, bis alles gelöst ist

6 Eßl. Apfelsinensaft
2 Eßl. Zitronensaft hinzufügen, kühl stellen

500 ml (½ l) Schlagsahne fast steif schlagen, die lauwarme Gelatinelösung hinzufügen, die Sahne vollkommen steif schlagen

75 – 100 g Puderzucker sieben, vorsichtig unterheben

die ausgekühlte Rolle vorsichtig auseinanderrollen, mit ⅔ der Schlagsahne bestreichen, aufrollen, die äußere braune Haut beim Aufrollen entfernen, mit der restlichen Schlagsahne bestreichen, mit dem Krokant bestreuen.

Aprikosen-Sahnetorte

Für den Knetteig

150 g Weizenmehl auf die Tischplatte sieben, in die Mitte eine Vertiefung eindrücken

40 g Zucker
1 Päckchen Vanillin-Zucker hineingeben

100 g kalte Butter in kleine Stücke schneiden, darauf geben, mit Mehl bedecken, von der Mitte aus alle Zutaten schnell zu einem glatten Teig verkneten, sollte er kleben, ihn eine Zeitlang kalt stellen

den Teig auf dem Boden einer gefetteten Springform (Durchmesser etwa 28 cm) ausrollen, mehrmals mit der Gabel einstechen, mit Springformring im vorgeheizten Backofen backen

Strom: 200 – 225
Gas: 3 – 4
Backzeit: Etwa 15 Minuten

den Boden sofort nach dem Backen von dem Boden der Springform lösen, erst nach dem Erkalten auf eine Tortenplatte legen

für den Biskuitteig

3 Eigelb mit

3 – 4 Eßl. warmem Wasser schaumig schlagen, nach und nach ⅔ von

125 g Zucker mit

1 Päckchen Vanillin-Zucker hinzugeben, so lange schlagen, bis eine cremeartige Masse entstanden ist

3 Eiweiß steif schlagen, nach und nach den Rest des Zuckers unterschlagen

den Schnee auf die Eigelbcreme geben

75 g Weizenmehl mit

75 g Speisestärke
15 g Back-Kakao
6 g (2 gestrichene Teel.) Backpulver mischen, darüber sieben, unter die Eigelbcreme ziehen (nicht rühren)

75 g Butter zerlassen, abkühlen lassen, vorsichtig hinzufügen

den Teig in eine Springform (Durchmesser etwa 28 cm, Boden gefettet, mit Pergamentpapier belegt) füllen, sofort backen

Strom: 175 – 200 (vorgeheizt)
Gas: 3 – 4 (nicht vorgeheizt)
Backzeit: 20 – 30 Minuten

den Tortenboden gut auskühlen lassen, einmal durchschneiden

für die Füllung

1 kg Aprikosen (aus der Dose) abtropfen lassen, sie bis auf 12 Aprikosenhälften in kleine Stücke schneiden

den Saft auf 250 ml (¼ l) auffüllen (evtl. mit Wasser ergänzen)

mit 4 Eßl. von dem Saft

30 g Speisestärke
25 g Zucker anrühren, den übrigen Saft erhitzen, die angerührte Speisestärke unter Rühren in den kochenden, von der Kochstelle genommenen Saft geben, kurz aufkochen lassen, die Aprikosenstückchen unterheben, kalt stellen

2 Eßl. Zitronensaft unterrühren

500 ml (½ l) Schlagsahne ½ Minute schlagen

50 g Puderzucker sieben, mit

2 Päckchen Sahnesteif mischen, einstreuen, die Sahne steif schlagen

gut die Hälfte der Schlagsahne unter die erkaltete Aprikosencreme heben

den Knetteigboden mit

3 Eßl. Aprikosen-Konfitüre bestreichen, den unteren Biskuitboden darauf legen, mit der Aprikosensahne bestreichen, den oberen Boden darauf legen, gut andrücken

Rand und obere Seite der Torte gleichmäßig mit etwas von der zurückgelassenen Schlagsahne bestreichen, die obere Seite der Torte in 12 Stücke einteilen, die Torte mit der restlichen Schlagsahne verzieren

½ Teel. Gelatine gemahlen, weiß mit

1 Eßl. Aprikosensaft in einem kleinen Topf anrühren, 10 Minuten zum Quellen stehenlassen, unter Rühren erwärmen, bis sie gelöst ist, die Aprikosenhälften damit bestreichen.

Orangenlikör-Torte

	Für den Teig
3 Eigelb	mit
3 – 4 Eßl. warmem Wasser	schaumig schlagen, nach und nach ⅔ von
125 g Zucker	mit
1 Päckchen Vanillin-Zucker	dazugeben, so lange schlagen, bis eine cremeartige Masse entstanden ist
3 Eiweiß	steif schlagen, nach und nach den Rest des Zuckers unterschlagen, den Schnee auf die Eigelbcreme geben
75 g Weizenmehl	mit
75 g Speisestärke	
6 g (2 gestrichene Teel.) Backpulver Backin	mischen, darüber sieben, unter die Eigelbcreme ziehen (nicht rühren), dabei nach und nach
75 g zerlassene, abgekühlte Butter oder Margarine	dazugeben die Hälfte des Teiges in eine Springform (Durchmesser etwa 28 cm, Boden gefettet, mit Pergamentpapier belegt) füllen, sofort backen
Strom:	175 – 200 (vorgeheizt)
Gas:	3 – 4 (nicht vorgeheizt)
Backzeit:	15 – 20 Minuten unter den restlichen Teig
1 gestrichenen Eßl. Kakao	rühren, ihn wie den hellen Teig backen die Tortenböden gut auskühlen lassen
	für die Füllung
1 Päckchen Gelatine gemahlen, weiß	mit
4 Eßl. kaltem Wasser	in einem kleinen Topf verrühren, 10 Minuten zum Quellen stehenlassen
375 ml (⅜ l) Milch	zum Kochen bringen
1 Päckchen Pudding-Pulver Vanille-Geschmack	
75 g Zucker	mischen, mit
125 ml (⅛ l) Orangenlikör	anrühren, unter Rühren in die von der Kochstelle genommene Milch geben, kurz aufkochen lassen, die gequollene Gelatine (½ Teel. zurücklassen) in den noch heißen Pudding geben, so lange rühren, bis sie gelöst ist, den Pudding kalt stellen, ab und zu durchrühren
500 g Aprikosen (aus der Dose)	abtropfen lassen einige Aprikosen in 16 Scheiben schneiden (zum Garnieren zurücklassen), die übrigen in kleine Stücke schneiden, auf dem dunklen Boden verteilen die zurückgelassene Gelatine unter Rühren erwärmen, bis sie gelöst ist, die Aprikosenscheiben damit bestreichen
500 ml (½ l) Schlagsahne	steif schlagen, unter den erkalteten, aber noch nicht vollkommen fest gewordenen Pudding heben gut 4 Eßl. der Creme in einen Spritzbeutel mit Sterntülle füllen gut die Hälfte der restlichen Creme auf die Aprikosen verteilen, den hellen Boden darauf legen, gut andrücken Rand und obere Seite der Torte mit der restlichen Creme bestreichen, den Rand mit
75 g Krokant	bestreuen die obere Seite mit der Creme aus dem Spritzbeutel verzieren, mit Krokant und den Aprikosenscheiben garnieren.

Schokoladen-Sahnetorte

(Abb. nebenstehend)

	Für den Teig
2 Eigelb	mit
2 – 3 Eßl. warmem Wasser	schaumig schlagen, nach und nach ⅔ von
100 g Zucker	mit
1 Päckchen Vanillin-Zucker	hinzugeben, so lange schlagen, bis eine cremeartige Masse entstanden ist
2 Eiweiß	steif schlagen, nach und nach den Rest des Zuckers unterschlagen, den Schnee auf die Eigelbcreme geben
75 g Weizenmehl	mit
50 g Speisestärke	
3 g (1 gestrichener Teel.) Backpulver Backin	mischen, darüber sieben, unter die Eigelbcreme ziehen (nicht rühren), den Teig in eine Springform (Durchmesser etwa 28 cm, Boden gefettet, mit Pergamentpapier belegt) füllen, sofort backen
Strom:	175 – 200 (vorgeheizt)
Gas:	3 – 4 (nicht vorgeheizt)
Backzeit:	20 – 30 Minuten den Tortenboden gut auskühlen lassen, einmal durchschneiden
	für den Guß
100 g Schokolade	in kleine Stücke brechen, mit
etwas Kokosfett	in einem kleinen Topf im Wasserbad bei schwacher Hitze zu einer geschmeidigen Masse verrühren, den oberen Boden gleichmäßig damit überziehen
	für die Füllung
750 ml (¾ l) Schlagsahne	1 Minute schlagen
100 g Puderzucker	sieben, mit
1 Päckchen Vanillin-Zucker	

2 Päckchen Sahnesteif	mischen, einstreuen, die Sahne steif schlagen, 3 Eßl. davon in einen Spritzbeutel füllen
30 g Kakao	sieben, unter die restliche Schlagsahne rühren, gut ⅔ auf den unteren Boden streichen
	den mit Guß bestrichenen Boden in 12 gleichmäßige Stücke schneiden, auf die Schokoladensahne legen, andrücken
	den Rand der Torte mit der restlichen Sahne bestreichen, mit
Kakao	bestreuen
	die Torte mit der zurückgelassenen Sahne verzieren, mit
grob geraspelter Schokolade	garnieren.

Quark-Sahnetorte mit Mandarinen

Für den Teig

1 Ei mit
3 Eßl. warmem Wasser schaumig schlagen, nach und nach
75 g Zucker
1 Päckchen Vanillin-Zucker dazugeben, so lange schlagen, bis eine cremeartige Masse entstanden ist
100 g Weizenmehl mit
3 g (1 gestrichener Teel.) Backpulver Backin mischen, darauf sieben, alles vorsichtig unter die Eicreme ziehen (nicht rühren)
den Teig in eine gefettete Tortenbodenform (Durchmesser etwa 28 cm) füllen, sofort backen
Strom: 175 – 200 (vorgeheizt)
Gas: 3 – 4 (nicht vorgeheizt)
Backzeit: 20 – 25 Minuten

für die Füllung

500 g Mandarinenspalten abtropfen lassen, den Saft auffangen
2 Päckchen Gelatine gemahlen, weiß mit
6 Eßl. Mandarinensaft in einem kleinen Topf anrühren, 10 Minuten zum Quellen stehenlassen
500 g Speisequark mit
6 Eßl. Mandarinensaft
200 g Zucker verrühren
500 ml (½ l) Schlagsahne mit
1 Päckchen Vanillin-Zucker steif schlagen
die gequollene Gelatine unter Rühren erwärmen, mit der Sahnc und den Mandarinenspalten (12 Spalten zum Garnieren zurücklassen) unter die Quarkmasse heben
3 Eßl. von der Masse in einen Spritzbeutel füllen
den Rand der Springform mit einem Streifen Pergamentpapier auslegen, um den Tortenboden geben, die Masse gleichmäßig darauf verteilen
nach dem Festwerden die Torte mit der restlichen Quarkmasse verzieren, mit den Mandarinenspalten garnieren.

Othello-Torte

(Abb. nebenstehend)

Für den Knetteig

150 g Weizenmehl auf die Tischplatte sieben, in die Mitte eine Vertiefung eindrücken
40 g Zucker
1 Päckchen Vanillin-Zucker hineingeben
100 g kalte Butter oder Margarine in Stücke schneiden, auf den Zucker geben, mit Mehl bedecken, von der Mitte aus alle Zutaten schnell zu einem glatten Teig verkneten, sollte er kleben, ihn eine Zeitlang kalt stellen
den Teig auf dem umgedrehten Boden einer gefetteten Springform (Durchmesser etwa 28 cm) ausrollen, mehrmals mit einer Gabel einstechen, mit Springformring im vorgeheizten Backofen backen
Strom: 200 – 225
Gas: 3 – 4
Backzeit: Etwa 15 Minuten
den Boden sofort nach dem Backen vom Boden der Springform lösen, ihn aber erst, wenn er völlig erkaltet ist, auf eine Tortenplatte legen

für den Biskuitteig

4 Eier mit
4 – 5 Eßl. warmem Wasser mit einem elektrischen Handrührgerät mit Rührbesen auf höchster Stufe etwa 1 Minute schaumig schlagen, nach und nach
150 g Zucker
1 Päckchen Vanillin-Zucker mischen, in 1 Minute einstreuen, etwa 2 Minuten weiterschlagen, das Gerät ausschalten
150 g Weizenmehl mit
3 g (1 gestrichener Teel.) Backpulver Backin mischen, etwa die Hälfte davon auf die Eiercreme sieben, mit dem Rührbesen kurz auf der niedrigsten Stufe unterrühren, die andere Hälfte auf die gleiche Weise unterarbeiten
100 g gemahlene, leicht geröstete Haselnußkerne unter die Eiercreme ziehen (nicht rühren)
den Teig in eine Springform (Durchmesser etwa 28 cm, Boden gefettet, mit Pergamentpapier belegt), füllen, sofort backen
Strom: 175 – 200 (vorgeheizt)
Gas: 3 – 4 (nicht vorgeheizt)
Backzeit: 25 – 35 Minuten
den gut ausgekühlten Tortenboden zweimal durchschneiden

	für die Füllung
	⅔ von
200 g Marzipan-Rohmasse	mit
75 g gesiebtem Puderzucker	verkneten, auf
gesiebtem Puderzucker	dünn ausrollen, 16 runde Plätzchen mit gezacktem Rand (Durchmesser etwa 4 cm) ausstechen jedes Plätzchen an einer Seite so zusammendrücken, daß ein Tütchen entsteht Marzipanreste und übrige Marzipan-Rohmasse mit
2 – 3 Eßl. Rum	zu einer geschmeidigen Masse verrühren, den Knetteigboden damit bestreichen, darüber
1 gehäuften Eßl. Aprikosen-Konfitüre	streichen, einen der Biskuitböden darauf legen, gut andrücken
1 Päckchen Gelatine gemahlen, weiß	mit
3 Eßl. kaltem Wasser	in einem kleinen Topf anrühren, 10 Minuten zum Quellen stehenlassen, unter Rühren erwärmen, bis sie gelöst ist
150 g Nuß-Nougatmasse	in einem kleinen Topf im Wasserbad bei schwacher Hitze zu einer geschmeidigen Masse verrühren, abkühlen lassen
750 ml (¾ l) Schlagsahne	fast steif schlagen, die lauwarme Gelatinelösung darunter schlagen, die Sahne vollkommen steif schlagen, die lauwarme Nougatmasse vorsichtig unterrühren gut 2 Eßl. der Nougatsahne in einen Spritzbeutel mit gezackter Tülle füllen die Biskuitböden mit Nougatsahne zu einer Torte zusammensetzen Rand und obere Seite der Torte mit Nougatsahne bestreichen, die Torte in 16 Stücke einteilen, auf jedes Tortenstück eine Marzipantüte setzen, einen Sahnetuff hineinspritzen, Schwänzchen an die zusammengedrückten Seiten der Marzipantütchen spritzen
8 rote Belegkirschen	halbieren, jeweils ½ Kirsche an einen Sahnetuff setzen, den Rand der Torte mit
30 g gemahlenen, leicht gerösteten Haselnußkernen	bestreuen.

Zitronencreme-Torte

	Für den Teig
2 Eigelb	mit
2 Eßl. warmem Wasser	schaumig schlagen, nach und nach ⅔ von
100 g Zucker	mit
1 Päckchen Vanillin-Zucker einigen Tropfen Backöl Zitrone	hinzugeben, so lange schlagen, bis eine cremeartige Masse entstanden ist
2 Eiweiß	steif schlagen, nach und nach den Rest des Zuckers unterschlagen, den Schnee auf die Eigelbcreme geben
100 g Weizenmehl	mit
3 g (1 gestrichener Teel.) Backpulver Backin	mischen, darüber sieben, vorsichtig unter die Eigelbcreme ziehen (nicht rühren) den Teig in eine Springform (Durchmesser etwa 28 cm, Boden gefettet, mit Pergamentpapier belegt) füllen, sofort backen
Strom:	175 – 200 (vorgeheizt)
Gas:	3 – 4 (nicht vorgeheizt)
Backzeit:	Etwa 15 Minuten den Tortenboden gut auskühlen lassen
	für die Füllung aus
1 Päckchen Götterspeise Zitrone-Geschmack 150 g Zucker 250 ml (¼ l) Wasser	nach der Vorschrift auf dem Päckchen (aber nur mit ¼ l Wasser) eine Speise zubereiten
1 – 2 Eßl. Zitronensaft	unterrühren, erkalten lassen den Tortenboden dünn mit
Aprikosen-Konfitüre	bestreichen, auf eine Tortenplatte legen, den mit einem Pergament-Papierstreifen ausgelegten Springformrand darumlegen, schließen
375 – 500 ml (⅜ – ½ l) Schlagsahne	steif schlagen, 2 – 3 Eßl. davon in einen Spritzbeutel füllen, sobald die Speise anfängt dicklich zu werden, die übrige Sahne unterheben die Creme auf den Biskuitboden füllen, glattstreichen, kalt stellen nach etwa 1 Stunde die Torte mit einem Messer vom Springformrand lösen, abnehmen die Torte mit der Sahne aus dem Spritzbeutel verzieren.

Kirschbombe

	Für den Teig
2 Eigelb	mit
3 – 4 Eßl. warmem Wasser	schaumig schlagen, nach und nach ⅔ von
100 g Zucker 1 Päckchen Vanillin-Zucker	hinzugeben, so lange schlagen, bis eine cremeartige Masse entstanden ist
2 Eiweiß	steif schlagen, nach und nach den Rest des Zuckers unterschlagen, den Schnee auf die Eigelbcreme geben
75 g Weizenmehl	mit
40 g Speisestärke 3 g (1 gestrichener Teel.) Backpulver Backin	mischen, darüber sieben, unter die Eigelbcreme ziehen (nicht rühren) den Teig etwa 1 cm dick auf ein mit Alufolie belegtes Backblech streichen, an der offenen Seite des Backblechs die Folie unmittelbar vor dem Teig zur Falte knicken, so daß ein Rand entsteht, sofort backen
Strom:	200 – 225 (vorgeheizt)
Gas:	5 Minuten vorheizen 3 – 4, backen 3 – 4
Backzeit:	10 – 15 Minuten das Gebäck sofort nach dem Backen auf ein mit Zucker bestreutes Papier stürzen, die Folie mit kaltem Wasser bestreichen, vorsichtig, aber schnell abziehen, den Biskuit gleichmäßig mit
200 – 250 g roter Konfitüre	bestreichen, von der längeren Seite her aufrollen
	für die Füllung
1 kg Süßkirschen	waschen, entstielen, entsteinen, mit
etwa 100 g Zucker	vermengen, kurze Zeit zum Saftziehen stehenlassen, eben zum Kochen bringen, abtropfen und erkalten lassen, Saft auffangen, evtl. mit Wasser auf 250 ml (¼ l) ergänzen
30 g Speisestärke	mit 4 Eßl. von dem Saft anrühren, den übrigen Kirschsaft zum Kochen bringen, in den von der Kochstelle genommenen Saft die Speisestärke rühren, kurz aufkochen lassen, die Kirschen unterrühren, kalt stellen in die abgekühlte Kirschcreme
6 Eßl. Kirschwasser	rühren die Biskuitrolle in etwa 1 cm dicke Scheiben schneiden, eine Schüssel damit auslegen (einige Scheiben zurücklassen)
250 ml (¼ l) Schlagsahne	½ Minute schlagen
1 Päckchen Vanillin-Zucker	mit
1 Päckchen Sahnesteif	mischen, einstreuen, die Sahne steif schlagen, 3 Eßl. davon in einen

Spritzbeutel füllen, die restliche Schlagsahne in die mit den Biskuitscheiben ausgelegte Schüssel füllen, glattstreichen, die Kirschcreme darauf verteilen, mit den restlichen Biskuitscheiben bedecken
die Kirschbombe bis zum Servieren kalt stellen, auf eine runde Platte stürzen, mit der Schlagsahne aus dem Spritzbeutel verzieren, mit
Kirschen garnieren.

Erdbeer-Sahnetorte

(Abb. nebenstehend)

Für den Teig

2 Eigelb mit
2–3 Eßl. warmem Wasser schaumig schlagen, nach und nach ⅔ von
100 g Zucker mit
1 Päckchen Vanillin-Zucker hinzugeben, so lange schlagen, bis eine cremeartige Masse entstanden ist
2 Eiweiß steif schlagen, nach und nach den Rest des Zuckers unterschlagen, den Schnee auf die Eigelbcreme geben
75 g Weizenmehl mit
50 g Speisestärke
3 g (1 gestrichener Teel.) Backpulver Backin mischen, darüber sieben, unter die Eigelbcreme ziehen (nicht rühren)
den Teig in eine Springform (Durchmesser etwa 28 cm, Boden gefettet, mit Pergamentpapier belegt) füllen, sofort backen
Strom: 175–200 (vorgeheizt)
Gas: 3–4 (nicht vorgeheizt)
Backzeit: 20–30 Minuten
den Tortenboden gut auskühlen lassen

für die Füllung

1 Päckchen Soßen-Pulver Vanille-Geschmack
25 g Zucker nach und nach mit
knapp 250 ml (¼ l) Milch anrühren, unter Rühren zum Kochen bringen, kurz aufkochen lassen
den Pudding kalt stellen, ab und zu durchrühren
500 g Erdbeeren waschen, gut abtropfen lassen, entstielen
500 ml (½ l) Schlagsahne ½ Minute schlagen
50 g Puderzucker sieben, mit
1 Päckchen Vanillin-Zucker
1 Päckchen Sahnesteif mischen, einstreuen, die Sahne steif schlagen

den Tortenboden einmal durchschneiden, den unteren Boden mit dem Pudding bestreichen, mit den Erdbeeren belegen, ¾ der Sahne gleichmäßig darüber geben, den oberen Boden darauf legen, gut andrücken
Rand und obere Seite der Torte gleichmäßig mit etwas von der zurückgelassenen Sahne bestreichen
die Torte mit der restlichen Sahne verzieren, mit
halbierten Erdbeeren garnieren.

Erfrischende Cremeschnitten

Für den Teig

2 Eigelb mit
2 – 3 Eßl. warmem Wasser schaumig schlagen, nach und nach ⅔ von
100 g Zucker mit
1 Päckchen Vanillin-Zucker hinzugeben, so lange schlagen, bis eine cremeartige Masse entstanden ist
2 Eiweiß steif schlagen, nach und nach den Rest des Zuckers unterschlagen, den Schnee auf die Eigelbcreme geben
75 g Weizenmehl mit
25 g Speisestärke
10 g Back-Kakao
3 g (1 gestrichener Teel.) Backpulver Backin mischen, darüber sieben, unter die Eigelbcreme ziehen (nicht rühren)
50 g Butter oder Margarine zerlassen, abgekühlt vorsichtig hinzufügen
den Teig in eine gefettete, mit Pergamentpapier ausgelegte Kastenform (30 x 11 cm) füllen, sofort backen
Strom: 175 – 200 (vorgeheizt)
Gas: 3 – 4 (nicht vorgeheizt)
Backzeit: Etwa 30 Minuten
den Biskuit gut auskühlen lassen

für die Füllung aus
1 Packung Torten-Creme-Pulver Vanille-Geschmack
300 ml Milch nach der Vorschrift auf der Packung eine Creme zubereiten
abgeriebene Schale von 1 Zitrone (unbehandelt)
4 Eßl. Zitronensaft hinzufügen
200 g Butter oder Margarine mit einem elektrischen Handrührgerät geschmeidig rühren, die Creme auf einmal unter ständigem Rühren dazugeben
den Biskuit zweimal durchschneiden
den unteren Boden mit ⅓ der Creme bestreichen, den zweiten darauf legen, mit der Hälfte der restlichen Creme bestreichen, mit dem dritten bedecken, Rand und obere Seite des Gebäcks gleichmäßig mit der Creme bestreichen, die obere Seite mit Creme verzieren, mit
Zitronenscheiben abgeriebener Zitronenschale (unbehandelt) garnieren.

Festtorte

(Abb. nebenstehend)

Für diese Torte 3 Biskuitböden (Durchmesser etwa 28 cm) zubereiten

für den Teig (pro Boden)
3 Eigelb mit
3 Eßl. warmem Wasser schaumig schlagen, nach und nach ⅔ von
150 g Zucker mit
1 Päckchen Vanillin-Zucker hinzugeben, so lange schlagen, bis eine cremeartige Masse entstanden ist
3 Eiweiß steif schlagen, nach und nach den Rest des Zuckers unterschlagen, den Schnee auf die Eigelbcreme geben
100 g Weizenmehl mit
100 g Speisestärke
9 g (3 gestrichene Teel.) Backpulver Backin mischen, darüber sieben, unter die Eigelbcreme ziehen (nicht rühren), dabei nach und nach
75 g zerlassene, abgekühlte Butter oder Margarine vorsichtig hinzufügen
den Teig in eine mit Pergamentpapier ausgelegte Springform (Durchmesser etwa 28 cm) füllen, sofort backen
Strom: 175 – 200 (vorgeheizt)
Gas: 3 – 4 (nicht vorgeheizt)
Backzeit: 20 – 30 Minuten
auf diese Weise 3 Biskuitböden zubereiten, gut auskühlen lassen

für die helle Buttercreme
1 Päckchen Pudding-Pulver Vanille-Geschmack mit
100 g Zucker
500 ml (½ l) kalter Milch nach der Vorschrift auf dem Päckchen zubereiten, kalt stellen, ab und zu durchrühren

für die dunkle Buttercreme
1 Päckchen Schokoladen-Pudding-Pulver mit
100 g Zucker
500 ml (½ l) kalter Milch nach der Vorschrift auf dem Päckchen zubereiten, kalt stellen, ab und zu durchrühren
die helle und die dunkle Buttercreme, jede für sich, folgendermaßen zubereiten:
je 250 g Butter geschmeidig rühren, den Pudding eßlöffelweise darunter geben, darauf achten, daß weder Butter noch Pudding zu kalt sind, da dann die sogenannte Gerinnung eintritt

1 Tortenboden in der Größe lassen,
1 Tortenboden auf 20 cm Durchmesser,
1 Tortenboden auf 16 cm Durchmesser verkleinern
alle Biskuitböden zweimal waagerecht durchschneiden, füllen, die oberen Seiten sowie die Ränder der Torten bestreichen:
den großen Boden mit einem Teil von

150 g Sauerkirsch-Konfitüre und ⅔ der hellen Buttercreme
den mittleren Boden mit

75 g Aprikosen-Konfitüre und der Hälfte der dunklen Buttercreme
den kleinen Boden mit der restlichen Sauerkirsch-Konfitüre und der restlichen hellen Creme
die Ränder der Torten mit

75 g abgezogenen, gehobelten Mandeln (nach Belieben auf einem Backblech im Backofen bräunen) bestreuen
die Tortenböden aufeinandersetzen, die obere Tortenfläche und die Abstufungen der Torte mit der restlichen dunklen Creme verzieren, nach Belieben mit

kandierten Kirschen
Schokoladen-plättchen garnieren.

Diplomatentorte

	Für den Teig
4 Eigelb	mit
3 – 4 Eßl. warmem Wasser	schaumig schlagen, nach und nach ⅔ von
125 g Zucker	mit
1 Päckchen Vanillin-Zucker	hinzugeben, so lange schlagen, bis eine cremeartige Masse entstanden ist
4 Eiweiß	steif schlagen, nach und nach den Rest des Zuckers unterschlagen, den Schnee auf die Eigelbcreme geben
100 g Weizenmehl	mit
1 Päckchen Pudding-Pulver Vanille-Geschmack	
3 g (1 gestrichener Teel.) Backpulver	mischen, darüber sieben, vorsichtig unter die Eigelbcreme ziehen (nicht rühren), den Teig etwa 1 cm dick auf ein gefettetes, mit Pergamentpapier belegtes Backblech streichen, an der offenen Seite des Blechs das Papier unmittelbar vor dem Teig zu einer Falte knicken, so daß ein Rand entsteht, sofort in den vorgeheizten Backofen schieben
Strom:	175 – 200, ***Gas:*** 3 – 4
Backzeit:	Etwa 10 Minuten den Biskuit sofort nach dem Backen auf ein mit Zucker bestreutes Papier stürzen, das Pergamentpapier mit kaltem Wasser bestreichen, vorsichtig, aber schnell abziehen, das Gebäck mit
4 – 5 Eßl. Kirschkonfitüre	bestreichen, von der längeren Seite aufrollen, kalt stellen, die Biskuitrolle in Scheiben schneiden, die Randstücke zurücklassen eine Schüssel mit abgerundetem Boden mit den Biskuitscheiben auslegen, etwas zusammendrücken
	für die Füllung
1 Päckchen Götterspeise Zitrone-Geschmack	
150 g Zucker	
250 ml (¼ l) Weißwein	nach der Vorschrift auf dem Päckchen zubereiten
250 ml (¼ l) Schlagsahne	steif schlagen, sobald die Speise anfängt, dicklich zu werden, die Sahne unterheben, die Creme auf die Biskuitscheiben füllen, glattstreichen, die zurückgelassenen Randstücke auseinanderrollen, die Creme damit bedecken, kalt stellen sobald die Creme fest geworden ist (nach etwa 1 Stunde), die Torte auf eine Platte stürzen.

Ananas-Sahnetorte

(Dr. Oetker Backformserie „Garantie", Strahlenform)

	Für den Teig
3 Eigelb	mit
3 – 4 Eßl. warmem Wasser	schaumig schlagen, nach und nach ⅔ von
125 g Zucker	mit
1 Päckchen Vanillin-Zucker	dazugeben, so lange schlagen, bis eine cremeartige Masse entstanden ist
3 Eiweiß	steif schlagen, nach und nach den Rest des Zuckers unterschlagen, den Schnee auf die Eigelbcreme geben
125 g Weizenmehl	mit
1 gestrichenen Eßl. Kakao	
3 g (1 gestrichener Teel.) Backpulver	mischen, darüber sieben
50 g abgezogene, gemahlene, geröstete Mandeln	
100 g geriebene Schokolade	darauf geben, vorsichtig unter die Eigelbcreme ziehen (nicht rühren) den Teig in die gut gefettete Form füllen, sofort backen
Strom:	175 – 200 (vorgeheizt)
Gas:	3 – 4 (nicht vorgeheizt)
Backzeit:	20 – 30 Minuten den Tortenboden gut auskühlen lassen, einmal durchschneiden
	für den Guß
75 g zartbittere Schokolade	in kleine Stücke brechen, mit
etwas Kokosfett	in einem kleinen Topf im Wasserbad bei schwacher Hitze zu einer geschmeidigen Masse verrühren, den oberen Boden gleichmäßig damit überziehen
	für die Füllung
2 schwach gehäufte Teel. Gelatine gemahlen, weiß	mit
3 Eßl. kaltem Wasser	in einem kleinen Topf anrühren, 10 Minuten zum Quellen stehenlassen
10 Scheiben Ananas (aus der Dose, etwa 350 g)	abtropfen lassen, in kleine Stücke schneiden
300 g Ananas-Konfitüre	durch ein Sieb streichen, mit
3 Eßl. Weinbrand	verrühren, die gequollene Gelatine unter Rühren erwärmen, bis sie gelöst ist, unter die Ananas-Konfitüre rühren
500 ml (½ l) Schlagsahne	steif schlagen, ¼ davon zum Verzieren abnehmen, unter die übrige Sahne die Konfitüre rühren, kurze Zeit kalt stellen

die Ananas-Stücke (einige zum Garnieren zurücklassen) auf den unteren Boden geben, die Ananas-Sahne darauf verteilen
den mit Schokolade bestrichenen Boden darauf legen, gut andrücken
den unteren Rand der Torte mit etwas von der zurückgelassenen Sahne bestreichen, mit

25 g abgezogenen, gemahlenen, gerösteten Mandeln bestreuen
die obere Seite der Torte mit der restlichen Sahne verzieren, mit
Liebesperlen und Ananas-Stücken garnieren.

Schokostäbchen

(Abb. oben)

Für den Teig

1 Ei
1 Eigelb mit
125 g Zucker
1 Päckchen Vanillin-Zucker
Salz
1 gestrichenen Teel. Instant-Kaffee-Pulver schaumig schlagen

60 g zartbittere Schokolade in kleine Stücke brechen, in einem kleinen Topf im Wasserbad bei schwacher Hitze glattrühren, unter die Eiermasse rühren

200 g gemahlene Mandeln mit
1 Messerspitze Backpulver Backin mischen, ⅔ davon unterrühren, den Rest unterkneten
den Teig kalt stellen

für den Guß

1 Eiweiß steif schlagen
60 g Puderzucker sieben, eßlöffelweise unter den Schnee schlagen
den Teig zu einem Rechteck (12 x 40 cm) ausrollen, die Teigplatte gleichmäßig mit dem Guß bestreichen, daraus Stäbchen (6 x 1 cm) schneiden, auf ein gefettetes Backblech legen, in den vorgeheizten Backofen schieben

Strom: 175 – 200
Gas: 3 – 4
Backzeit: 10 – 15 Minuten.

Osterhasentorte

(Abb. nebenstehend)

	Für den Knetteig
175 g Weizenmehl 3 g (1 gestrichener Teel.) Backpulver Backin	mischen, auf die Tischplatte sieben, in die Mitte eine Vertiefung eindrücken
50 g Zucker 2 Päckchen Vanillin-Zucker	hineingeben
125 g kalte Butter oder Margarine	in Stücke schneiden, auf den Zucker geben, mit Mehl bedecken, von der Mitte aus alle Zutaten schnell zu einem glatten Teig verkneten, sollte er kleben, ihn eine Zeitlang kalt stellen ⅓ des Teiges dünn ausrollen, 24 Hasen ausstechen (12 Hasen mit Kopf nach links, 12 Hasen mit Kopf nach rechts – wird durch Umdrehen der Ausstechform erreicht), auf ein Backblech legen, in den vorgeheizten Backofen schieben
Strom:	175 – 200
Gas:	3 – 4
Backzeit:	Etwa 10 Minuten den Rest des Teiges auf dem Boden einer Springform (Durchmesser etwa 28 cm) ausrollen, mehrmals mit einer Gabel einstechen, in den vorgeheizten Backofen schieben
Strom:	175 – 200
Gas:	3 – 4
Backzeit:	Etwa 15 Minuten sofort nach dem Backen den Boden vom Springformboden lösen, ihn aber erst, wenn er erkaltet ist, auf eine Tortenplatte legen
	für den Biskuitteig
3 Eigelb	mit
4 Eßl. warmem Wasser	schaumig schlagen, nach und nach ⅔ von
125 g Zucker	mit
1 Päckchen Vanillin-Zucker	hinzugeben, so lange schlagen, bis eine cremeartige Masse entstanden ist
3 Eiweiß	steif schlagen, unter ständigem Schlagen nach und nach den Rest des Zuckers dazugeben, den Schnee auf die Eigelbcreme geben
75 g Weizenmehl	mit
75 g Speisestärke 15 g Kakao 6 g (2 gestrichene Teel.) Backpulver Backin	mischen, darüber sieben, alles vorsichtig unter die Eigelbcreme ziehen (nicht rühren), dabei
75 g zerlassene, abgekühlte Butter oder Margarine	hinzufügen den Teig in eine gefettete, mit Pergamentpapier ausgelegte Springform (Durchmesser etwa 28 cm) füllen, sofort backen
Strom:	175 – 200 (vorgeheizt)
Gas:	3 – 4 (nicht vorgeheizt)
Backzeit:	20 – 30 Minuten den Tortenboden gut auskühlen lassen, einmal durchschneiden
	für den Guß
100 g Kuvertüre	mit
30 g Kokosfett	in einem kleinen Topf im Wasserbad bei schwacher Hitze zu einer geschmeidigen Masse verrühren, den oberen Biskuitboden und jeweils 1 Hasenseite (die äußeren Seiten eines Hasenpaares) damit bestreichen den Knetteigboden mit
2 Eßl. Kirsch-Konfitüre	bestreichen, mit dem unteren Biskuitboden bedecken
	für die Füllung
etwa 200 g Mandarinenspalten (aus der Dose)	abtropfen lassen, den Saft auffangen
500 ml (½ l) Schlagsahne	½ Minute schlagen
1 Päckchen Vanillin-Zucker	mit
2 Päckchen Sahnesteif	mischen, einstreuen, die Sahne steif schlagen
4 Eßl. Mandarinensaft	unterrühren knapp die Hälfte der Sahne in einen Spritzbeutel mit gezackter Tülle füllen, unter die restliche Sahne die kleingeschnittenen Mandarinenspalten heben, auf den unteren Biskuitboden streichen, mit dem oberen Boden bedecken, den Rand der Torte mit etwas von der Sahne aus dem Spritzbeutel bestreichen, die obere Seite mit der restlichen Sahne verzieren den Tortenrand mit
40 g feingehackten Pistazienkernen oder Schokoladenstreuseln	bestreuen die Torte mit den Osterhasen,
bunten Zuckereiern	garnieren.

Weihnachtsbacken

Weihnachtsgebäck

Honiggebäck

Unter den Weihnachtsgebäcken nehmen die Gebäcke mit Honig oder Sirup (Rübenkraut) eine beachtliche Stellung ein. Zum Teil wird das auf den guten Geschmack der damit hergestellten Gebäcke zurückzuführen sein, aber auch auf ihre gute Haltbarkeit.
Für die Verarbeitung von Honig und Sirup ist wichtig, daß sie im allgemeinen vor der Herstellung des Teiges zusammen mit Zucker und Fett erwärmt und dabei zerlassen werden. Vorteilhaft ist es, einen Teil oder die gesamte im Rezept angegebene Flüssigkeit dazuzugeben, damit sich der Zucker besser löst. Das Erwärmen dieser Zutaten soll nicht bei zu starker Hitze vor sich gehen; am besten unter ständigem Rühren auf der Automatikplatte. Sobald alles zerlassen ist, die Honigmasse (Sirupmasse) von der Kochstelle nehmen und, je nach Rezept, den Kochtopf oder eine Rührschüssel, in die man die Honigmasse gegeben hat, in kaltes Wasser setzen. Während des Erkaltens die Honigmasse häufig umrühren. Wichtig ist, daß die Masse auf Handwärme abgekühlt ist, da andernfalls das Backin schon bei der Teigbereitung treiben würde, was normalerweise erst im Laufe des Backprozesses geschehen soll.

Feiner Honigkuchen auf dem Blech

(Abb. nebenstehend)

	Für den Teig
375 g Honig	mit
125 g Zucker 1 Päckchen Vanillin-Zucker 100 g Margarine 100 g Schweineschmalz	langsam erwärmen, zerlassen, in eine Rührschüssel geben, kalt stellen, unter die fast erkaltete Masse
2 Eier 3 gestrichene Teel. gemahlenen Zimt ½ gestrichenen Teel. gemahlenen Kardamom ½ gestrichenen Teel. gemahlene Nelken 4 Tropfen Backöl Bittermandel 1 Fläschchen Rum-Aroma abgeriebene Schale von 1 Apfelsine (unbehandelt)	rühren
500 g Weizenmehl	mit
1 Päckchen Backpulver Backin 30 g Back-Kakao	mischen, sieben, nach und nach eßlöffelweise abwechselnd mit
knapp 125 ml (⅛ l) Milch	unterrühren
150 g Korinthen	verlesen
100 g Haselnußkerne	grob hacken
100 g Zitronat (Sukkade)	in kleine Würfel schneiden die Zutaten zuletzt unter den Teig heben, ihn gut 1 cm dick auf ein gefettetes Backblech streichen, vor den Teig ein mehrfach umgeknicktes Stück Alufolie legen, in den vorgeheizten Backofen schieben
Strom:	175 – 200
Gas:	3 – 4
Backzeit:	25 – 30 Minuten den Honigkuchen auf dem Backblech erkalten lassen
	für den Guß
150 g Puderzucker	mit
30 g Kakao	mischen, sieben, mit
etwa 2 Eßl. heißem Wasser	glattrühren, so daß eine dickflüssige Masse entsteht
20 g Kokosfett oder Butter	zerlassen, heiß darunter rühren den Kuchen damit bestreichen, sofort mit einem scharfen Messer in Stücke von 6 x 6 cm schneiden.

Honigkuchen-Pärchen
(Abb. S. 200/201)

250 g Honig	mit
100 g Zucker	
1 Päckchen Vanillin-Zucker	
1 Ei	
10 g (1 gestrichener Eßl.) gemahlenem Zimt	
1 Messerspitze gemahlenen Nelken	
1 Messerspitze gemahlener Muskatblüte	
3 Tropfen Backöl Zitrone	
½ Fläschchen Rum-Aroma	mit einem Rührlöffel gut verrühren
500 g Weizenmehl	mit
1 Päckchen Backpulver Backin	mischen, zu ⅔ unterrühren, den Rest unterkneten den Teig gut 1 cm dick ausrollen Figuren ausschneiden (am besten nach Papierschablonen), auf ein gefettetes Backblech legen, mit
Dosenmilch	bestreichen, nach Belieben mit
Gebäck-Schmuck Zuckerschrift oder mit Mandeln Belegkirschen Rosinen Pistazienkernen Schoko-Blättchen Zitronat (Sukkade)	garnieren, in den vorgeheizten Backofen schieben
Strom:	175 – 200
Gas:	3 – 4
Backzeit:	Etwa 25 Minuten.

Baiser

4 Eiweiß	steif schlagen, es muß so fest sein, daß ein Messerschnitt sichtbar bleibt
200 g feinkörnigen Zucker	eßlöffelweise unterschlagen die Baisermasse in einen Spritzbeutel füllen, in beliebigen Formen auf ein mit Pergamentpapier belegtes Backblech spritzen oder mit 2 Teelöffeln aufsetzen das Gebäck darf nur leicht aufgehen und sich schwach gelblich färben
Strom:	110 – 130 (vorgeheizt)
Gas:	25 Minuten 1, 25 Minuten aus 15 Minuten 1 (nicht vorgeheizt)
Backzeit:	70 – 100 Minuten.

Raspeli

3 Eiweiß	steif schlagen, es muß so fest sein, daß ein Messerschnitt sichtbar bleibt, nach und nach
200 g Zucker 1 Päckchen Vanillin-Zucker	unterschlagen
30 g Back-Kakao	auf den Eierschnee sieben
150 g Kokosraspel	darüber geben, vorsichtig unter den Eierschnee heben (nicht rühren) von dem Teig mit 2 Teelöffeln Häufchen auf ein gefettetes Backblech setzen
Strom:	130 – 150 (vorgeheizt)
Gas:	1 – 2 (nicht vorgeheizt)
Backzeit:	Etwa 25 Minuten.

Würzige Torte

	Für den Teig
125 g Honig	mit
50 g Zucker 1 Päckchen Vanillin-Zucker 125 g Butter oder Margarine	langsam erwärmen, zerlassen, in eine Rührschüssel geben, kalt stellen unter die fast erkaltete Masse
2 Eier 1 Messerspitze gemahlene Nelken 1 Messerspitze gemahlenen Kardamom 1 gestrichenen Teel. gemahlenen Zimt abgeriebene Schale von 1 Apfelsine (unbehandelt)	rühren
250 g Weizenmehl	mit
9 g (3 gestrichene Teel.) Backpulver Backin	mischen, sieben, eßlöffelweise unterrühren
2 Eßl. Apfelsinensaft	hinzufügen, zuletzt
50 g feingewürfeltes Orangeat 50 g abgezogene, gehackte Mandeln	unterrühren den Teig in eine gefettete Springform (Durchmesser etwa 28 cm) füllen, glattstreichen
Strom:	175 – 200 (vorgeheizt)
Gas:	2 – 3 (nicht vorgeheizt)
Backzeit:	Etwa 35 Minuten
	zum Aprikotieren
3 Eßl. Aprikosen-Konfitüre	durch ein Sieb streichen, mit
1 Eßl. Wasser	kurz aufkochen lassen, die noch warme Torte damit bestreichen, erkalten lassen
	für den Guß
75 g Schokolade	in Stücke brechen, in einem kleinen Topf im Wasserbad bei schwacher Hitze erwärmen, bis sie weich ist, mit
etwa 3 Eßl. Sahne oder Milch	zu einer geschmeidigen Masse verrühren die Torte mit dem Guß bestreichen, mit
abgezogenen, halbierten Mandeln	garnieren.

Pflastersteine

(Abb. nebenstehend)

250 g Honig oder Sirup	mit
100 g Zucker 50 g Butter, Margarine oder Schweineschmalz 1 Eßl. Wasser	langsam erwärmen, zerlassen, in eine Rührschüssel geben, kalt stellen, unter die fast erkaltete Masse
1 Ei 1 gestrichenen Teel. gemahlenen Zimt 2 Tropfen Backöl Bittermandel 3 Tropfen Backöl Zitrone	rühren
500 g Weizenmehl	mit
12 g (4 gestrichene Teel.) Backpulver Backin	mischen, sieben, ⅔ davon eßlöffelweise unterrühren, den Rest des Mehls mit
50 g abgezogenen, gehackten Mandeln oder 50 g verlesenen Korinthen 25 g gewürfeltem Orangeat oder Zitronat (Sukkade)	unter den Teigbrei kneten, sollte der Teig kleben, noch etwas Mehl hinzugeben, daumendicke Rollen formen, diese in so große Stücke schneiden, daß sich daraus etwa kirschgroße Kugeln formen lassen, etwas flachdrücken, auf der Oberseite mit
Milch	bestreichen, in
Hagelzucker oder groben Zucker	drücken, auf ein gefettetes Backblech legen, in den vorgeheizten Backofen schieben
Strom:	175 – 200
Gas:	3 – 4
Backzeit:	10 – 20 Minuten die Pflastersteine nach dem Backen einige Tage an der Luft stehenlassen, damit sie weich werden.

Christbaum-Brezeln

100 g Butter oder Margarine	geschmeidig rühren, nach und nach
200 g Zucker 1 Päckchen Vanillin-Zucker 1 Ei	
1 Eiweiß	unterrühren
500 g Weizenmehl	mit
1 Päckchen Backpulver Backin	mischen, sieben, ⅔ davon eßlöffelweise unterrühren, den Rest des Mehls unterkneten, sollte der Teig kleben, ihn eine Zeitlang kalt stellen den Teig in kleinen Portionen zu bleistiftdicken Rollen formen, diese in etwa 20 cm lange Stücke schneiden, zu Brezeln schlingen, auf ein gefettetes Backblech legen
1 Eigelb	mit
1 Eßl. Milch	verquirlen, die Brezeln damit bestreichen, in den vorgeheizten Backofen schieben
Strom:	175 – 200
Gas:	3 – 4
Backzeit:	Etwa 15 Minuten.

Dattelmakronen

3 Eiweiß	steif schlagen, es muß so fest sein, daß ein Messerschnitt sichtbar bleibt, nach und nach
200 g Zucker	
1 Päckchen Vanillin-Zucker	
1 Fläschchen Rum-Aroma	unterschlagen
125 g entkernte Datteln	in kleine Stücke schneiden
150 g abgezogene, gehackte Mandeln	
	beide Zutaten auf den Eierschnee geben
30 g Speisestärke	darüber sieben, vorsichtig unterheben (nicht rühren) von dem Teig mit 2 Teelöffeln Häufchen auf ein gefettetes Backblech setzen
Strom:	100 – 110 (vorgeheizt)
Gas:	1 – 2 (nicht vorgeheizt)
Backzeit:	50 – 75 Minuten.

Vanillekipferl

(Abb. nebenstehend)

250 g Weizenmehl	mit
1 Messerspitze Backpulver Backin	mischen, auf die Tischplatte sieben, in die Mitte eine Vertiefung eindrücken
125 g Zucker	
1 Päckchen Vanillin-Zucker	
3 Eigelb	hineingeben, mit einem Teil des Mehls zu einem dicken Brei verarbeiten
200 g kalte Butter	in Stücke schneiden
125 g abgezogene, gemahlene Mandeln	
	beide Zutaten auf den Brei geben, mit Mehl bedecken von der Mitte aus alle Zutaten schnell zu einem glatten Teig verkneten aus dem Teig daumendicke Rollen formen, gut 2 cm lange Stücke davon abschneiden, diese zu etwa 5 cm langen Rollen formen, die Enden etwas dünner rollen, als Hörnchen auf ein Backblech legen, in den vorgeheizten Backofen schieben
Strom:	175 – 200
Gas:	3 – 4
Backzeit:	Etwa 10 Minuten
50 g Puderzucker	sieben, mit
1 Päckchen Vanillin-Zucker	
½ gestrichenen Teel. gemahlenem Zimt	
50 g abgezogenen, feingehack. Mandeln	mischen, die noch heißen Hörnchen darin wälzen.

Echte Nürnberger Lebkuchen

	Für den Teig
2 kleine Eier	mit
125 g Zucker	schaumig schlagen, nach und nach
1 Prise Muskatnuß	
½ Teel. gemahlene Nelken	
½ Teel. gemahlenen Zimt	
2 Tropfen Backöl Bittermandel	
einige Tropfen Rum-Aroma	
einige Tropfen Backöl Zitrone	unterrühren
125 g gemahlene Mandeln	
125 g abgezogene, gehackte Mandeln	
125 g feingewürfeltes Zitronat (Sukkade)	unter die Eiermasse rühren, den Teig fingerdick auf
Oblaten (Durchmesser etwa 6 cm)	verstreichen oder als flache Häufchen auf ein gefettetes Backblech setzen, in den vorgeheizten Backofen schieben
Strom:	Etwa 180
Gas:	Etwa 3
Backzeit:	Etwa 20 Minuten
	für den Guß
150 g gesiebten Puderzucker	mit
2 – 3 Eßl. heißem Wasser	zu einer dickflüssigen Masse verrühren, die noch warmen Lebkuchen damit bestreichen, mit
Buntzucker	bestreuen.

Schokoladenküchlein

3 Eiweiß	steif schlagen, eßlöffelweise
250 g feinkörnigen Zucker	
1 Päckchen Vanillin-Zucker	darunter schlagen
125 g geraspelte zartbittere Schokolade	mit
250 g abgezogenen, gehackten Mandeln	mischen, vorsichtig unter den Eierschnee heben (nicht rühren) den Teig in Häuschen auf ein gefettetes Backblech setzen
Strom:	130 – 150 (vorgeheizt)
Gas:	1 – 2 (nicht vorgeheizt)
Backzeit:	Etwa 25 Minuten.

Rosinen-Rumkugeln

100 g Butter	geschmeidig rühren, nach und nach
100 g gesiebten Puderzucker 1 Päckchen Vanillin-Zucker 300 g geriebene Blockschokolade 3 Eßl. Rum	unterrühren, zuletzt
125 g in Rum eingelegte Rosinen	hinzufügen die Masse eine Zeitlang kalt stellen, kleine Kugeln daraus formen, in
100 – 150 g Schokoladenstreuseln	wälzen das Konfekt in Zellophantüten verpacken, kühl aufbewahren.

Butterkonfekt

150 g Butter	schaumig rühren
100 g Puderzucker	sieben, mit
1 Päckchen Vanillin-Zucker	nach und nach hinzugeben
2 Eigelb	unterrühren
200 g zartbittere Schokolade	in kleine Stücke brechen, in einem kleinen Topf im Wasserbad oder auf der Automatikplatte zu einer geschmeidigen Masse verrühren, unter die Eigelbcreme rühren, kalt stellen aus der festgewordenen Masse teelöffelweise nußgroße Mengen abstechen, nochmals kalt stellen, in
Schokoladenstreuseln oder Kakao	wälzen, mit den Händen leicht rund oder länglich formen das Butterkonfekt in Zellophantütchen verpacken, kühl aufbewahren.

Trüffelspitzen

150 g zartbittere Schokolade 100 g Vollmilch-Schokolade	in Stücke brechen, mit
200 ml (1/5 l) Sahne 100 g Kokosfett	unter Rühren erhitzen, bis eine glatte Masse entstanden ist, einmal kurz aufkochen lassen, in eine Schüssel geben
200 g kleingeschnittene Nuß-Nougatmasse	hinzufügen, so lange rühren, bis die Nougatmasse sich mit der Schokoladenmasse verbunden hat, kalt stellen, während des Erkaltens ab und zu durchrühren die erkaltete Masse mit einem elektrischen Handrührgerät mit Rührbesen durchrühren, bis sie etwas schaumig wird, in kleinen Mengen in einen Spritzbeutel mit gezackter Tülle füllen, in
etwa 80 Metallrosetten	spritzen, mit
Pistazienkernen	garnieren die Trüffelspitzen, in Alufolie oder Zellophan verpackt, kühl aufbewahren.

Krokantbissen

20 g Butter 60 g Zucker	so lange erhitzen, bis die Masse leicht gebräunt und der Zucker gelöst ist
125 g abgezogene, gehackte Mandeln	hinzufügen, unter Rühren erhitzen, bis der Krokant genug gebräunt ist, auf ein geöltes Backbleck geben die erkaltete Krokantmasse in kleine Stücke zerstoßen
100 g zartbittere Schokolade	in kleine Stücke brechen, mit
5 Eßl. Sahne	in einem kleinen Topf im Wasserbad oder auf der Automatikplatte glattrühren, etwas abkühlen lassen, den Krokant unterrühren von der Masse Häufchen abstechen, auf Alufolie setzen, im Kühlschrank fest werden lassen die Krokantbissen in Zellophantüten verpacken oder in verschlossenen Glas- oder Porzellangefäßen kühl aufbewahren.

Marzipankonfekt

200 g Marzipan-Rohmasse 100 g gesiebter Puderzucker 1 Eßl. Kirschwasser	die Zutaten zu einer einheitlichen Masse verkneten, in mit
Puderzucker	ausgestäubte Pralinenförmchen drücken oder Motive daraus formen das Konfekt vorsichtig mit einem Holzstäbchen aus den Förmchen lösen
	für den Guß
Puderzucker	sieben, mit so viel
Eiweiß oder Wasser	verrühren, daß eine dickflüssige Masse entsteht das Konfekt damit überziehen
Puderzucker	sieben, mit
Eiweiß	glattrühren, mit
Lebensmittelfarbe	färben das Konfekt damit verzieren.

Walnuß-Aprikosen-Konfekt

125 g getrocknete Aprikosen	in sehr kleine Stücke schneiden, mit
3 Eßl. Apricot Brandy	übergießen, zugedeckt etwa 2 Stunden stehenlassen
200 g Marzipan-Rohmasse	hinzufügen, mit einem elektrischen Handrührgerät mit Rührbesen gut verrühren
100 g gesiebten Puderzucker	unterkneten aus der Masse etwa 2 cm dicke Rollen formen, in etwa 1½ cm dicke Scheiben schneiden
100 g Kuvertüre	in einem kleinen Topf im Wasserbad bei schwacher Hitze zu einer geschmeidigen Masse verrühren jedes Marzipanstückchen hineintauchen, auf Pergamentpapier setzen, evtl. nochmals umsetzen, damit das Konfekt keine „Füßchen" bekommt, mit
100 g Walnußkern-hälften	garnieren das Konfekt möglichst in kleine Papiermanschetten setzen, gut verschlossen aufbewahren.

Haselnußmakronen

4 Eiweiß	steif schlagen, es muß so fest sein, daß ein Messerschnitt sichtbar bleibt, nach und nach
200 g feinkörnigen Zucker	
1 Messerspitze gemahlenen Zimt	
4 Tropfen Backöl Bittermandel	unterschlagen
200 g Haselnußkerne	in Scheiben schneiden
150 g gemahlene Haselnußkerne	
	beide Zutaten vorsichtig unter den Eierschnee heben (nicht rühren) von dem Teig mit 2 Teelöffeln Häufchen auf ein gefettetes Backblech setzen
Strom:	130 – 150 (vorgeheizt)
Gas:	1 – 2 (nicht vorgeheizt)
Backzeit:	20 – 25 Minuten.

Mandelspekulatius

250 g Weizenmehl	mit
1 Messerspitze Backpulver Backin	mischen, auf die Tischplatte sieben, in die Mitte eine Vertiefung eindrücken
125 g Zucker	
1 Päckchen Vanillin-Zucker	
½ Fläschchen Rum-Aroma	
1 gut gehäuften Teel. gemahlenen Zimt	
½ gestrichenen Teel. gemahlene Nelken	
½ gestrichenen Teel. gemahlenen Kardamom	
1 Messerspitze gemahlene Muskatblüte	
1 Ei	hineingeben, mit einem Teil des Mehls zu einem dicken Brei verarbeiten
75 g kalte Butter	in Stücke schneiden, auf den Brei geben, mit
75 g abgezogenen, gemahlenen Mandeln	bedecken, von der Mitte aus alle Zutaten schnell zu einem glatten Teig verkneten, sollte er kleben, ihn eine Zeitlang kalt stellen die Tischplatte dicht mit
etwa 50 g abgezogenen, gehobelten Mandeln	bestreuen, den Teig dünn darauf ausrollen, mit beliebigen Formen (vor allem Tierformen) ausstechen, auf ein gefettetes Backblech legen, in den vorgeheizten Backofen schieben
Strom:	175 – 200, ***Gas:*** 3 – 4
Backzeit:	Etwa 10 Minuten.

Knabbis

250 g Sirup	mit
75 g Zucker	
1 Päckchen Vanillin-Zucker	langsam erwärmen, zerlassen, in eine Rührschüssel geben, kalt stellen unter die fast erkaltete Masse
1 gestrichenen Teel. gemahlenen Zimt	
1 Messerspitze gemahlene Nelken	
6 Tropfen Backöl Zitrone	rühren
250 g Weizenmehl	mit
6 g (2 gestrichene Teel.) Backpulver Backin	mischen, auf die Tischplatte sieben, in die Mitte eine Vertiefung eindrücken, die Sirupmasse mit
40 g feingewürfeltem Orangeat	
40 g feingewürfelter Sukkade (Zitronat)	
40 g abgezogenen, gehackten Mandeln	hineingeben, mit Mehl bedecken, von der Mitte aus alle Zutaten schnell zu einem glatten Teig verkneten den Teig einige Stunden ruhen lassen, ihn dann in kleinen Portionen dünn ausrollen, mit beliebigen Formen ausstechen, auf ein gefettetes Backblech legen, in den vorgeheizten Backofen schieben
Strom:	175 – 200
Gas:	3 – 4
Backzeit:	Etwa 4 Minuten die Plätzchen vorsichtig mit einem breiten Messer vom Backblech lösen, auskühlen lassen, in gut schließenden Dosen aufbewahren.

Spekulatius

(Abb. nebenstehend)

500 g Weizenmehl	mit
6 g (2 gestrichene Teel.) Backpulver Backin	mischen, auf die Tischplatte sieben, in die Mitte eine Vertiefung eindrücken
250 g Zucker	
1 Päckchen Vanillin-Zucker	
2 Tropfen Backöl Bittermandel	

2 Messerspitzen gemahlenen Kardamom	
2 Messerspitzen gemahlene Nelken	
1 gestrichenen Teel. gemahlenen Zimt	
2 Eier	hineingeben, mit einem Teil des Mehls zu einem dicken Brei verarbeiten
200 g kalte Butter	in Stücke schneiden, auf den Brei geben
100 g abgezogene, gemahlene Mandeln oder Haselnußkerne	darüber streuen, mit Mehl bedecken, von der Mitte aus alle Zutaten schnell zu einem glatten Teig verkneten, sollte er kleben, ihn eine Zeitlang kalt stellen den Teig dünn ausrollen, mit beliebigen Formen (vor allem Tierformen) ausstechen, auf ein gefettetes Backblech legen werden Holzmodel benutzt, den Teig in den gut bemehlten Model drücken, den überstehenden Teig abschneiden, die Spekulatiusstücke aus dem Model schlagen, das Backblech in den vorgeheizten Backofen schieben
Strom:	175 – 200
Gas:	3 – 4
Backzeit:	Etwa 10 Minuten.

Honigkuchen

250 g Honig	mit
100 g Butter oder Margarine	langsam erwärmen, zerlassen, in eine Rührschüssel geben, kalt stellen, unter die fast erkaltete Masse
10 g Back-Kakao *2 gestrichene Teel. gemahlenen Zimt* *2 gestrichene Teel. gemahlenen Ingwer* *1½ Teel. gemahlene Nelken* *Salz* *50 g gestoßenen braunen Kandiszucker (Grümmel)* *50 g feingewürfeltes Zitronat (Sukkade)* *2 Eier* *2 Eßl. Weinbrand* *einige Tropfen Backöl Zitrone*	rühren
200 g Weizenmehl *6 g (2 gestrichene Teel.) Backpulver Backin*	mischen, sieben, eßlöffelweise unterrühren den Teig in eine mit Pergamentpapier ausgelegte, gefettete Kastenform (30 x 11 cm) füllen
Strom:	175 – 200 (vorgeheizt)
Gas:	3 – 4 (nicht vorgeheizt)
Backzeit:	Etwa 60 Minuten.

Honigkranz „Liegnitzer Art"

400 g Honig	mit
250 g Zucker *1 Päckchen Vanillin-Zucker* *150 g Butter oder Margarine* *6 Eßl. Milch*	langsam erwärmen, zerlassen, in eine Rührschüssel geben, kalt stellen unter die fast erkaltete Masse nach und nach
3 Eier *1 Fläschchen Rum-Aroma* *3 Tropfen Backöl Bittermandel* *1 Teel. gemahlenen Zimt* *½ Teel. Ingwerpulver* *1 Messerspitze gemahlenen Kardamom* *1 Messerspitze gemahlene Muskatblüte* *1 Messerspitze gemahlene Nelken*	rühren
500 g Weizenmehl	mit
1 Päckchen Backpulver Backin	mischen, sieben, eßlöffelweise unterrühren
150 g Walnußkerne *150 g getrocknete Aprikosen* *150 g getrocknete Feigen* *150 g getrocknete Datteln (ohne Steine)*	in kleine Stücke schneiden, zuletzt unter den Teig rühren den Teig in eine gefettete Kranzform (Durchmesser etwa 26 cm) füllen
Strom:	175 – 200 (vorgeheizt)
Gas:	2 – 3 (nicht vorgeheizt)
Backzeit:	Etwa 75 Minuten nach Belieben das Gebäck mit
Puderzuckerguß *halbierten Walnußkernen*	verzieren.

Orangenmakronen

3 Eiweiß	mit
200 g Zucker *1 Päckchen Vanillin-Zucker*	in eine Schüssel geben, über Wasserdampf mit einem Schneebesen so lange schlagen, bis eine steife Masse entstanden ist
abgeriebene Schale von 1 Apfelsine (unbehandelt) *3 Eßl. Apfelsinensaft*	hinzufügen, weiterschlagen, die Masse muß so fest sein, daß ein Messerschnitt sichtbar bleibt die Schüssel aus dem Wasserdampf nehmen
200 g abgezogene, gehobelte Mandeln *50 g Semmelmehl*	vorsichtig unter den Eierschnee heben (nicht rühren) den Teig mit 2 Teelöffeln in Häufchen auf ein gefettetes Backblech setzen
Strom:	130 – 150 (vorgeheizt)
Gas:	1 – 2 (nicht vorgeheizt)
Backzeit:	Etwa 30 Minuten.

Busserl

2 Eiweiß	steif schlagen, der Schnee muß so fest sein, daß ein Messerschnitt sichtbar bleibt, nach und nach
100 g feinkörnigen Zucker	unterschlagen
1 gestrichenen Eßl. Kakao	sieben, mit
50 g zartbitterer feingeschnittener Schokolade	vorsichtig unterheben
	mit 2 Teelöffeln walnußgroße Häufchen auf ein gefettetes Backblech setzen
Strom:	130 – 150 (vorgeheizt)
Gas:	1 – 2 (nicht vorgeheizt)
Backzeit:	25 – 35 Minuten.

Schneehäubchen

3 Eiweiß	steif schlagen, der Schnee muß so fest sein, daß ein Messerschnitt sichtbar bleibt
250 g Puderzucker	sieben, eßlöffelweise unterschlagen zum Bestreichen der Häubchen 4 Eßl. Eierschnee abnehmen
125 g abgezogene, gemahlene Mandeln	
125 g gemahlene Haselnußkerne, leicht geröstet	unter den übrigen Eierschnee heben, die Masse bergartig auf
etwa 50 Oblaten (Durchmesser 4 cm)	streichen, sorgfältig mit dem zurückgelassenen Eierschnee bestreichen, auf ein Backblech legen, auf der unteren Schiene in den Backofen schieben
Strom:	130 – 150 (vorgeheizt)
Gas:	1 – 2 (nicht vorgeheizt)
Backzeit:	Etwa 20 Minuten.

Glasierter Honigkuchen

	Für den Teig
500 g Honig	mit
75 g Zucker	
1 Päckchen Vanillin-Zucker	
100 g Butter	
1 Teel. Instant-Kaffee	
2 Eßl. Milch	langsam erwärmen, zerlassen, in eine Rührschüssel geben, kalt stellen unter die fast erkaltete Masse nach und nach
2 Eier	
Salz	
1 gestrichenen Eßl. gemahlenen Zimt	
½ gestrichenen Teel. gemahlene Nelken	
½ gestrichenen Teel. gemahlenen Ingwer	
½ gestrichenen Teel. gemahlenen Kardamom	
2 Tropfen Backöl Bittermandel	rühren
500 g Weizenmehl	mit
1 Päckchen Backpulver Backin	mischen, sieben, eßlöffelweise unterrühren
100 g gehackte Haselnußkerne	
50 g feingewürfeltes Zitronat (Sukkade)	zuletzt unter den Teig heben den Teig etwa 1 cm dick auf ein gefettetes Backblech streichen, vor den Teig ein mehrfach umgeknicktes, gefettetes Stück Pergamentpapier legen den Teig so mit
50 g abgezogenen, halbierten Mandeln	belegen, daß sich nach dem Backen Quadrate von etwa 8 x 8 cm schneiden lassen, das Backblech in den vorgeheizten Backofen schieben
Strom:	175 – 200
Gas:	3 – 4
Backzeit:	25 – 30 Minuten
	zum Bestreichen in einem kleinen Topf
50 g Zucker	
2 Eßl. Wasser	unter Rühren kurz aufkochen lassen, das noch heiße Gebäck damit bestreichen.

Advents-Rosen

250 g Weizenmehl	mit
3 g (1 gestrichener Teel.) Backpulver Backin	mischen, in eine Rührschüssel sieben
1 gestrichenen Eßl. Zucker	
1 Päckchen Vanillin-Zucker	
½ gestrichenen Teel. Salz	
1 Ei	
2 Eßl. Weinbrand	
2 Eßl. Wasser	hinzufügen die Zutaten mit einem Handrührgerät mit Knethaken zunächst kurz auf niedrigster, dann auf höchster Stufe gut durcharbeiten, anschließend auf der Tischplatte zu einem glatten Teig verkneten den Teig etwa 3 mm dick ausrollen, mit einer runden Form (Durchmesser etwa 8 cm) ausstechen die Teigplatten jeweils viermal kreuzförmig bis knapp zur Mitte einschneiden, die Hälfte der Teigplatten in der Mitte mit
Milch	bestreichen, die übrigen so darauf legen, daß die Einschnitte versetzt sind die Teigstücke in siedendes
Ausbackfett (Speiseöl oder Kokosfett)	geben, sofort mit einem Rührlöffel in der Mitte nach unten drücken, so daß eine Vertiefung entsteht, schwimmend auf beiden Seiten hellbraun backen das etwas abgekühlte Gebäck mit
Puderzucker	bestäuben, nach Belieben mit
Schlagsahne	
kandierten Kirschen	verzieren.

Zimtkuchen

250 g Butter geschmeidig rühren, nach und nach
250 g Zucker
1 Päckchen Vanillin-Zucker
4 Eier
4 Tropfen Backöl Zitrone
1 gehäuften Teel. gemahlenen Zimt unterrühren
250 Weizenmehl mit
9 g (3 gestrichene Teel.) Backpulver Backin mischen, sieben, eßlöffelweise unterrühren
125 g verlesene Korinthen
125 g verlesene Rosinen
125 g gemahlene Mandeln unter den Teig heben, ihn in eine gefettete Napfkuchenform (Durchmesser 22 cm) füllen
Strom: 165 – 175 (vorgeheizt)
Gas: 2 – 3 (nicht vorgeheizt)
Backzeit: 70 – 80 Minuten.

Elisenlebkuchen

	Für den Teig
2 Eier	schaumig schlagen, nach und nach
200 g Farinzucker oder Zucker 1 Päckchen Vanillin-Zucker	hinzugeben, so lange schlagen, bis eine cremeartige Masse entstanden ist
1 Messerspitze gemahlene Nelken ½ Fläschchen Rum-Aroma 1–2 Tropfen Backöl Zitrone 75 g feingewürfeltes Orangeat oder Zitronat (Sukkade) 125 g gemahlene Mandeln 1 Messerspitze Backpulver Backin	unterrühren, von
75–125 g gemahlenen Haselnußkernen*	nur so viel unterrühren, daß der Teig noch streichfähig ist auf jede Oblate von
etwa 40 Oblaten (Durchmesser etwa 6 cm)	einen gehäuften Teel. des Teiges geben, mit einem in Wasser getauchten Messer bergartig auf die Oblate streichen, auf ein Backblech legen, in den vorgeheizten Backofen schieben
Strom:	130–150
Gas:	1–2
Backzeit:	25–30 Minuten
	für den hellen Guß
150 g Puderzucker	sieben, mit
1–2 Eßl. heißem Wasser	zu einer streichfähigen Masse verrühren
	für den dunklen Guß
75 g Schokolade	in kleine Stücke brechen, mit
10 g Kokosfett	in einem kleinen Topf im Wasserbad bei schwacher Hitze zu einer geschmeidigen Masse verrühren die Hälfte der Lebkuchen gleich nach dem Backen mit hellem, den Rest mit dunklem Guß bestreichen.

*die erforderliche Menge Haselnußkerne hängt von der Größe der Eier ab

Aprikosenzopf

(Abb. nebenstehend)

150 g getrocknete, grobgehackte Aprikosen 75 g abgezogene, gehackte Mandeln 50 g feingewürfeltes Zitronat (Sukkade) 25 g feingewürfeltes Orangeat	mischen, mit
2 Eßl. Arrak	beträufeln, gut durchziehen lassen
500 g Weizenmehl	in eine Schüssel sieben, mit
1 Päckchen Trocken-Hefe	sorgfältig vermischen
100 g Zucker 150 g zerlassene, lauwarme Butter 200 ml (⅕ l) lauwarme Milch 1 Ei Mark von ½ Vanilleschote abgeriebene Schale von ½ Zitrone (unbehandelt) Salz	hinzufügen, alles mit einem elektrischen Handrührgerät mit Knethaken zuerst auf der niedrigsten, dann auf der höchsten Stufe in etwa 5 Minuten zu einem Teig verarbeiten, die übrigen Zutaten unterkneten den Teig an einem warmen Ort so lange stehenlassen, bis er etwa doppelt so hoch ist, ihn dann auf höchster Stufe nochmals gut durchkneten den Teig in 3 gleich große Stücke teilen, von jedem Teigstück eine 35–40 cm lange Rolle formen, zu einem Zopf flechten, die Enden des Zopfes gut zusammendrücken, damit sie sich beim Backen nicht lösen den Zopf auf ein gefettetes Backblech legen, nochmals an einem warmen Ort so lange stehenlassen, bis er sich in der Breite wie in der Höhe etwa um die Hälfte vergrößert hat, erst dann in den vorgeheizten Backofen schieben
Strom:	175–200
Gas:	3–4
Backzeit:	Etwa 60 Minuten nach dem Backen den noch heißen Zopf mit
75 g zerlassener Butter	bestreichen, mit
75 g Puderzucker	bestäuben.

Wundernüßchen

2 Eiweiß	steif schlagen, es muß so fest sein, daß ein Messerschnitt sichtbar bleibt, nach und nach
75 g Zucker	
1 Päckchen Vanillin-Zucker	unterschlagen
2 Tropfen Backöl Bittermandel	hinzugeben
175 g gemahlene Haselnußkerne	vorsichtig unter den Eierschnee heben (nicht rühren) den Teig mit in Wasser getauchten Händen zu knapp walnußgroßen Kugeln formen, auf ein mit Pergamentpapier belegtes Backblech legen, mit einem in Wasser getauchten Backöl-Fläschchen in jede Kugel eine Vertiefung eindrücken
Strom:	175 – 200 (vorgeheizt)
Gas:	2 – 3 (nicht vorgeheizt)
Backzeit:	Etwa 15 Minuten die Plätzchen nach dem Erkalten sofort in einer gut schließenden Dose aufbewahren, vor dem Verzehr nach Belieben mit verschiedenen Sorten
Konfitüre oder Gelee	füllen.

Früchtebrot

3 Eier	schaumig schlagen, nach und nach
125 g Zucker	
1 Päckchen Vanillin-Zucker	hinzugeben, so lange schlagen, bis eine dicke, cremeartige Masse entstanden ist
½ Fläschchen Rum-Aroma	
1 Messerspitze gemahlenen Zimt	unterrühren
125 g Haselnußkerne	halbieren
125 g getrocknete Feigen	in Würfel schneiden
250 g Rosinen	verlesen
60 g abgezogene, gehackte Mandeln	
125 g gewürfeltes Zitronat (Sukkade)	
125 g Weizenmehl	mit
50 g Speisestärke	
3 g (1 gestrichener Teel.) Backpulver Backin	mischen, sieben alle Zutaten unter die Eiermasse rühren den Teig in eine gefettete, mit Papier ausgelegte Kastenform (30 x 11 cm) füllen
Strom:	175 – 200 (vorgeheizt)
Gas:	2 – 3 (nicht vorgeheizt)
Backzeit:	70 – 90 Minuten.

Rondellchen

	Für den Teig
250 g Weizenmehl	mit
1½ g (½ gestrichener Teel.) Backpulver Backin	mischen, auf die Tischplatte sieben, in die Mitte eine Vertiefung eindrücken
75 g Zucker	
1 Päckchen Vanillin-Zucker	
2 Eßl. Milch	hinzugeben, mit einem Teil des Mehls zu einem dicken Brei verarbeiten
125 g kalte Butter	in Stücke schneiden, auf den Brei geben, mit Mehl bedecken, von der Mitte aus alle Zutaten schnell zu einem glatten Teig verkneten, sollte er kleben, ihn eine Zeitlang kalt stellen den Teig dünn ausrollen, mit einer runden Form (Durchmesser etwa 4 cm) ausstechen, auf ein Backblech legen, in den vorgeheizten Backofen schieben
Strom:	175 – 200
Gas:	3 – 4
Backzeit:	10 – 12 Minuten die Hälfte der erkalteten Plätzchen auf der Unterseite mit
2 – 3 Eßl. rotem Johannisbeergelee	bestreichen, die übrigen mit der Unterseite darauf legen
	zum Garnieren
100 g Marzipan-Rohmasse	mit
50 g gesiebtem Puderzucker	verkneten, dünn ausrollen, mit Garnierförmchen ausstechen
50 g Raspel-Schokolade	
20 g Kokosfett	nach der Vorschrift auf dem Beutel auflösen, die Marzipanfiguren damit bestreichen
	für den Guß
200 g gesiebten Puderzucker	mit
etwas Wasser	
etwas rotem Johannisbeergelee	zu einer dickflüssigen Masse verrühren, die Plätzchen damit bestreichen, mit den Marzipanfiguren garnieren.

Datteltaler

	Für den Teig
2 Eiweiß	steif schlagen, der Schnee muß so fest sein, daß ein Messerschnitt sichtbar bleibt, nach und nach
125 g Zucker	
1 Päckchen Vanillin-Zucker	
½ Fläschchen Rum-Aroma	
1 Messerspitze gemahlenen Zimt	unterschlagen
50 g abgezogene, gemahlene Mandeln	
50 g abgezogene, gehackte Mandeln	
100 g entkernte, kleingeschnittene Datteln	auf den Eierschnee geben
20 g Speisestärke	darüber sieben, vorsichtig unter den Eierschnee heben (nicht rühren), jeweils knapp 1 cm dick auf die Hälfte von
100 Oblaten (Durchmesser 4 cm)	streichen, mit einer zweiten Oblate bedecken, auf ein Backblech legen
Strom:	125 – 150 (vorgeheizt)
Gas:	1 – 2 (nicht vorgeheizt)
Backzeit:	Etwa 20 Minuten das Gebäck vollständig erkalten lassen
	für den Guß
etwas Kuvertüre oder Schokolade	in einem kleinen Topf im Wasserbad bei schwacher Hitze glattrühren, die Datteltaler etwas schräg von zwei Seiten oder zur Hälfte hineintauchen.

Nürnberger Lebkuchen

	Für den Teig
175 g Honig oder Sirup	mit
50 g Zucker ***2 Eßl. Speiseöl*** ***2 Eßl. Wasser***	langsam erwärmen, zerlassen, in eine Rührschüssel geben, kalt stellen, unter die fast erkaltete Masse
1 Eigelb ***1 gehäuften Teel. Kakao*** ***6 Tropfen Backöl Zitrone*** ***1 Messerspitze gemahlenen Nelkenpfeffer (Piment)*** ***1 gestrichenen Teel. gemahlenen Zimt***	rühren
250 g Weizenmehl	mit
9 g (3 gestrichene Teel.) Backpulver Backin	mischen, sieben, ⅔ davon eßlöffelweise unterrühren, den Rest des Mehls mit
75 g abgezogenen, gemahlenen Mandeln ***75 g gemahlenen Haselnußkernen*** ***50 g gewürfeltem Zitronat (Sukkade)*** ***75 g getrockneten Aprikosen (in Stücke geschnitten)***	unter den Teigbrei kneten, gut ½ cm dick ausrollen, mit einer runden Form (Durchmesser etwa 8 cm) ausstechen oder Rechtecke von 9 x 6 cm ausrädern, auf ein gefettetes Backblech legen, in den vorgeheizten Backofen schieben
Strom:	175 – 200
Gas:	2 – 3
Backzeit:	15 – 20 Minuten
	für den Guß
125 g Puderzucker	sieben, mit
1 Eiweiß	verrühren, ist der Guß zu fest, noch
einige Tropfen Wasser	unterrühren, die Lebkuchen dünn damit bestreichen, sofort mit
Buntzucker	bestreuen.

Lebkuchensterne
(Abb. nebenstehend)

	Für den Teig
125 g Honig	mit
200 g Zucker	
1 Päckchen Vanillin-Zucker	
150 g Butter	
4 Eßl. Milch	langsam erwärmen, zerlassen, in eine Rührschüssel geben, kalt stellen unter die fast erkaltete Masse
3 Tropfen Backöl Bittermandel	
1 gestrichenen Teel. gemahlenen Zimt	rühren
400 g Weizenmehl	
2 gestr. Eßl. Kakao	
100 g Speisestärke	
1 Päckchen Backpulver Backin	mischen, sieben, ⅔ davon eßlöffelweise unterrühren, den Rest unterkneten sollte der Teig kleben, noch etwas Mehl hinzugeben den Teig etwa ½ cm dick ausrollen, Sterne ausstechen, auf ein gefettetes Backblech legen zum Aufhängen jeweils in einer Sternspitze ein kleines Loch ausstechen, in den vorgeheizten Backofen schieben
Strom:	175 – 200
Gas:	3 – 4
Backzeit:	10 – 15 Minuten
	zum Verzieren
200 g Zitronen-Glasur	mit
etwa 2 Eßl. Wasser	zu einer spritzfähigen Masse verrühren, mit
Lebensmittelfarbe	färben mit Hilfe eines Pergamentpapiertütchens die Sterne mit dem Guß verzieren.

Printen

200 g Sirup	mit
50 g Honig	
50 g Margarine	langsam erwärmen, zerlassen, in eine Rührschüssel geben, kalt stellen unter die fast erkaltete Masse
50 g zerstoßenen braunen Kandiszucker (Grümmel)	
50 g Rohrzucker	
1 gestrichenen Teel. gemahlenen Zimt	
½ gestrichenen Teel. gemahlene Nelken	
½ Teel. Anissamen	

1 Messerspitze gemahlene Muskatblüte	
1 Messerspitze gemahlenen Ingwer	
1 Messerspitze gemahlenen Kardamom	
30 g feingewürfeltes Orangeat	rühren
300 g Weizenmehl	mit
9 g (3 gestrichene Teel.) Backpulver	mischen, sieben, ⅔ davon eßlöffelweise unterrühren den Rest des Mehls unterkneten den Teig etwa ½ cm dick ausrollen, in Rechtecke von etwa 2½ x 7 cm schneiden, auf ein gefettetes Backblech legen, mit
Dosenmilch	bestreichen, in den vorgeheizten Backofen schieben
Strom:	175 – 200
Gas:	3 – 4
Backzeit:	Etwa 10 Minuten.

Weihnachts-Napfkuchen

	Für den Teig
250 g Butter	geschmeidig rühren, nach und nach
250 g Zucker	
2 Päckchen Vanillin-Zucker	
4 Eier	
abgeriebene Schale von 1 Zitrone (unbehandelt)	unterrühren
375 g Weizenmehl	mit
125 g Speisestärke	
1 Päckchen Backpulver Backin	mischen, sieben, eßlöffelweise abwechselnd mit
gut 125 ml (⅛ l) Sahne	unterrühren (nur so viel Sahne verwenden, daß der Teig schwer – reißend – vom Löffel fällt) den Teig in eine gefettete Napfkuchenform (Durchmesser 22 cm) füllen
Strom:	175 – 200 (vorgeheizt)
Gas:	2 – 3 (nicht vorgeheizt)
Backzeit:	Etwa 1 Stunde
	für den Guß
200 – 250 g gesiebten Puderzucker	mit
3 – 4 Eßl. Zitronensaft	zu einer dickflüssigen Masse glattrühren den erkalteten Kuchen damit bestreichen, sofort mit
kandierten Kirschen halbierten Walnußkernen	garnieren.

Baseler Leckerli

	Für den Teig
250 g Honig	mit
250 g Zucker	
Salz	
4 Eßl. Wasser	langsam erwärmen, zerlassen, in eine Rührschüssel geben, kalt stellen unter die fast erkaltete Masse
4 Tropfen Backöl Zitrone	
1 gestrichenen Teel. gemahlenen Zimt	
½ gestrichenen Teel. gemahlene Nelken	
etwas geriebene Muskatnuß	rühren
400 g Weizenmehl	mit
6 g (2 gestrichene Teel.) Backpulver Backin	mischen, sieben, ⅔ davon eßlöffelweise unterrühren, den Rest des Mehls mit
200 g abgezogenen, gehobelten Mandeln	
100 g feingewürfeltem Zitronat (Sukkade) und Orangeat	auf den Teigbrei geben, von der Mitte aus alle Zutaten zu einem weichen Teig verkneten den Teig auf einem gefetteten Backblech gut ½ cm dick ausrollen (dabei leicht mit Mehl bestäuben), in den vorgeheizten Backofen schieben
Strom:	175 – 200
Gas:	2 – 3
Backzeit:	Etwa 25 Minuten
	für die Glasur
75 g Zucker	mit
3 Eßl. Wasser	so lange kochen, bis die Flüssigkeit in lang nachziehenden Tropfen vom Löffel fällt sofort nach dem Backen das Gebäck vom Blech lösen, mit der heißen Glasur bestreichen, sofort in Rechtecke 3 × 4 cm schneiden (Glasur wird erst während des Trocknens weiß).

Haselnußbrötchen

3 Eiweiß	steif schlagen, es muß so fest sein, daß ein Messerschnitt sichtbar bleibt, nach und nach
200 g Zucker	unterschlagen, 3 – 4 Eßl. davon abnehmen, unter den restlichen Eierschnee
1 Messerspitze gemahlenen Zimt	
200 g gemahlene, geröstete Haselnußkerne	heben die Masse in einen Spritzbeutel mit gezackter Tülle füllen, in Form von Tuffs auf ein mit gut gefettetem Pergamentpapier belegtes Backblech spritzen den zurückgelassenen Eierschnee in den gesäuberten Spritzbeutel mit Lochtülle füllen, etwas davon auf jeden Tuff spritzen, von
etwa 100 g Haselnußkernen	je 1 Kern hineindrücken
Strom:	130 – 150 (vorgeheizt)
Gas:	1 – 2 (nicht vorgeheizt)
Backzeit:	Etwa 25 Minuten das Gebäck muß sich beim Herausnehmen aus dem Backofen noch etwas weich anfühlen.

Honigkranz

250 g Honig	mit
1 Päckchen Vanillin-Zucker	
150 g Butter oder Margarine	langsam erwärmen, zerlassen, in eine Rührschüssel geben, kalt stellen unter die fast erkaltete Masse nach und nach
2 Eier	
3 Eßl. Aprikosen-Konfitüre	
2 gestrichene Teel. gemahlenen Zimt	
1 Messerspitze gemahlene Nelken	
1 Messerspitze gemahlenen Kardamom	
2 Tropfen Backöl Bittermandel	
1 Fläschchen Rum-Aroma	rühren
375 g Weizenmehl	mit
2 gestrichenen Eßl. Kakao	
12 g (4 gestrichene Teel.) Backpulver Backin	mischen, sieben, eßlöffelweise unterrühren
100 g abgezogene, gehackte Mandeln	
125 g verlesene Korinthen oder Rosinen	zuletzt unterrühren den Teig in eine gefettete Kranzform (Durchmesser etwa 24 cm) füllen
Strom:	175 – 200 (vorgeheizt)
Gas:	3 – 4 (nicht vorgeheizt)
Backzeit:	Etwa 40 Minuten.

Mandelsterne

300 g Weizenmehl	mit
20 g Kakao	
3 g (1 gestrichener Teel.) Backpulver	mischen, auf die Tischplatte sieben, in die Mitte eine Vertiefung eindrücken
75 g Zucker	
1 Päckchen Vanillin-Zucker	
3 Tropfen Backöl Bittermandel	
3 Eßl. Milch	hineingeben, mit einem Teil des Mehls zu einem dicken Brei verarbeiten
175 g kalte Margarine	in Stücke schneiden, auf den Brei geben, mit Mehl bedecken, von der Mitte aus alle Zutaten schnell zu einem glatten Teig verkneten, sollte er kleben, ihn eine Zeitlang kalt stellen den Teig etwa 3 mm dick ausrollen, Sterne ausstechen, auf ein gefettetes Backblech legen die Teigplätzchen mit
Dosenmilch	bestreichen, mit
etwa 50 g Zucker	
200 g abgezogenen, gehobelten Mandeln	bestreuen, in den vorgeheizten Backofen schieben
Strom:	175 – 200
Gas:	3 – 4
Backzeit:	10 – 15 Minuten.

Sirupknusperle

375 g Sirup	mit
50 g Zucker	
100 g Butter	langsam erwärmen, zerlassen, in eine Rührschüssel geben, kalt stellen unter die fast erkaltete Masse nach und nach
1 gehäuften Teel. gemahlenen Zimt	
1 gestrichenen Teel. gemahlene Nelken	
1 Messerspitze gemahlene Muskatblüte	
1 Messerspitze gemahlenen Kardamom	rühren
500 g Weizenmehl	mit
6 g (2 gestrichene Teel.) Backpulver	mischen, sieben, ⅔ davon eßlöffelweise unterrühren, den Rest unterkneten den Teig in kleinen Portionen sehr dünn ausrollen, Plätzchen ausstechen, auf ein gefettetes Backblech legen, in den vorgeheizten Backofen schieben
Strom:	175 – 200
Gas:	3 – 4
Backzeit:	5 – 7 Minuten.

Walnußplätzchen

	Für den Teig
300 g Weizenmehl	auf die Tischplatte sieben, in die Mitte eine Vertiefung eindrücken
200 g Zucker ***1 Päckchen Vanillin-Zucker*** ***1 Fläschchen Rum-Aroma*** ***3 Tropfen Backöl Bittermandel*** ***1 Messerspitze gemahlenen Kardamom*** ***Salz***	hineingeben
200 g kalte Butter	in Stücke schneiden, mit
150 g gemahlenen Walnußkernen	dazugeben, mit Mehl bedecken, von der Mitte aus alle Zutaten schnell zu einem glatten Teig verkneten, sollte er kleben, ihn eine Zeitlang kalt stellen den Teig dünn ausrollen, mit einer runden Form (Durchmesser etwa 4 cm) ausstechen, auf ein Backblech legen, in den vorgeheizten Backofen schieben
Strom:	175 – 200, ***Gas:*** 3 – 4
Backzeit:	5 – 10 Minuten die Hälfte der erkalteten Plätzchen auf der Unterseite mit

rotem Johannisbeergelee bestreichen, die übrigen darauf legen, gut andrücken

zum Garnieren

50 g halbbittere Kuvertüre in einem kleinen Topf im Wasserbad bei schwacher Hitze zu einer geschmeidigen Masse verrühren, mit

200 g halbierten Walnußkernen garnieren.

Marzipan-Stollen

250 g Rosinen verlesen, mit

4 Eßl. Rum beträufeln, mehrere Stunden (am besten über Nacht) stehenlassen

1 Päckchen Dauer-Backhefe mit

1 Teel. Zucker in einem Schüsselchen mit

150 ml lauwarmer Milch sehr sorgfältig anrühren, etwa 15 Minuten bei Zimmertemperatur stehenlassen

375 g Weizenmehl in eine Rührschüssel sieben, in die Mitte eine Vertiefung eindrücken

75 g Zucker
1 Päckchen Vanillin-Zucker
Salz
2 Messerspitzen gemahlenen Kardamom
2 Messerspitzen gemahlene Nelken
2 Messerspitzen gemahlene Muskatblüte
1 Ei
150 g sehr weiche Margarine oder Butter an den Rand des Mehls geben

die angesetzte Hefe in die Vertiefung geben

die Zutaten mit einem Handrührgerät mit Knethaken zunächst auf niedrigster, dann auf höchster Stufe in etwa 5 Minuten zu einem Teig verarbeiten, sollte er kleben, noch etwas Mehl hinzufügen (aber nicht zu viel, Teig muß weich bleiben)

den Teig so lange an einem warmen Ort stehenlassen, bis er sich sichtbar vergrößert hat, ihn auf höchster Stufe nochmals gut durchkneten

125 g Korinthen verlesen, mit den Rum-Rosinen

100 g feingewürfeltem Zitronat (Sukkade)
100 g abgezogenen, gehackten Mandeln kurz auf mittlerer Stufe unterkneten

den Teig zu einem Rechteck (30 x 20 cm) ausrollen

200 g Marzipan-Rohmasse gut durchkneten, zu einem Rechteck (30 x 15 cm) ausrollen, dieses so auf die Teigplatte legen, daß an den Längsseiten etwas Teig frei bleibt

den Teig von der längeren Seite her nicht zu locker aufrollen, zu einem Stollen formen

den Stollen auf ein mit gefettetem Pergamentpapier belegtes Backblech legen, nochmals so lange an einem warmen Ort gehen lassen, bis er sich sichtbar vergrößert hat, ihn erst dann in den Backofen schieben

Strom: Vorheizen 250, backen 150 – 175
Gas: 5 Minuten vorheizen 2 – 3, backen 2 – 3
Backzeit: 45 – 55 Minuten

den Stollen sofort nach dem Backen mit

75 g zerlassener Butter bestreichen, mit

50 g Puderzucker bestäuben.

Ballbäuschen

100 g weiche Margarine oder Butter mit einem Handrührgerät mit Rührbesen auf höchster Stufe in etwa ½ Minute geschmeidig rühren, nach und nach

50 g Zucker
1 Päckchen Vanillin-Zucker
Salz unterrühren, so lange rühren, bis eine gebundene Masse entstanden ist

2 Eier nach und nach unterrühren (jedes Ei etwa ½ Minute)

250 g Weizenmehl mit

6 g (2 gestrichene Teel.) Backpulver Backin mischen, sieben, abwechselnd eßlöffelweise mit

etwa 4 Eßl. Milch auf mittlerer Stufe unterrühren (nur so viel Milch verwenden, daß der Teig schwer – reißend – von einem Löffel fällt)

Ausbackfett (Speiseöl oder Kokosfett) erhitzen, mit einem in das heiße Fett getauchten Teelöffel Teigbällchen abstechen, schwimmend in dem siedenem Fett hellbraun backen, mit einem Schaumlöffel herausnehmen, auf einem Kuchenrost abtropfen lassen, mit

Puderzucker bestäuben.

Zedernbrot

	Für den Teig
3 Eiweiß	steif schlagen, es muß so fest sein, daß ein Messerschnitt sichtbar bleibt
375 g Puderzucker	mit
1 Päckchen Vanillin-Zucker	mischen, sieben, eßlöffelweise unterschlagen
2 Tropfen Backöl Bittermandel 1 Eßl. Zitronensaft abgeriebene Schale von ½ Zitrone (unbehandelt)	und gut die Hälfte von
etwa 375 g abgezogenen, gemahlenen Mandeln	hinzufügen, unterrühren von dem Rest der gemahlenen Mandeln so viel darunter kneten, daß der Teig kaum noch klebt, ihn auf einer mit
abgezogenen, gemahlenen Mandeln oder Puderzucker	bestreuten Tischplatte gut ½ cm dick ausrollen, Halbmonde ausstechen, auf ein mit Pergamentpapier belegtes Backblech legen
Strom:	130 – 150 (vorgeheizt)
Gas:	1 – 2 (nicht vorgeheizt)
Backzeit:	30 – 45 Minuten
	für den Guß
150 g Puderzucker	sieben, mit
3 – 4 Eßl. Zitronensaft	glattrühren, so daß eine dickflüssige Masse entsteht die erkalteten Plätzchen mit dem Guß bestreichen.

Gefüllter Honigkuchen

	Für den Teig
200 g Honig oder Sirup	mit
100 g Zucker Salz 50 g Butter, Margarine oder Schweineschmalz 1 Eßl. Wasser	langsam erwärmen, zerlassen, in eine Rührschüssel geben, kalt stellen, unter die fast erkaltete Masse
1 Ei 1 gestrichenen Teel. gemahlenen Zimt 2 Tropfen Backöl Bittermandel	rühren
500 g Weizenmehl	mit
1 Päckchen Backpulver Backin	mischen, sieben, ⅔ davon eßlöffelweise unterrühren den Rest des Mehls unter den Teigbrei kneten, sollte er kleben, noch etwas Mehl hinzugeben ⅔ des Teiges auf einem gefetteten Backblech ausrollen (reicht für ¾ eines Blechs), an den Seiten etwas hochdrücken den übrigen Teig passend zu einer Decke ausrollen, mit Papier aufwickeln, beiseite legen den Teig gleichmäßig mit
etwa 375 g nicht zu süßer Konfitüre (am besten Pflaumenmus)	bestreichen, die Teigdecke darauf legen, mit einer Gabel mehrmals einstechen, in den vorgeheizten Backofen schieben
Strom:	200 – 225
Gas:	3 – 4
Backzeit:	Etwa 20 Minuten
	für den Guß
100 g Puderzucker	sieben, mit
1 – 2 Eßl. Zitronensaft oder Wasser	glattrühren, so daß eine dickflüssige Masse entsteht, sofort nach dem Backen das Gebäck damit bestreichen, in gleichmäßige Streifen von etwa 3 x 9 cm schneiden.

Stollen

(Abb. nebenstehend)

500 g Weizenmehl	mit
1 Päckchen Backpulver Backin	mischen, auf die Tischplatte sieben, in die Mitte eine Vertiefung eindrücken
175 g Zucker 1 Päckchen Vanillin-Zucker Salz 4 Tropfen Backöl Bittermandel 1 Fläschchen Rum-Aroma 4 Tropfen Backöl Zitrone 1 Messerspitze gemahlenen Kardamom 1 Messerspitze gemahlene Muskatblüte 2 Eier	hineingeben, mit einem Teil des Mehls zu einem dicken Brei verarbeiten

175 g kalte Butter oder Margarine	in Stücke schneiden, auf den Brei geben
125 g Korinthen	
250 g Rosinen	verlesen, mit
250 g Speisequark	
150 g abgezogenen, gemahlenen Mandeln oder Haselnußkernen	
50 g gewürfeltem Zitronat (Sukkade)	darauf geben, mit Mehl bedecken von der Mitte aus alle Zutaten schnell zu einem glatten Teig verkneten, sollte er kleben, noch etwas Mehl hinzugeben den Teig zu einem Stollen formen, auf ein mit Pergamentpapier belegtes Backblech legen
Strom:	Vorheizen 250, backen 160 – 180
Gas:	2 – 3
Backzeit:	50 – 60 Minuten den Stollen sofort nach dem Backen mit
100 g zerlassener Butter	bestreichen, mit
50 g gesiebtem Puderzucker	bestäuben, zum Auskühlen auf einen Kuchenrost legen.

Tip:
In Alufolie verpackt, hält sich der Stollen wochenlang frisch.

Honigbrot

	Für den Teig
250 g Honig	mit
200 g Zucker	
65 g Butter oder Margarine	
125 ml (1/8 l) Malzbier	langsam erwärmen, zerlassen, in eine Rührschüssel geben, kalt stellen, unter die fast erkaltete Masse
1 Ei	
½ gestrichenen Teel. gemahlenen Kardamom	
½ gestrichenen Teel. gemahlene Nelken	
1 gestrichenen Teel. gemahlenen Zimt	
1 Fläschchen Rum-Aroma	
6 Tropfen Backöl Zitrone	
3 Tropfen Backöl Bittermandel	rühren
500 g Weizenmehl	mit
1 Päckchen Backpulver Backin	mischen, sieben, eßlöffelweise unterrühren den Teig gut 1 cm dick auf ein gefettetes Backblech streichen, einen mehrfach umgeknickten, gefetteten Streifen Alufolie vor den Teig legen, in den vorgeheizten Backofen schieben
Strom:	175 – 200
Gas:	3 – 4
Backzeit:	Etwa 20 Minuten
	für den Guß
100 g Puderzucker	sieben, mit
etwa 2 Eßl. heißem Wasser	glattrühren, so daß eine dickflüssige Masse entsteht, das Gebäck sofort nach dem Backen damit bestreichen, in etwa 5 x 6 cm große Stücke schneiden das erkaltete Honigbrot in einer gut schließenden Blechdose aufbewahren.

Mozartkugeln

200 g kalte Nuß-Nougatmasse	in kleine Würfel (1½ x 1½ cm) schneiden, zu Kugeln formen, kalt stellen
200 g Marzipan-Rohmasse	geschmeidig rühren

2 Eßl. Kirschwasser	
10 g feingehackte Pistazienkerne	hinzufügen
125 g gesiebten Puderzucker	unterkneten die Marzipanmasse zu einer etwa 2 cm dicken Rolle formen, in so viele Stücke schneiden, wie Kugeln vorhanden sind die Marzipanstücke auf einer mit
Puderzucker	bestäubten Tischplatte flach auseinanderdrücken, die Nougatkugeln darauf legen, die Marzipanmasse darüber zusammenschlagen, an den Rändern gut andrücken, zu Kugeln formen
100 g Speisefett-Glasur	nach der Vorschrift auflösen, die Mozartkugeln mit 2 Gabeln hineintauchen, auf ein enges Kuchengitter oder auf Pergamentpapier setzen (bei der Verwendung von Pergamentpapier die Mozartkugeln evtl. noch einmal umsetzen, damit sie keine „Füßchen" bekommen), die Mozartkugeln in Zellophantüten verpacken oder in verschlossenen Glas- oder Porzellangefäßen kühl aufbewahren.

Gewürz-Mürbchen

250 g Weizenmehl	auf die Tischplatte sieben, in die Mitte eine Vertiefung eindrücken
1 gut gehäuften Eßl. Zucker *1 Päckchen Vanillin-Zucker* *1 Fläschchen Rum-Aroma* *1 Messerspitze gemahlenen Zimt* *1 Messerspitze gemahlene Nelken* *2 Eßl. Sahne* *1 Eiweiß*	hineingeben, mit einem Teil des Mehls zu einem dicken Brei verarbeiten
150 g kalte Butter	in Stücke schneiden, auf den Brei geben, mit Mehl bedecken, alle Zutaten von der Mitte aus schnell zu einem glatten Teig verkneten den Teig knapp ½ cm dick ausrollen, mit beliebigen Formen Plätzchen ausstechen, auf ein Backblech legen
1 Eigelb *1 Eßl. Milch*	verschlagen, die Teigplätzchen damit bestreichen, mit
Hagelzucker	bestreuen, im vorgeheizten Backofen goldgelb backen
Strom:	175 – 200
Gas:	3 – 4
Backzeit:	10 – 15 Minuten.

Liegnitzer Bomben

24 Stück

Falls keine Backringe vorhanden sind, lassen sich Backförmchen für „Liegnitzer" auf einfache Weise herstellen: Alufolie so legen, daß 12mal ein 15 cm langes Stück Folie aufeinanderliegt, auf das oberste Stück Folie 2 Kreise von jeweils 15 cm Durchmesser nebeneinander aufzeichnen, so ausschneiden, daß 24 runde Folienblätter entstehen, diese Folienblätter einzeln mit der blanken Seite auf den Boden eines umgedrehten Bechers (z. B. Joghurtbecher) legen, die überstehende Folie fest andrücken, so daß Förmchen mit einem gleichmäßig hohen Rand entstehen

	für den Teig
200 g Honig	mit
125 g Zucker *65 g Butter* *2 Eßl. Milch*	langsam erwärmen, zerlassen, in eine Rührschüssel geben, kalt stellen, unter die fast erkaltete Masse
2 Eier *¼ Fläschchen Backöl Zitrone* *etwas gemahlenen Kardamom* *½ gestrichenen Teel. gemahlene Nelken* *1 gestr. Teel. gemahlenen Zimt*	rühren
250 g Weizenmehl	mit
25 g Kakao *9 g (3 gestrichene Teel.) Backpulver*	mischen, sieben, eßlöffelweise unterrühren
65 g Korinthen	verlesen, mit
65 g abgezogenen, gehackten Mandeln *65 g gewürfeltem Zitronat (Sukkade)*	unter den Teig heben, ihn eßlöffelweise in die gefetteten Folienförmchen verteilen, auf Backbleche stellen
Strom:	175 – 200 (vorgeheizt)
Gas:	3 – 4 (nicht vorgeheizt)
Backzeit:	10 – 15 Minuten sofort nach dem Backen das Gebäck aus den Förmchen lösen, erkalten lassen
175 g Aprikosen-Konfitüre	durch ein Sieb streichen, mit
2 Eßl. Wasser	aufkochen, das erkaltete Gebäck dünn damit bestreichen
	für den Guß
etwa 200 g Kuvertüre	in einem kleinen Topf im Wasserbad bei schwacher Hitze zu einer geschmeidigen Masse verrühren, die „Liegnitzer" damit überziehen.

Mandelstäbchen

100 g gewürfeltes Orangeat (Sukkade) fein hacken, mit
100 g abgezogenen, gemahlenen Mandeln
50 g Puderzucker
1 Eiweiß
2 Tropfen Backöl Bittermandel in einem Topf unter Rühren so lange erhitzen, bis die Masse glänzend ist, abkühlen lassen
Puderzucker auf die Tischplatte sieben, darauf aus der Masse 2 – 3 Rollen formen, von den Rollen gleichmäßige Stücke abschneiden, diese zu etwa 5 cm langen, bleistiftdünnen Stäbchen formen

für den Guß
30 g Kuvertüre mit
etwas Kokosfett in einem kleinen Topf im Wasserbad bei schwacher Hitze zu einer geschmeidigen Masse verrühren, die Enden der Stäbchen hineintauchen, auf Pergamentpapier trocknen lassen.

Biberle – Schweizer Nationalgebäck

Für die Füllung
200 g Puderzucker sieben, mit
300 g abgezogenen, gemahlenen Mandeln auf der Tischplatte mischen, in die Mitte eine Vertiefung eindrücken
3 – 4 Tropfen Backöl Bittermandel
1 – 2 Eßl. Dosenmilch
1 Ei hineingeben, alle Zutaten miteinander verkneten, daraus 9 fingerdicke Rollen, etwa 20 cm lang, formen

für den Teig
2 Eier mit
125 g Zucker
200 g Honig cremig rühren
1 gestrichenen Teel. gemahlenen Zimt
1 Messerspitze gemahlenen Nelkenpfeffer (Piment) unterrühren
500 g Weizenmehl mit
9 g (3 gestrichene Teel.) Backpulver Backin mischen, sieben, ⅔ davon eßlöffelweise unterrühren, den Rest des Mehls darunter kneten

den Teig auf einer bemehlten Tischplatte so ausrollen (etwa 20 x 72 cm), daß sich daraus 9 Rechtecke (20 x 8 cm) schneiden lassen, auf jedes Stück eine Marzipanrolle legen, fest in den Teig einrollen, kühl stellen, in spitzkuchenähnliche Stücke schneiden, auf ein gefettetes Backblech legen, mit
Milch bestreichen
125 g Mandeln abziehen, halbieren, in die Mitte jedes Dreiecks jeweils eine halbe Mandel drücken, in den vorgeheizten Backofen schieben
Strom: 175 – 200
Gas: 3 – 4
Backzeit: 15 – 20 Minuten.

Baseler Herzen

Für den Teig
2 Eiweiß
250 g Zucker
1 Päckchen Vanillin-Zucker schaumig schlagen
2 gehäufte Teel. Kakao
2 gestrichene Teel. gemahlenen Zimt
½ Teel. gemahlene Nelken
½ Fläschchen Rum-Aroma
50 g Back-Kakao
15 g zerlassene, abgekühlte Margarine vorsichtig unterrühren
250 g gemahlene Mandeln
1½ g (½ gestrichener Teel.) Backpulver Backin mischen, unter die Eiweißmasse rühren, so daß ein fester Teig entsteht
den Teig etwa ½ cm dick auf der bemehlten Tischplatte ausrollen, Herzen ausstechen, auf ein gefettetes Backblech legen, in den vorgeheizten Backofen schieben
Strom: 175 – 200
Gas: 3 – 4
Backzeit: Etwa 10 Minuten

für den Guß
200 g gesiebten Puderzucker mit
2 – 3 Eßl. heißem Wasser verrühren
die Herzen nach dem Backen vorsichtig vom Backblech lösen, noch heiß mit dem Zuckerguß bestreichen.

Kokosmakronen

200 g Kokosraspel	auf einem Backblech leicht rösten, erkalten lassen
4 Eiweiß	steif schlagen, es muß so fest sein, daß ein Messerschnitt sichtbar bleibt, nach und nach
200 g Zucker ***1 Messerspitze gemahlenen Zimt*** ***2 Tropfen Backöl Bittermandel***	unterschlagen, die Kokosraspel vorsichtig unter den Eierschnee heben (nicht rühren)
	von dem Teig mit 2 Teelöffeln Häufchen auf ein gefettetes Backblech setzen
Strom:	130 – 150 (vorgeheizt)
Gas:	1 – 2 (nicht vorgeheizt)
Backzeit:	20 – 25 Minuten.

Weihnachtsmänner

500 g Weizenmehl in eine Schüssel sieben, mit
1 Päckchen Trocken-Hefe sorgfältig vermischen
75 g Zucker
1 Päckchen Vanillin-Zucker
Salz
75 g zerlassene, lauwarme Butter
250 ml (¼ l) lauwarme Milch hinzufügen, alles mit einem elektrischen Handrührgerät mit Knethaken zuerst auf der niedrigsten, dann auf der höchsten Stufe in etwa 5 Minuten zu einem Teig verarbeiten
den Teig an einem warmen Ort so lange stehenlassen, bis er etwa doppelt so hoch ist, ihn dann auf der höchsten Stufe nochmals gut durchkneten
den Teig in 4 gleich große Stücke teilen, diese zu etwa 22 cm langen, ovalen Stücken ausrollen, Figuren daraus schneiden, je zwei auf ein gefettetes Backblech legen, die Teigstücke mit
Dosenmilch bestreichen, nach Belieben mit
Rosinen
kandierten Kirschen oder abgezogenen Mandeln
Sukkade garnieren (Teigreste mit verwenden)
den Teig nochmals so lange an einem warmen Ort gehen lassen, bis er etwa doppelt so hoch ist, in den vorgeheizten Backofen schieben
Strom: 200 – 225
Gas: 4 – 5
Backzeit pro Blech: 15 – 20 Minuten
nach Belieben das Gebäck sofort nach dem Backen mit
heißem Zuckerwasser bestreichen.

Rehrücken

Für den Teig
100 g Butter geschmeidig rühren, nach und nach
150 g Zucker
4 Eier unterrühren
100 g Schokolade reiben, hinzufügen
50 g Weizenmehl mit
2 Päckchen Schokoladen-Pudding-Pulver
4½ g (1½ gestrichene Teel.) Backpulver mischen, sieben, eßlöffelweise unterrühren
evtl. 2 Eßl. Milch dazugeben (nur so viel Milch verwenden, daß der Teig schwer – reißend – vom Löffel fällt)
75 g abgezogene, gemahlene Mandeln zuletzt unter den Teig heben, ihn in eine gefettete Rehrückenform füllen
Strom: 175 – 200 (vorgeheizt)
Gas: 2 – 3 (nicht vorgeheizt)
Backzeit: 50 – 60 Minuten

für den Guß
125 g Puderzucker mit
30 g Kakao mischen, sieben, mit
etwa 1½ Eßl. heißem Wasser glattrühren, so daß eine dickflüssige Masse entsteht
25 g Kokosfett zerlassen, unterrühren, den erkalteten Kuchen damit bestreichen, mit
40 g Mandelsplittern spicken.

Butterpralinen

50 g Butter schaumig rühren, nach und nach unter Rühren
150 g geriebene Schokolade
1 Päckchen Flana Schokoladen-Dessert
6 Tropfen Rum-Aroma
20 g kleingeschnittene Schokolade hinzufügen, aus der Masse etwa walnußgroße Kugeln formen, in
etwa 40 g Schokoladenstreuseln wälzen, kalt stellen, damit sie fest werden.

Knusper-Häuschen

Als Vorarbeit für das Knusper-Häuschen für die Bodenfläche Karton in der Größe von 20 x 32 cm schneiden entsprechend den Zeichnungen Muster aus Papier in der in mm angegebenen Größe schneiden, danach auf Karton übertragen

für den Teig
100 g Honig mit
50 g Zucker
Salz, 25 g Butter langsam erwärmen, zerlassen, in eine Rührschüssel geben, kalt stellen
unter die fast erkaltete Masse
1 Ei
½ Teel. gemahlenen Zimt
2 Tropfen Backöl Bittermandel rühren
250 g Weizenmehl
9 g (3 gestrichene Teel.) Backpulver mischen, sieben, ⅔ davon eßlöffelweise unterrühren, den Rest des Mehls unter den Teigbrei kneten, sollte er kleben, noch etwas Mehl hinzugeben
den Teig auf einem gefetteten

Backblech (32 x 40 cm) ausrollen, in den vorgeheizten Backofen schieben

Strom: 175 – 200
Gas: 3 – 4
Backzeit: 10 – 20 Minuten

sofort nach dem Backen aus der Honigkuchenplatte mit einem spitzen Messer zweimal die tatsächlich sichtbaren Flächen der 4 Hauswände ausschneiden (Papiermuster I, dabei die zum Zusammenkleben angegebenen Teile nicht berücksichtigen) das Dach (Papiermuster II) in 2 Hälften, die Bodenfläche (20 x 32 cm) schneiden

für den Guß

175 g gesiebten Puderzucker mit so viel
Eiweiß glattrühren, daß eine dickflüssige Masse entsteht

(bei Bedarf nochmal die gleiche Menge anrühren, da auch alle Süßigkeiten mit Eiweiß angeklebt werden)

zum Garnieren

die Gebäckteile für die Wände auf die bereits zugeschnittenen Kartonwände kleben, diese mit Eiweißguß auf der Bodenfläche befestigen, nach Belieben mit
bunten Zuckersachen garnieren
die zwei Honigkuchenplatten für das Dach auf den in der Mitte geknickten Karton kleben, mit
Schokoladenplätzchen garnieren
das Dach auf dem Haus ankleben
4 Schokoladenriegel zusammenkleben, als Kamin auf dem Dach anbringen
den Rauch aus
Watte herstellen, die Kanten des Daches mit
bunten Zuckersachen bekleben, mit Eiszapfen aus Guß versehen
für den Zaun
Zuckerstäbchen
Zuckerkugeln in Abständen ankleben
nach Belieben
Märchenfiguren hineinstellen, alles leicht mit
Puderzucker bestäuben.

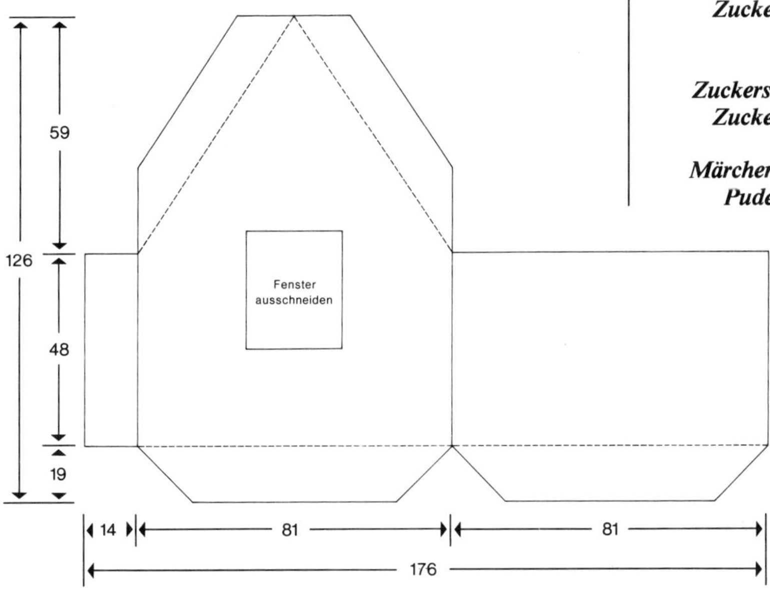

I.
Dieses Muster für die Hauswände 2 x aus Karton schneiden, die gestrichelten Linien leicht einritzen und kniffen. Fenster ausschneiden, mit roter Blattgelatine bekleben.

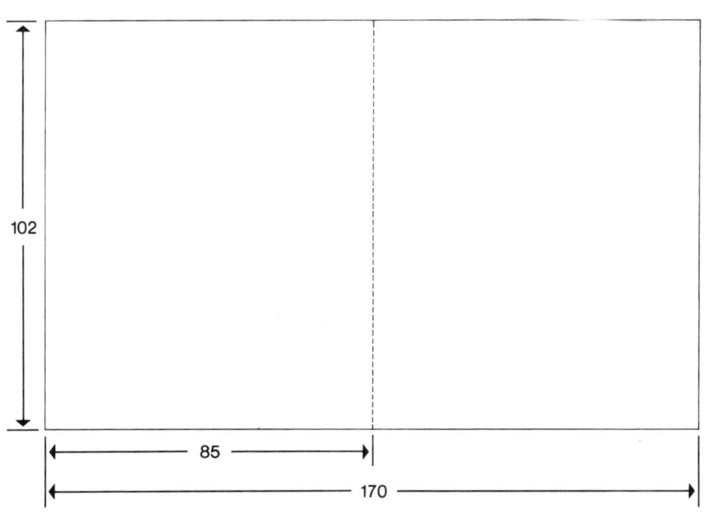

II.
Dieses Muster für das Dach aus Karton schneiden, die gestrichelte Linie leicht einritzen und kniffen.

Garnieren, Verzieren

Garnieren, Verzieren

Eine festlich verzierte Torte, ein schön garnierter Kuchen oder buntbemalte und belegte Plätzchen und Figuren finden bei Gästen und der Familie immer wieder Beifall und Bewunderung. Aus der Vielzahl der Variationsmöglichkeiten wurden für dieses Kapitel Garniervorschläge ausgewählt, die zeigen, wie altbewährte und beliebte Rezepte mit anderen Garnierungen und Verzierungen immer wieder verändert werden können und als neues Gebäck erscheinen. Die Grundrezepte sind in den einzelnen Kapiteln dieses Buches zu finden.
Alle Garnierungen und Verzierungen sind leicht nachvollziehbar, so daß der Erfolg sicher ist.

Kleeblatt-Torte

(Grundrezept S. 166 „Vanillecreme-Torte")

Den erkalteten Tortenboden einmal durchschneiden, eine Kleeblatt-Schablone aus Pappe darauf legen, die Form ausschneiden

Für die Füllung
den unteren Boden mit

2 Eßl. Sherry medium beträufeln, mit

2 Eßl. Aprikosen-Konfitüre bestreichen, den oberen Boden darauf legen, etwas andrücken, mit

1–2 Eßl. Aprikosen-Konfitüre bestreichen

für den Guß

etwa 125 g gesiebten Puderzucker mit

2–3 Eßl. Zitronensaft

Farbenfreude, grün (etwa 1 Tube) verrühren, den Tortenrand damit bestreichen, mit

Zuckerstreuseln (Gebäck-Schmuck) bestreuen

200 g Marzipan-Rohmasse mit

100 g gesiebtem Puderzucker

1 Tube grüner Farbenfreude (Back- und Speisefarbe) verkneten
die Masse zu einer Platte ausrollen, die Kleeblatt-Schablone darauf legen, die Form ausschneiden
das Marzipan-Kleeblatt auf die Torte legen, etwas andrücken
die Kleeblatt-Torte mit

Silberperlen (Gebäck-Schmuck) garnieren, mit

Farbenfreude, rot verzieren.

Buttercremetorte

(Grundrezept S. 158 „Buttercremetorte")

Den erkalteten Tortenboden zweimal durchschneiden

für die Füllung aus

500 ml (½ l) Wasser
1 Päckchen Rote Grütze, glatt
100 g Zucker nach Vorschrift auf dem Päckchen einen Pudding zubereiten, kalt stellen, ab und zu durchrühren

250 g Butter geschmeidig rühren, den erkalteten Pudding eßlöffelweise unterrühren (dabei dürfen weder Pudding noch Butter zu kalt sein, da die Creme dann gerinnen würde)
den unteren Tortenboden mit gut ¼ der Buttercreme bestreichen, den zweiten Boden darauf legen, mit knapp der Hälfte der restlichen Buttercreme bestreichen, mit dem dritten Boden bedecken, etwas andrücken
Rand und obere Seite der Torte dünn und gleichmäßig mit etwas von der zurückgelassenen Creme bestreichen

100 g Marzipan-Rohmasse mit
50 g gesiebtem Puderzucker
1 Tube Farbenfreude, rot verkneten, zu einer Platte ausrollen, ausschneiden (die Platte sollte so groß sein, daß ringsherum ein etwa 2 cm breiter Rand frei bleibt)
die Marzipanplatte auf die Tortenoberfläche legen

etwas dunkle Kuchenglasur nach der Vorschrift auf der Packung auflösen, in ein Pergamentpapiertütchen füllen, Blüten auf Pergamentpapier spritzen, fest werden lassen
die Torte damit garnieren

Silberperlen (Gebäck-Schmuck) als Stiel an die Blüten legen
die Torte mit der restlichen Buttercreme verzieren, mit

Gebäck-Schmuck garnieren.

Schichttorte

(Grundrezept S. 22
„Schichtkuchen, gegrillt")

Den Teig statt in einer Kastenform in einer mit Pergamentpapier ausgelegten Springform (ansonsten aber genau nach Rezept) grillen

für den Puderzuckerguß

etwa 125 g gesiebten Puderzucker mit
3 – 4 Eßl. Zitronensaft verrühren, die Torte damit überziehen

für den Schokoladenguß

etwa 30 g Schokolade mit
etwa 10 g Kokosfett in einem kleinen Topf im Wasserbad zu einer geschmeidigen Masse verrühren, den Guß in ein Pergamentpapiertütchen füllen (S. 240) und ihn auf dem noch feuchten Puderzuckerguß in Form einer Spirale (von der Tortenmitte ausgehend) spritzen
ein spitzes Holzstäbchen in gleichmäßigen Abständen achtmal von der Tortenmitte zum Rand durch den noch feuchten Guß ziehen, diese Tortenachtel nochmals unterteilen, dazu das Hölzchen nun vom Rand zur Tortenmitte hin achtmal durch den Guß ziehen, so daß 16 Tortenstücke erkennbar sind
den Guß fest werden lassen.

Tip: Die Schichttorte oder Stücke davon können – in Alufolie verpackt – einige Wochen im Kühlschrank aufbewahrt werden. Ideal, wenn überraschend Gäste kommen.

Kirsch-Torte

(Grundrezept S. 170
„Schwarzwälder Kirschtorte")

Für die Füllung aus

1 Päckchen Pudding-Pulver für Schokoladen-Pudding
50 g Zucker
500 ml (½ l) Milch nach der Vorschrift auf dem Päckchen einen Pudding zubereiten, kalt stellen, ab und zu durchrühren
150 g Butter geschmeidig rühren, den erkalteten Pudding eßlöffelweise unterrühren (dabei dürfen weder Pudding noch Butter zu kalt sein, da die Creme dann gerinnen würde)
den Knetteigboden mit
3 Eßl. Kirsch-Konfitüre bestreichen, ¼ der Schokoladencreme darauf verteilen
den Biskuitboden einmal durchschneiden, den unteren Boden auf den mit Schokoladencreme bestrichenen Knetteigboden legen, gut andrücken, mit der restlichen Schokoladencreme bestreichen, mit dem oberen Boden bedecken

zum Aprikotieren

3 Eßl. Aprikosen-Konfitüre	durch ein Sieb streichen, mit
1–2 Eßl. Wasser	verrühren, kurz erhitzen, die Torte damit bestreichen
200 g Marzipan-Rohmasse	mit
50 g gesiebtem Puderzucker	verkneten, dünn auf
gesiebtem Puderzucker	ausrollen eine Platte in Größe der Tortenoberfläche und einen Streifen für den Rand daraus schneiden das Gebäck damit be- und umlegen

für den Guß

200 g gesiebten Puderzucker	mit
Farbenfreude, grün und rot oder aufgelöster Kuvertüre	verrühren, einen Rand, Äste und Stengel auf den erkalteten Guß spritzen für die Blätter das restliche Marzipan mit
Farbenfreude, grün (Back- und Speisefarbe)	verkneten, die Masse dünn auf einer mit gesiebtem Puderzucker bestreuten Fläche ausrollen eine Papier-Schablone in Blattform darauf legen und Blättchen ausschneiden die Blattrippen mit einem Messerrücken oder einer Stricknadel eindrücken (markieren) die Blättchen auf der Unterseite mit
verschlagenem Eiweiß	bestreichen, an die Äste legen, etwas andrücken
rote Belegkirschen	halbieren, mit der Schnittfläche nach unten an die Stengel legen.

Wünsch-Dir-was-Torte

(Grundrezept S. 166 „Vanillecreme-Torte")

	Den Rand der Torte mit
Schoko-Streuseln	bestreuen auf die Tortenoberfläche einen Tortenteiler legen die 12 Unterteilungen abwechselnd mit
Schoko-Blättchen Liebesperlen (Gebäck-Schmuck) Raspel-Schokolade Schoko-Streuseln	ausstreuen, den Tortenteiler entfernen die Mitte der Torte mit
1–2 Eßl. Johannisbeergelee	bestreichen, mit
gelber Zuckerschrift	beschriften die restliche Vanillecreme in einen Spritzbeutel mit gezackter Tülle füllen, einen Sternchen-Kreis auf die Torte spritzen.

Erntekranz

(Grundrezept S. 137 „Hefezopf“)

Den Teig für den Erntekranz ohne Rosinen zubereiten
aus dem Teig 3 etwa 50 cm lange Rollen formen, zu einem Zopf flechten, als Kranz auf ein gefettetes Backblech legen
den Kranz nochmals an einem warmen Ort so lange stehenlassen, bis er sich in Breite und Höhe um etwa die Hälfte vergrößert hat

1 Eigelb mit
1 – 2 Eßl. Milch verschlagen, den Kranz damit bestreichen, mit
abgezogenen, gehackten und gestiftelten Mandeln bestreuen, mit
roten und grünen Belegkirschen garnieren
das Backblech in den vorgeheizten Backofen schieben

Strom: 175 – 200
Gas: 3 – 4
Backzeit: Etwa 35 Minuten.

Rehrücken

(Grundrezept S. 232 „Rehrücken“, aber ohne gesplitterte Mandeln)

Den gebackenen Kuchen aus der Form stürzen
für den Guß

125 g Kuvertüre mit
1 Teel. Kokosfett in einem kleinen Topf im Wasserbad geschmeidig rühren
den erkalteten Rehrücken damit bestreichen
auf den noch feuchten Guß
Gebäck-Schmuck (Zuckerstreusel, Liebesperlen) in Form eines Schleifenbandes streuen

Spritztüte aus Pergamentpapie

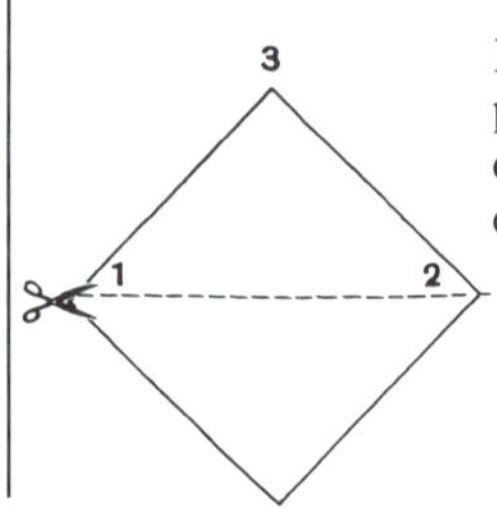

Ein quadratisches Stück Pergamentpapier diagonal falten, in der Mitte durchschneiden, so daß 2 Dreiecke entstehen.

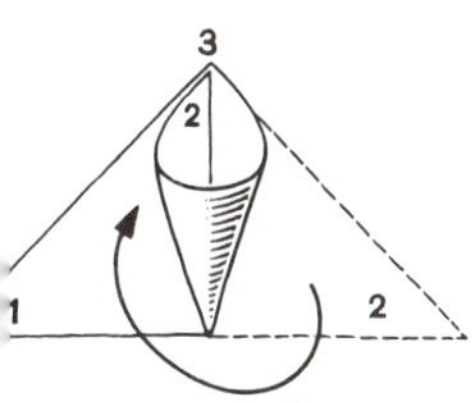

Das Pergamentpapier-Dreieck mit der linken Hand in der Mitte der längsten Seite fassen, mit der rechten Hand die Spitze 2 nach innen zur Spitze 3 hin drehen, so daß bereits eine Tüte entsteht.

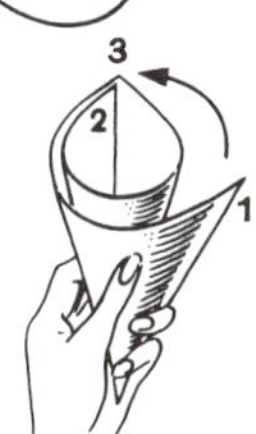

Nun mit der linken Hand die Spitze 1 um die entstandene Tüte ebenfalls zur Spitze 3 hinführen.

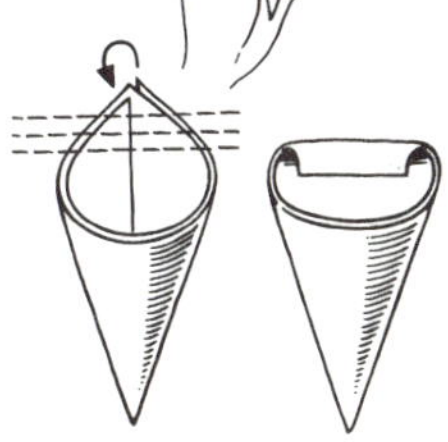

Die Spitzen 1 und 2 so zusammenziehen, daß sie genau voreinanderstoßen.
Sie mehrmals nach innen umknicken, damit die Tüte zusammenhält.

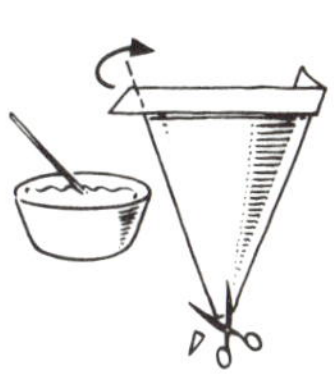

Den Guß in die Tüte geben, die Tüte von oben nach unten durch mehrmaliges Falzen verschließen, überstehende Ecken nach hinten umlegen, ein Stückchen der Tütenspitze abschneiden. Durch die so entstandene Öffnung wird der Guß gedrückt.

Herzkuchen

(Grundrezept S. 53
„Muttertagsherz" – doppeltes Rezept)

	Den Teig in eine Dr. Oetker Dekoramik-Herzform füllen die Form auf dem Rost in den Backofen schieben
Strom:	175 – 200 (vorgeheizt)
Gas:	3 – 4 (nicht vorgeheizt)
Backzeit:	30 – 40 Minuten den Herzkuchen aus der Form lösen, erkalten lassen
	für den Guß
1 Packung (200 g) Zitronenglasur	nach der Vorschrift auf der Packung auflösen
rote Lebensmittelfarbe (aus der Packung)	unterrühren, den Herzkuchen damit bestreichen, mit
Zuckerblümchen	garnieren, kurz vor dem Festwerden des Gusses mit
Farbenfreude, rot	verzieren.

Bunte Törtchen

(Grundrezept S. 55 „Wiener Kolatschen“)

	Unter den Teig
75 g Rum-Rosinen	rühren, ihn in einen Spritzbeutel ohne Tülle geben, in
etwa 10 Papier-Backförmchen	füllen die Förmchen auf dem Backblech in den vorgeheizten Backofen schieben
Strom:	175 – 200
Gas:	3 – 4
Backzeit:	Etwa 15 Minuten
1 Eiweiß	mit
1 Teel. Zucker	verschlagen, die erkalteten Törtchen damit bestreichen, mit
Zitronat (Sukkade) roten Belegkirschen (in Stücke geschnitten) Zuckerstreuseln abgezogenen, gehackten Mandeln	bestreuen, mit
Schokoladen-Tröpfchen	garnieren.

Blumenkorb

400 g Marzipan-Rohmasse	mit
200 g gesiebtem Puderzucker	verkneten, auf einer mit
gesiebtem Puderzucker	bestäubten Tischplatte etwa 8 mm dick ausrollen einen Blumenkorb auf Papier zeichnen, ausschneiden die Papier-Schablone auf die Marzipanplatte legen, den Korb ausschneiden die restliche Marzipanmasse in 3 Portionen teilen, mit
roter, grüner und gelber Farbenfreude (Back- und Speisefarbe)	verkneten, die Marzipan-Portionen etwa 3 mm dick ausrollen, mit einem spitzen Messer Blätter und Blüten ausschneiden, auf die Blätter die Blattrippen mit einem Messer eindrücken die Unterseite der Blüten und Blätter mit
verschlagenem Eiweiß	bestreichen, auf den Korb zu einem Blumenstrauß kleben einige Blüten mit
roter Zuckerschrift	verzieren, einige Blüten und den Korbrand mit verschlagenem Eiweiß bestreichen, mit
Gebäck-Schmuck	garnieren.

Märchenhäuser

(Grundrezept S. 67 „Obsttörtchen")

Den Teig etwa ½ cm dick ausrollen
Häuser auf Pappe zeichnen (etwa 18 cm hoch), ausschneiden
die Pappschablonen auf den Teig legen, ausschneiden
die Teighäuser auf ein Backblech legen, mehrmals mit einer Gabel einstechen, das Backblech in den vorgeheizten Backofen schieben

Strom: 175 – 200
Gas: 3 – 4
Backzeit: Etwa 15 Minuten
die erkalteten Häuser mit
brauner und grüner Zuckerschrift verzieren

100 g gesiebten Puderzucker mit so viel
Eiweiß verrühren, daß ein dickflüssiger Guß entsteht, die Hälfte mit so viel
roter Farbenfreude verrühren, bis der Guß rosafarben ist
die Häuser damit verzieren (mit Hilfe eines Pergamentpapiertütchen), mit
Zuckerblümchen
Gebäck-Schmuck garnieren.

Tip: Zum Verschenken die Märchenhäuser einzeln in Cellophanpapier einwickeln, mit Schleifenband zubinden.

Buntes Marzipan-Konfekt

(Grundrezept S. 208 „Marzipan-Konfekt")

	Das aus den Förmchen gelöste Marzipan-Konfekt mit
roter, grüner und gelber Zuckerschrift	verzieren, mit
Plätzchen-Schmuck halbierten Belegkirschen Zuckerblümchen	garnieren.

Nougat-Törtchen

(Grundrezept S. 176 „Apfelsinen- und Weinbrandtörtchen")

	Den Teig mit einem Teelöffel in
etwa 20 Papier-Backförmchen	füllen, die Förmchen auf dem Backblech in den vorgeheizten Backofen schieben
Strom:	175 – 200
Gas:	3 – 4
Backzeit:	Etwa 25 Minuten
etwa 200 g Nuß-Nougatmasse	in einem kleinen Topf im Wasserbad zu einer geschmeidigen Masse verrühren, in einen Spritzbeutel mit gezackter Tülle füllen, jeweils 3 Tupfen auf die erkalteten Törtchen spritzen die Törtchen mit
Raspel-Schokolade Mokkabohnen	garnieren.

Traum-Häuschen

(½ Grundrezept S. 202 „Feiner Honigkuchen auf dem Blech" und Grundrezept S. 232 „Knusper-Häuschen")

Nach Grundrezept S. 202 (aber nur ½ Rezept) eine Honigkuchenplatte backen
den Teig für das Traum-Häuschen nach Grundrezept S. 232 zubereiten (aber 30 x 30 cm ausrollen)
sofort nach dem Backen aus der Gebäckplatte Hauswände und Dach ausschneiden (ohne Bodenfläche), s. Grundrezept S. 233

etwa 175 g gesiebten Puderzucker mit so viel
Eiweiß verrühren, daß ein dickflüssiger Guß entsteht
die Gebäckteile für die Wände auf die bereits zugeschnittenen Kartonwände kleben, mit Puderzuckerguß auf die gebackene Honigkuchenplatte kleben
die Gebäckteile für das Dach mit Puderzuckerguß bestreichen auf den in der Mitte geknickten Karton kleben, mit auf dem Haus ankleben, etwas andrücken, mit
Gebäck-Schmuck bestreuen
auf eine Dachseite ein garniertes Plätzchen kleben
den Dachfirst mit
Haselnußkernen belegen, in die Mitte
Dekor-Schoko-Borke als Schornstein setzen
das Traum-Häuschen mit
grüner und gelber Zuckerschrift
Puderzuckerguß verzieren, mit Plätzchen-Schmuck,
Zuckerblümchen
halbierten, mit weißem Puderzuckerguß verzierten roten Belegkirschen
Mandeln garnieren.

Weihnachtlicher Wald

(Grundrezept S. 203 „Honigkuchen-Pärchen")

	Den Teig etwa ½ cm dick ausrollen, mit Ausstechförmchen Bäume ausstechen oder nach Papierschablonen ausschneiden, Monde und Vögel aus den Teigresten ausstechen (ausschneiden)
	die Bäume und Figuren auf ein mit
Back-Trennpapier	ausgelegtes Backblech legen, in den vorgeheizten Backofen schieben
Strom:	175 – 200
Gas:	3 – 4
Backzeit:	Etwa 15 Minuten
	für den Guß
etwa 350 g gesiebten Puderzucker	mit so viel
Eiweiß	glattrühren, daß eine dickflüssige Masse entsteht
	etwas von dem Guß mit
Farbenfreude, gelb	verrühren, die erkalteten Monde damit bestreichen, den Guß etwas fest werden lassen, ein Gesicht mit
brauner und roter Zuckerschrift	spritzen
	den übrigen Guß mit
grüner Lebensmittelfarbe	verrühren, die Bäume damit bestreichen, mit roter Zuckerschrift und gelbem Guß verzieren
	einige Bäume mit
Gebäck-Schmuck	bestreuen
	die Vögel mit etwas Puderzuckerguß bestreichen, mit Plätzchen-Schmuck bestreuen, mit
brauner und roter Zuckerschrift	verzieren.

Osterhase und Osterhenne

(Grundrezept S. 232 „Weihnachtsmänner")

	Den Teig nach Grundrezept mit zusätzlich
50 g Zucker	zubereiten
	aus dem gegangenen Teig jeweils ein Rechteck von 32 x 35 cm auf einem gefetteten Backblech ausrollen
	aus dem restlichen Teig lange, etwa ½ cm breite Streifen schneiden, je 2 Streifen zu einer Kordel drehen, den Rand der Teigrechtecke damit umlegen
	jeweils einen Osterhasen und eine Osterhenne auf Papier zeichnen, ausschneiden, die Papier-Schablonen auf die Teigrechtecke legen, mit einem Messerrücken die Konturen auf dem Teig eindrücken
1 Eigelb	mit
1 Eßl. Milch	verschlagen, die Teigränder (Kordeln) damit bestreichen
	am oberen Rand der Teigrechtecke ein Loch ausstanzen
	die Teigrechtecke nochmals etwa 5 Minuten gehen lassen, die Backbleche dann in den vorgeheizten Backofen schieben (nacheinander backen)
Strom:	200 – 225
Gas:	4 – 5
Backzeit:	Etwa 15 Minuten
	für den Osterhasen-Guß
200 g gesiebten Puderzucker	mit so viel
Eiweiß	glattrühren, daß eine dickflüssige Masse entsteht
	etwas von dem Guß in ein Pergamentpapiertütchen geben (S. 240)
	die Konturen des Osterhasen damit nachziehen
	den übrigen Guß in 4 Portionen teilen, in eine Portion so viel
Back-Kakao	rühren, bis der Guß braun ist
	die übrigen 3 Portionen mit

Zuckerschrift oder Lebensmittelfarbe (rot, blau, grün)
verrühren, mit einem Spachtel oder einem kleinen Löffel die verschiedenfarbenen Güsse auftragen auf den noch feuchten Guß

Zucker-Streusel (Gebäck-Schmuck)
streuen
die Barthaare mit Hilfe des Pergamentpapiertütchens spritzen
die Augen aus

Gebäck-Schmuck
aufkleben
für den Eierkorb den grünen Guß in ein Pergamentpapiertütchen geben, ein Gitter spritzen

Ostereier (Gebäck-Schmuck)
mit Guß ankleben

für den Osterhennen-Guß

etwa 200 g gesiebten Puderzucker
mit so viel

Eiweiß
glattrühren, daß eine dickflüssige Masse entsteht
etwas von dem Guß in ein Pergamentpapiertütchen geben (S. 240)
die Konturen der Osterhenne damit nachziehen
¼ von dem übrigen Guß mit

gelber Lebensmittelfarbe
verrühren
mit dem restlichen weißen Guß die Henne bestreichen, Flügel und Schnabel mit dem gelben Guß bestreichen
die Osterhenne mit

weißem Puderzuckerguß
verzieren, den Guß etwas fest werden lassen, die Henne mit

Farbenfreude, rot Gebäck-Schmuck
verzieren
auf den noch etwas feuchten Guß streuen.

Rezeptverzeichnis nach Kapiteln

RÜHRTEIG

Seite

KNETTEIG

Seite

QUARK-ÖLTEIG

Seite

BRANDTEIG

Seite

HEFETEIG

Seite

BLÄTTERTEIG

Seite

BISKUITTEIG

Seite

WEIHNACHTSBACKEN Seite

GARNIEREN, VERZIEREN Seite

Rezeptverzeichnis, alphabetisch

G Seite

H Seite

I Seite

J Seite

K Seite